职业教育新形态系列教材

机器视觉系统的调试与应用

主　编　左　湘　姚　屏　陈胜灿　梅文宝
副主编　易浩民　王志勇　杨海兰　胡　凯
参　编　李文强　杨颂华　徐明勇　孙月敏
　　　　胡　澳　刘俊伟　杨　冲　殷　慧

华中科技大学出版社
中国·武汉

内 容 简 介

本书依据 1+X 机器视觉系统应用职业技能等级标准(初、中级),面向机器视觉系统生产等企业所需要的视觉系统安装、调试、维护、应用等 6 个工作领域、19 项工作任务、40 个职业技能点的要求,有机融合了职业院校的"机器视觉技术应用"课程标准。本书以 ZM-KFL-MV500 机器视觉实验平台为载体,秉持"校企双元育人"的理念,本着工作过程导向、课岗标准融通、项目任务引领原则编写,包含机器视觉系统的搭建与调试,机器视觉图像识别、尺寸测量、缺陷检测、定位引导装配系统的应用与调试等内容。

本书不仅可作为机电一体化、工业机器人技术应用、自动化控制类专业的机器视觉技术教材,也可作为职业院校学生或者企业员工参加机器视觉系统职业技能培训与考证的参考书。

图书在版编目(CIP)数据

机器视觉系统的调试与应用/左湘等主编. —武汉:华中科技大学出版社,2023.9
ISBN 978-7-5680-9287-6

Ⅰ. ①机…　Ⅱ. ①左…　Ⅲ. ①计算机视觉-研究　Ⅳ. ①TP302.7

中国国家版本馆 CIP 数据核字(2023)第 171853 号

机器视觉系统的调试与应用
Jiqi Shijue Xitong de Tiaoshi yu Yingyong

左湘　姚屏　陈胜灿　梅文宝　主编

策划编辑:张少奇　　　　　　　　　　　　　　　　　　　　　　责任编辑:刘　飞
封面设计:廖亚萍　　　　　　　　　　　　　　　　　　　　　　责任监印:周治超
出版发行:华中科技大学出版社(中国·武汉)　　　电话:(027)81321913
　　　　　武汉市东湖新技术开发区华工科技园　　　邮编:430223
录　　排:华中科技大学惠友文印中心
印　　刷:武汉科源印刷设计有限公司
开　　本:787mm×1092mm　1/16
印　　张:15.75
字　　数:333 千字
版　　次:2023 年 9 月第 1 版第 1 次印刷
定　　价:49.80 元

职业教育新形态系列教材

二维码资源使用说明

　　本书配套数字资源以二维码的形式在书中呈现，读者用智能手机在微信端扫码成功后提示微信登录，授权后进入注册页面，填写注册信息。按照提示输入手机号后点击获取手机验证码，在提示位置输入验证码，按要求设置密码，点击"立即注册"，注册成功（若手机已经注册，则在"注册"页面底部选择"已有账号？马上登录"，进入"用户登录"页面，然后输入手机号和密码，提示登录成功）。接着提示输入学习码，需刮开教材封底防伪涂层，输入 13 位学习码（正版图书拥有的一次性使用学习码），输入正确后提示绑定成功，即可查看二维码数字资源。手机第一次登录查看资源成功，以后便可直接在微信端扫码登录，重复查看本书所有的数字资源。

　　友好提示：如果读者忘记登录密码，请在 PC 端输入以下链接 http://jixie. hustp. com/index. php？ m＝Login，先输入自己的手机号，再单击"忘记密码"，通过短信验证码重新设置密码即可。

前　言

随着智能制造技术的不断发展,人工智能控制进入爆发式增长时期。佛山领衔打造的"珠江西岸先进装备制造产业带"正引领着以"机器换人"为显著特征的智能制造产业转型升级。预计到 2025 年,智能制造与机器人专业人才需求量将达到 100 万,用于智能制造设备的操作维护、系统安装调试、系统集成等方面。

"机器视觉系统的调试与应用"是职业院校工业机器人技术相关专业的核心专业课程。课程所涵盖的知识和能力要求是从事视觉系统调试、维护、应用等工作必须要掌握的。校企双元协同培育职业院校学生的职业能力和可持续发展能力是高质量实现课程目标的保障。

广东省作为职业教育改革的标兵,抢抓发展先机,积极推动产教融合、1＋X 证书试点、三教改革等政策的落地。为固化研究和实践成果,在广东省中等职业学校教师发展中心的支持指导下,由广东省双师型左湘名师工作室和广东省机器人协会、佛山市工业机器人专业建设指导委员会牵头,联合全国 20 多所相关院校或企业参与,共同开发了"职业教育新形态系列教材"。

本教材的特点如下。

1. 岗课证标准融通。本教材依据职业院校智能控制技术专业"机器视觉系统的调试与应用"课程标准、国家 1＋X 机器视觉系统应用职业技能等级标准、全国职业院校机器视觉技能竞赛要求编写。将 1＋X 证书要求的 6 个工作领域、19 项工作任务、40 个职业技能点有机地融入课程的七个教学项目中,实现了课堂教学和职业岗位技能培养的有机融合。教材内容揉合了机器视觉控制技术的理论知识和行业发展的新技术、新工艺、新规范和新要求,不但适用于 1＋X 考证培训,还可供职业院校、企业和行业等开展教学、技能培训时使用。

2. 模块化活页式编排。本教材以机器视觉系统运行维护岗位的工作过程为主线,确定机器视觉硬件系统的安装,视觉编程软件参数设定、尺寸测量、形状匹配、定位引导的应用等能力目标。本教材将以上能力目标整合为七个项目,采用任务的形式组织内容。每个任务均由任务描述、学习目标、信息获取、任务实施、任务评价等部分组成。每个任务内容相对独立,技能点、理论知识、实施流程、任务评价结构完整。活页式编排的内容可随区域特点、产品更新快速变换、增补和调整顺序,便于教材的二次开发,大大提高了教材与岗位能力的匹配度。

3. 校企双师协同。本教材由佛山市华材职业技术学校联合深圳市启灵图像科技有限公司、广东技术师范大学共同编写。教材内容选取企业真实案例,以机器视觉系统搭建、图像采集及系统标定、条码识别、缺陷检测、引导装配等视觉系统的典型工作任务展开。资深专业教师精心设计引导问题将企业操作人员手口相传的经验固定下来,在引导读者学和做的过程中让读者逐步形成严谨的工程逻辑思维,追求精益求精的工匠精神。

本书项目一、六由姚屏、易浩民编写,项目二、三由左湘、杨海兰与陈胜灿编写,项目四、五由陈胜灿编写,项目七由王志勇编写。全书由姚屏设计样例结构,由左湘统稿及校对,深圳市启灵图像科技有限公司技术总监梅文宝和深圳市物新智能科技有限公司技术总监胡凯提供项目案例和应用视频,KImage 视觉软件使用手册的内容可用微信扫描下方二维码浏览。

尽管编者尽了最大的努力对书稿进行整理和核对,但由于水平有限,书中难免有疏漏之处,恳请广大读者批评指正。

编　者
2023 年 2 月

KImage 视觉软件使用手册

目录
CONTENTS ▶

项目一
探秘机器视觉处理技术

项目情境

　　视觉是视觉系统的外周感觉器官（眼）接受外界环境中一定频率范围内的电磁波刺激，经中枢有关部分进行编码加工和分析后获得的主观感觉，为我们提供了关于周围环境的大量信息，从而使我们可以在不接触周围事物的情况下，直接和周围环境进行智能交互。而机器视觉（machine vision）基于仿生的角度，通过视觉传感器模拟眼睛进行图像采集，并在获取信息之后由图像处理系统进行图像处理和识别，让工业自动化的机器人拥有一双"智慧"的眼睛。对于各行各业而言，机器视觉技术的发展开启了"新视界"。本项目将以机器视觉处理技术为核心，引导读者理解图像处理技术的工作原理、发展历程、应用领域等知识；使读者具备搭建机器视觉的硬件系统、操作与设置编程软件的能力，培养读者在实训中不断探索、不断提高、精益求精的职业素养。

知识图谱

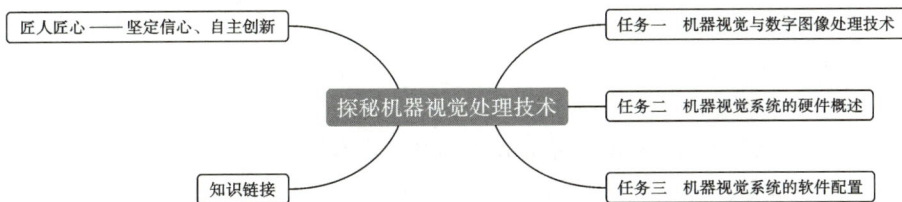

项目分组

　　根据项目特点，细分每个岗位的职责并确定负责人，形成工作计划，分工合作完成任务，填写表 1-1。

表 1-1　项目一分组

班级		编号		指导老师	
组长		学号			
组员	姓名	学号		分工描述	

项目计划

1. 制定项目实施方案

细分本项目每个任务的 1＋X 考证培训技能点,如表 1-2 所示。

表 1-2　探秘机器视觉处理技术的实施方案

步骤	技能点	项目任务
1	理解机器视觉系统的工作原理和工作过程	机器视觉与数字图像处理技术
2	(1)能够根据工业相机安装指导书和规范要求,正确安装相机、镜头、光源控制器; (2)能够根据不同工作场景和工件特征,选择不同光源、相机和镜头	机器视觉系统的硬件概述
3	(1)能够根据软件安装说明书,正确安装与卸载工业视觉软件; (2)能够根据系统硬件配置和工作场景,正确完成软件的通信设置; (3)能够根据工作场景,设置软件的基本参数和基本操作	机器视觉系统的软件配置

2. 列出材料清单

请列出完成本项目所需的工具、耗材和器件清单，如表 1-3 所示，形成良好的职业习惯。

表 1-3　工具、耗材和器件清单

序号	名称	型号与规格	单位	数量
1	机器视觉应用平台	ZM-KFL-MV500	台	1
2	黑白相机	2D	个	1
3	相机镜头	8 mm	个	1
4	蓝色背光源	定制	个	1
5	视觉系统编程软件	KImage 软件	个	1

任务一　机器视觉与数字图像处理技术

机器视觉与数字图像处理技术

任务描述

机器视觉技术在许多领域已经被广泛应用，而数字图像处理在机器视觉系统的工作过程中起着举足轻重的作用。交通部门通过图像处理技术识别出交通肇事车牌，锁定肇事车辆；气象部门通过分析气象云图预测未来的天气；农业部门通过遥感图像进行估产和防治虫害；医疗部门通过数字图像处理技术对各种疾病进行诊断确认……数字图像处理技术应用在我们生活的方方面面，是机器视觉系统的重要内容之一。

本任务围绕数字图像处理技术和机器视觉系统等相关知识，引导读者理解机器视觉系统的工作过程、了解机器视觉系统的特点和相关应用，培养读者自主学习和协作分工的职业素养。

📦 学习目标

◇ **知识目标**

1. 了解数字图像处理技术的概念和内容。

2. 理解机器视觉系统的工作原理和工作过程。

3. 了解机器视觉系统的特点和相关应用。

◇ **能力目标**

1. 能够描述数字图像处理技术的概念和内容。

2. 能够描述机器视觉系统的组成。

3. 能够描述机器视觉系统的工作过程。

◇ **素养目标**

以小组为单位,培养学生搜集、汇总、整理材料的分工协作精神。

📈 信息获取

1. 机器视觉发展现状

如今,中国正成为世界机器视觉技术发展最活跃的地区之一,应用范围涵盖了工业、农业、医药、军事、航天、气象、天文、公安、交通、安全、科研等国民经济的各个行业。其重要原因是中国已经成为全球制造业的加工中心,加工要求高的零部件及其相应的先进生产线,促使许多国际先进水平的机器视觉系统和应用经验进入了中国。

经过长期的蛰伏,2010年中国机器视觉市场迎来了爆发式增长。当年数据显示,中国机器视觉市场规模达到8.3亿元,同比增长48.2%,其中智能相机、软件、光源和板卡的增长幅度都达到了50%,工业相机和镜头也保持了40%以上的增幅,皆为2007年以来的最高水平。

2011年,中国机器视觉市场步入后增长调整期。相较于2010年的高速增长,2011年中国机器视觉市场虽然增长速度有所下降,但仍保持很高的水平。2011年,中国机器视觉市场规模为10.8亿元,同比增长30.1%,增速同比下降了18.1个百分点,其中智能相机、工业相机、软件和板卡都保持了不低于30%的增速,光源也达到了28.6%的增长幅度,增幅远高于中国整体自动化市场的增长速度。电子制造行业仍然是拉动需求高速增长的主要因素。2011年,中国机器视觉产品电子制造行业的市场规模为5.0亿元,增长35.1%,市场份额达到了46.3%,电子制造、汽车、制药和包装机械占据了近70%的机器视觉市场份额。

2. 数字图像处理技术及其内容

数字图像,是指图像数字化,即以 1 和 0 的数字形式将图像存储在计算机中,让计算机可以存储、播放、编辑图片。

数字图像处理技术,就是使用计算机对数字图像进行一系列有目的的处理,以获得一定的预期结果和相关数据。

常见的数字图像处理内容有图像去噪、图像增强、图像复原、图像变换、图像压缩、图像分割、图像编码、图像分析、图像传输、图像识别、边缘检测等。图像处理的各个内容是相互联系的,一个实用的图像处理系统往往结合几种图像处理技术才能得到所需的结果。

3. 数字图像处理系统及其工作流程

数字图像处理系统主要由计算机(用于图像处理程序的执行和运算)、数字化设备(主要用于图像模式的转化)和显示设备(用于图像的显示)三个基本部件构成。数字图像处理系统的工作流程如图 1-1 所示。

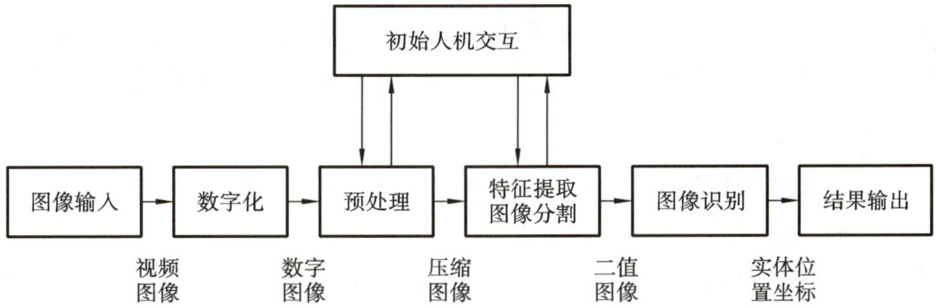

图 1-1　数字图像处理系统的工作流程

4. 机器视觉的定义

机器视觉主要用计算机来模拟人的视觉功能,从客观事物的图像中提取信息,进行处理并加以理解,最终用于实际检测、测量和控制。各界对机器视觉的定义不尽相同,美国制造工程师学会和美国机器人工业协会(Robotic Industries Association,RIA)的自动化视觉分会认为:机器视觉是通过光学的装置和非接触的传感器自动地接收和处理一个真实物体的图像,以获得所需信息或用于控制机器人动作的装置。

工业机器视觉是机器视觉在工业领域的应用,即在生产过程中,用机器代替人眼来做测量和判断。由于机器视觉系统可以快速获取大量信息,而且易于自动处理,也易于和其他控制信息集成,因此,在现代自动化生产过程中,人们将机器视觉系统广泛地用于工况监视、成品检验和质量控制等领域,特别是一些不适合人工作业的危险环境或人工视觉难以满足要求的场合。同时,在大批量工业生产过程中,用人工视觉检查产品质量不仅效率低、稳定性差,而且精度不高。机器视觉检测方法可以显著提高生产的自动化程度和生产效率。工业机器视觉是实现智能制造的基础技术之一。

5. 机器视觉系统的组成

机器视觉系统主要由机器、视觉和系统三部分组成:机器负责机械的运动和控制;视觉通过光源、工业镜头、工业相机、图像采集卡等来实现;系统主要是指软件,也可以理解为整套机器视觉设备。

1)机器视觉光源

光源作为机器视觉系统输入的重要部件,直接影响输入数据的质量和应用效果。由于没有通用的机器视觉光源设备,所以针对每个特定的应用实例,要选择相应的视觉光源,以达到最佳效果。常见的光源有 LED 环形光源、低角度光源、背光源、条形光源、同轴光源、冷光源、点光源、线型光源、平行光源等。

2)工业镜头

镜头在机器视觉系统中主要负责光束调制,并完成信号传递。

镜头类型包括标准、远心、广角、近摄和远摄等。镜头类型的选择依据一般包括相机接口、拍摄物距、拍摄范围、CCD 尺寸、畸变允许范围、放大率、焦距和光圈等。

3)工业相机

工业相机在机器视觉系统中最本质的功能就是将光信号转变为电信号,与普通相机相比,它具有更强的传输力、抗干扰力以及稳定的成像能力。

工业相机按照不同标准可有多种分类:按输出信号方式,可分为模拟工业相机和数字工业相机;按芯片类型不同,可分 CCD(charge-coupled device)工业相机和 CMOS(complementary metal oxide semiconductor)工业相机,这种分类方式最为常见。

4)图像采集卡

图像采集卡虽然只是完整机器视觉系统的一个部件,但它同样非常重要,直接决定了摄像头的接口(如黑白、彩色、模拟、数字等)。

比较典型的图像采集卡有 PCI 采集卡、1394 采集卡、VGA 采集卡和 GigE(千兆网)采集卡。这些采集卡中有的内置多路开关,可以连接多个摄像机,同时抓拍多路信息。

5)机器视觉软件

机器视觉软件是机器视觉系统中自动化处理图像的关键部件,根据具体应用需求,对软件包进行二次开发,可自动完成图像采集、显示、存储和处理。在选购机器视觉软件时,一定要注意开发硬件环境、开发操作系统、开发语言等,确保软件运行稳定,方便二次开发。

6. 机器视觉系统工作过程

机器视觉系统是工业自动化的一个分支,其工作过程如图 1-2 所示。

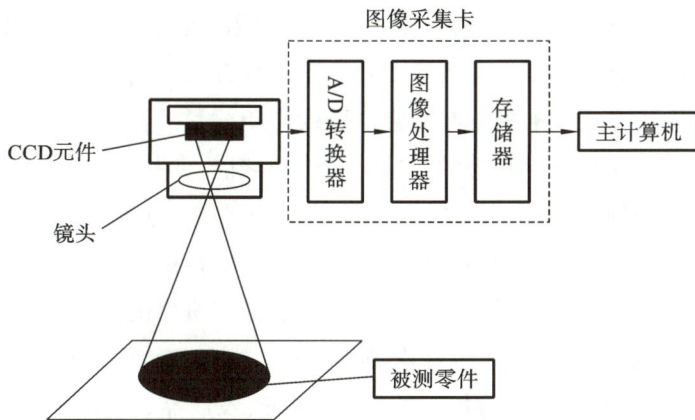

图 1-2　机器视觉系统的工作过程

(1)首先通过工件检测器检测物体是否接近或运动到摄像机视野的中心,如果是,向图像采集卡发送触发脉冲信号;

(2)图像采集卡按照设计人员预先设定的程序和时延,分别向摄像机或照明设备发出启动脉冲,但也有摄像机和照明设备在系统初始化时就开始启动;

(3)摄像机停止目前的扫描,重新开始新的一帧扫描;有的时候需要摄像机在启动脉冲来到之前一直处于等待状态,启动脉冲到来后启动帧扫描;

(4)如果所采用的策略是曝光策略,那么在摄像机开始新的一帧扫描之前,要打开曝光结构,其曝光时间要根据实际需要通过程序或者硬件设定好;

(5)如果采用曝光策略的话,要用另一个启动脉冲打开照明设备,特别要保证启动时间与摄像机曝光时间匹配;

(6)摄像机曝光后,正式开始一帧图像的扫描和输出;

(7)如果摄像机输出的是模拟信号,图像采集卡就把从摄像机传送过来的信号进行 A/D 转化,将其数字化,如果摄像机输出的是数字信号,图像采集卡就不必进行 A/D 转化了;

(8)图像采集卡将图像信号送到缓冲器、处理器或者计算机的内存中,以便图像的处理和显示;

(9)处理器或者计算机对图像进行处理、分析、识别以得到测量结果或逻辑控制量,然后根据这些结果进行处理以控制其他装置(比如机械装置等)来完成定位、纠正运动的误差(比如修正机器手臂的位置)等。

7. 机器视觉主要的应用领域

机器视觉赋予机器一双"眼睛",使其拥有类似人的视觉功能,因此各行各业都逐渐开始应用机器视觉进行大量信息的自动处理。在德国,"工业4.0"战略提出以后,传统制造业纷纷开始用自动化设备代替人工,推崇以"智能制造"为主题的新式工业生产方式。而智能制造的第一个环节正是机器视觉。国内,目前机器视觉产品仍处于起步阶段,但发展迅速,传统制造业依赖人工进行产品质量检测的方式已不再适用。随着人工智能和制造业相关技术的快速发展,产品的检测精确度和准确率要求也不断提升,各行各业对机器视觉技术的需求将越来越大,因此机器视觉在未来会有非常广阔的应用前景。特别是在工业领域,机器视觉能更好地发挥优势,实现各种检测、测量、定位和识别功能,尤其是在以下方面应用较广。

(1)缺陷检测:检测产品表面信息的正确性,如有无破损、划痕等。

(2)工业测量:主要检测产品的外观尺寸,实现非接触性测量。

(3)视觉定位:判断检测对象的位置坐标,引导和控制机器的抓取等动作。

(4)模式识别:识别不同的目标和对象,如字符、二维码、颜色、形状等。

机器视觉的应用正逐渐扩展到各个领域,在航天、农产品、医疗、科教、汽车、包装、食品饮料等领域,机器代替部分人力已成为一种趋势。

总而言之,机器视觉能提高生产自动化程度,使人工操作变成机器的智能操作。未来机器视觉将为人工智能在各个行业的普及提供一双智慧的"眼睛"。

8. 机器视觉主要应用案例

1)基于机器视觉的仪表板总成智能集成测试系统

EQ140-Ⅱ汽车仪表板总成是中国某汽车公司生产的仪表产品,仪表板上安装有速度里程表、水温表、汽油表、电流表、信号报警灯等,其生产批量大,出厂前需要进行一次质量终检。检测项目包括:检测速度表等五个仪表指针的指示误差;检测24个信号报警灯和若干照明灯是否损坏或漏装。一般采用人工目测方法检查,误差大,可靠性差,不能满足自动化生产的需要。基于机器视觉的智能集成测试系统改变了这种现状,实现了仪表板总成智能化、全自动、高精度、快速的质量检测,克服了人工检测所造成的各种误差,大大提高了检测效率。

整个测试系统分为四个部分:为仪表板提供模拟信号源的集成化多路标准信号源、具有图像信息反馈定位的双坐标CNC系统、摄像机图像获取系统和主从机平行处理系统。

2)金属板表面自动探伤系统

大型电力变压器线圈扁平线收音机朦胧皮等金属板都要有很高的表面质量,但原始的、采用人工目测或用百分表加以控制的检测方法不仅易受主观因素的影响,而且可能会给被测表面带来新的划痕。金属板表面自动探伤系统利用机器视觉技术对金属表面缺陷进行非接触式检查,这种方式不仅高速、准确,而且避免了新划痕的产生。在此系统中,采用激光器作为光源,通过针孔滤波器滤除激光束周围的杂散光,用扩束镜和准直镜使激光束变为平行光并以 45°的入射角均匀照射被检查的金属板表面。金属板所在的检验台可在 X、Y、Z 三个方向上移动,摄像机采用 TCD142D 型 2048 线阵 CCD,镜头采用普通照相机镜头。CCD 接口电路采用单片机系统。个人计算机(PC)主要完成图像预处理及缺陷的分类或划痕的深度运算等,并可将检测到的缺陷或划痕图像在显示器上显示出来。CCD 接口电路和 PC 之间通过 RS-232 接口进行双向通信,结合异步 A/D 转换方式,构成人机交互式的数据采集与处理系统。

该系统主要利用线阵 CCD 的自动扫描特性与被检查钢板 X 方向的移动相结合,获得金属板表面的三维图像信息。

3)汽车车身检测系统

英国罗孚(ROVER)汽车公司 800 系列汽车车身轮廓尺寸精度的 100% 在线检测,是机器视觉系统用于工业检测中的一个较为典型的例子。该系统由 62 个测量单元组成,每个测量单元包括一台激光器和一个 CCD 摄像机,用于检测车身外壳上的 288 个测量点。汽车车身置于测量框架下,通过软件校准车身的精确位置。

测量单元的校准将会影响检测精度,因而受到特别重视。每个激光器/摄像机单元均在离线状态下进行校准。同时,还有一个在离线状态下用三坐标测量机校准过的校准装置,可对摄像机进行在线校准。

检测系统以每 40s 检测一个车身的速度,检测三种类型的车身。系统将检测结果与检测人员从 CAD 模型中提取出来的合格尺寸相比较,测量精度为 ±0.1mm。ROVER 公司的质量检测人员用该系统来判别关键部分尺寸的一致性,如车身整体外形、车门、玻璃车窗等。实践证明,该系统是成功的,并将用于 ROVER 公司其他系列汽车的车身轮廓尺寸检测。

4)纸币印刷质量检测系统

该系统利用图像处理技术,通过对纸币生产流水线上的 20 多项纸币特征(号码、盲文、颜色、图案等)进行比较分析,检测纸币的质量,替代传统的人眼辨别方法。

5)智能交通管理系统

当有违章车辆通过(如闯红灯)时,设置在交通要道的摄像头将车牌号拍摄下来,传输给中央管理系统,系统利用图像处理技术,对拍摄的图片进行分析,提取出车牌信息存储在数据库中,以供管理人员检索。

6)金相分析系统

金相分析系统能对金属或其他材料的基体组织、杂质含量、组织成分等进行精确、客观的分析,为产品质量提供可靠的依据。

7)医疗图像分析系统

医疗图像分析系统可用于血液细胞自动分类计数、染色体分析、癌症细胞识别等。

任务实施

1.请查阅信息获取知识点 1,描述机器视觉的定义和发展现状。

_____

_____

2.请查阅信息获取知识点 2 和 3,概述数字图像处理技术的概念和工作过程。

_____

_____

3.请查阅信息获取知识点 4 和 5,描述机器视觉系统的组成和各部分的作用。

_____

_____

4.请查阅信息获取知识点 4 和 5,描述机器视觉系统的工作原理。

_____

_____

5.请查阅信息获取知识点 6,说明机器视觉系统的工作过程。

_____

_____

6.请查阅信息获取知识点 7 和 8,谈谈机器视觉的作用与在各个领域的应用。

_____

_____

任务评价

请根据任务各个环节的完成情况,进行学生自评、学生互评和教师评价,完成表 1-4。

表 1-4　任务评价表

类别	考核内容	分值	评价分数		
			学生自评	学生互评	教师评价
获取信息	知道机器视觉的现状与发展	5			
	知道数字图像处理技术的概念	10			
	了解数字图像处理系统及其工作流程	10			
	能够阐述机器视觉系统的定义	10			

续表

类别	考核内容	分值	评价分数		
			学生自评	学生互评	教师评价
获取信息	熟悉机器视觉系统的各部分特征	10			
	知道机器视觉系统的构成与作用	10			
	能够阐述机器视觉系统的工作原理	10			
	熟悉机器视觉系统在各领域的应用	5			
工作实施	能独立完成练习	20			
素养	能独立分析整理网上搜集到的信息	10			

任务二　机器视觉系统的硬件概述

机器视觉
系统的硬件
概述

任务描述

在柔性制造技术、信息技术高速发展下,机器人在自动化生产的优势凸显,工业机器人不仅提高了生产效益,同时也带来了自动化工程师、机器人工程师、调试工程师等复合型技术岗位。这些岗位要求从业人员掌握工业机器人基本结构,熟悉机器人组成模块并能够对其安装调试。

本任务围绕机器视觉系统的硬件安装基本知识,引导读者了解机器视觉系统的硬件组成及其类型,并掌握机器视觉系统的组装步骤与方法,培养读者安装机器视觉系统硬件时严格按照指令操作的习惯。

◷ 学习目标

◇ 知识目标

1.理解机器视觉系统硬件的结构和组成。

2.了解机器视觉系统硬件中的工业相机、镜头、光源等模块的结构、分类和基本参数。

◇ 能力目标

1.能够根据需求为机器视觉系统挑选合适的组件。

2.能够独立完成机器视觉系统硬件的安装。

◇ 素养目标

严格执行"8S"现场管理,打造整洁的操作环境,形成施工安全意识。

📊 信息获取

1.机器视觉系统的硬件

典型的机器视觉系统硬件一般包括光源、工业相机、图像采集模块、工业计算机等,如图 1-3所示。

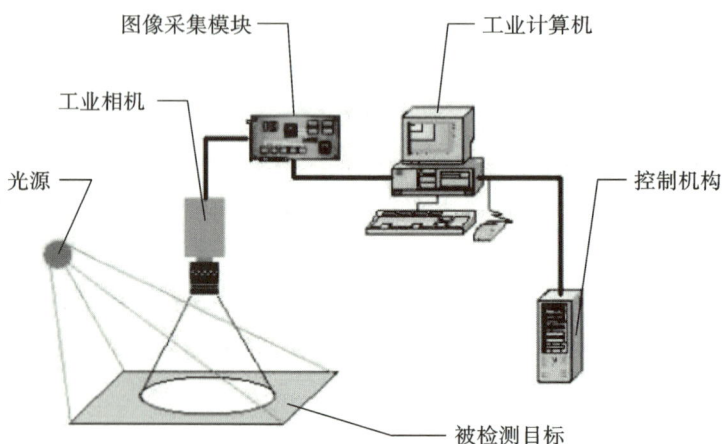

图 1-3　机器视觉系统的硬件

2.工业相机的概念

工业相机俗称摄像机,是一种将影像转化成数字信号或者模拟信号的工具,相较于传统的民用相机(摄像机),它具有更高的图像稳定性、更强的传输能力和高抗干扰能力等,是机器视觉系统中的一个关键组件。相机的选用要考虑检测产品的精度要求、检测物体的速度、检测模式(动态检测或静态检测)、相机的类型及参数、相机的价格等。

3. 工业相机的分类(见表 1-5)

表 1-5　工业相机分类

分类方式	分类种类
按传感器芯片类型分	CCD 相机、CMOS 相机
按传感器芯片结构分	线阵相机、面阵相机
按扫描方式分	隔行扫描相机、逐行扫描相机
按分辨率分	普通分辨率相机、高分辨率相机
按输出信号分	模拟相机、数字相机
按输出颜色分	彩色相机、黑白相机
按输出数据速度分	普通速度相机、高速相机

1) CCD 相机和 CMOS 相机

相机中最重要的组成部件是数字传感器,主要有 CCD 和 CMOS 两种重要的传感器。两者的主要区别是从芯片中读取数据的结构不同,如图 1-4 所示。

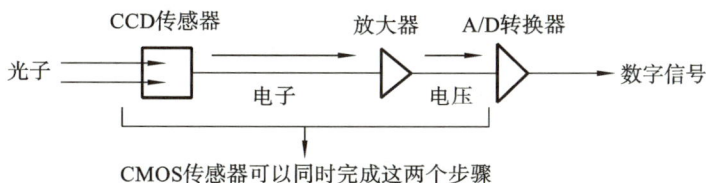

图 1-4　CCD 和 CMOS 传感器读取结构的区别

CCD 传感器在工作时,上百万个像素感光后会生成上百万个电荷,所有的电荷全部经过一个"放大器"进行电压转变,形成电子信号,因此,这个"放大器"就成了一个制约图像处理速度的"瓶颈"。而 CMOS 传感器可以单独对每个像素点进行放大转换输出,因此 CMOS 传感器没有 CCD 传感器的"瓶颈"问题,能够在短时间内处理大量数据,输出高清影像,因此能满足高清摄像的需求。

CMOS 传感器中的每个像元包含一个光电二极管、一个电荷/电压转换单元、一个晶体管以及一个放大器,导致光电二极管占据的面积只是整个元件的一小部分。过多的额外设备压缩单一像素的有效感光区域的表面积,因此在像素尺寸相同的情况下,CMOS 传感器的灵敏度要低于 CCD 传感器,直接后果就是低照度环境下,CMOS 传感器无法像 CCD 传感器那样灵敏,成像清晰度大大降低。

CCD 传感器是目前机器视觉系统最为常用的图像传感器。它集光电转换及电荷存储、电荷转移信号读取于一体，是典型的固体成像器件。

CMOS 传感器将光敏元阵列、图像信号放大器、信号读取电路、模-数转换电路、图像信号处理器及控制器集成在一块芯片上，具有局部像素的编程随机访问的优点。目前，CMOS 传感器以其良好的集成性、低功耗、高速传输和宽动态范围等特点在高分辨率和高速场合得到了广泛的应用。

CCD 和 CMOS 传感器各有利弊，在整个图像传感器市场上它们相互竞争又相互补充。CCD 传感器更适用于对相机性能要求非常高而对成本控制不太严格的应用领域，如天文、高清晰度的医疗 X 光影像和其他需要长时间曝光且对图像噪声要求严格的科学应用场景；CMOS 传感器能用当代大规模半导体集成电路生产工艺来生产，如今 CMOS 传感器更适合应用于空间小、体积小、功耗低而对图像噪声和质量要求不是特别高的场合，如大部分有辅助光照射的工业检测应用、安防保安应用和消费型数字相机应用。

2）线阵相机与面阵相机

无论是 CCD 传感器还是 CMOS 传感器，都可以制作成线阵和面阵两种结构的相机。面阵相机是一款以面为单位来进行图像采集的成像工具，可以一次性获得目标的完整而直观的图像，广泛应用于目标物体的形状、尺寸等方面的测量。面阵相机可以在短时间内曝光，可以用来拍摄高速运动的物体。

线阵相机所拍摄的目标物体通常在一个很长的界面上。线阵相机的传感器只有一行感光元素，所以线阵相机一般拥有非常高的扫描率与分辨率。线阵相机的传感器由一维感光点构成，每次只能扫描一条线，需要利用目标物与相机之间的相对运动来扫描成像。线阵相机广泛应用于金属、塑料和纤维行业。

3）普通分辨率相机和高分辨率相机

机器视觉领域的相机分辨率就是其能够拍摄的图像的最大尺寸，通常以像素为单位。不同尺寸的 CCD 或 CMOS 传感器有不同的分辨率，从 640×480 像素到 5488×3672 像素不等，线阵传感器的分辨率则为 512 像素～16 K 像素。一般认为，分辨率达到 1280×720 像素为高分辨率相机，小于此值的为普通分辨率相机。

4. 相机的性能指标

相机的性能指标通常包括分辨率、像素深度、曝光方式和快门速度、像元尺寸、最大帧率、光谱响应特性、接口类型等。

分辨率（resolution）：相机每次采集图像的像素点数（pixels），对于数字相机是直接与光电传感器的像元数对应的，对于模拟相机则取决于视频制式，PAL 制为 768×576 像素，NTSC 制为 640×480 像素，模拟相机已经逐渐被数字相机代替，后者的分辨率已经达到

6576×4384 像素。

像素深度(pixel depth)：即每像素数据的位数，常用的是 8bit(位)，对于数字相机，还有 10bit、12bit、14bit 等。

曝光(exposure)方式和快门速度(shutter speed)：线阵相机采取逐行曝光的方式，可以选择固定行频和外触发同步的采集方式，曝光时间可以与行周期一致，也可以设定一个固定的时间；面阵相机有帧曝光、场曝光和滚动行曝光等几种常见方式，数字相机一般都提供外触发采集图像的功能。快门速度一般可达 $10\mu s$，高速相机还可以更快。

像元尺寸(pixel size)：像元大小和像元数(分辨率)共同决定了相机靶面的大小。像元为正方形，通常用其边长来描述其尺寸大小。目前，数字相机像元尺寸为 $3\sim10~\mu m$，一般像元尺寸越小，制造难度越大，图像质量也越不容易提高。

最大帧率(frame rate)/行频(line rate)：指相机采集传输图像的速率，面阵相机一般为每秒采集的帧数(frames/s)，线阵相机为每秒采集的行数(lines/s)。

光谱响应特性(spectral range)：指像元传感器对不同光波的敏感特性，一般响应范围是 $350\sim1000nm$，一些相机在靶面前加了一个滤镜，目的是滤除红外光线，如果系统需要对红外光线感光时可去掉该滤镜。

接口类型：有 Camera Link 接口、【以太网】接口、1394 接口、USB 接口、CoaXPress 接口。

5. 相机的选型

相机的选型步骤可参考如下内容。

(1) 确定系统精度要求和相机分辨率。当进行尺寸测量时，将测量精度作为系统精度；当进行缺陷检测时，将检出的最小缺陷的尺寸作为系统精度。系统精度和分辨率的计算公式为

X 方向系统精度(X 方向像素值)＝视野范围(X 方向)/CCD 芯片像素数量(X 方向)

Y 方向系统精度(Y 方向像素值)＝视野范围(Y 方向)/CCD 芯片像素数量(Y 方向)

$$分辨率＝(视野的高/精度)×(视野的宽/精度)×2$$

(2) 根据被测物是否运动来选择相机的快门方式。若物体处于运动状态，则采用全局快门；若物体处于静止状态，则采用卷帘快门。

(3) 确定相机的帧率。根据物体的运动速度确定相机的帧率，计算公式为

$$最低速率＝运动速度/视野$$

(4) 确定相机的图像色彩。在一般情况下，基本选用黑白相机，这是由于黑白图像检测精度优于彩色相机，包括对比度和锐度。若进行色彩识别或色彩缺陷检测等处理，则选择彩色相机。

(5) 确定相机与图像采集卡的匹配问题。

①分辨率的匹配，每款板卡都只支持某一分辨率范围内的相机；

②特殊功能的匹配,如果要用相机的特殊功能,应先确定所用板卡是否支持此功能,比如项目需要多部相机同时拍照,这个采集卡就必须支持多通道,如果相机是逐行扫描的,那么采集卡就必须支持逐行扫描;

③接口的匹配,确定相机与板卡的接口是否相匹配,如 Camera Link、GigE、CoaXPress、USB3.0 等;

④视频信号的匹配,对于黑白模拟信号相机来说有两种格式,即 CCIR 和 RS170(EIA),通常采集卡同时支持这两种相机。

(6)在满足对检测的必要需求后,最后才是价格的比较。

6. 镜头

镜头(见图 1-5)的主要作用是将目标成像在图像传感器的光敏面上。如果将机器视觉系统与人类视觉系统进行类比,那么镜头类似于人眼的晶状体。有了镜头,相机才可以输出清晰的图像。

在机器视觉系统中镜头和相机常作为一个整体出现,其质量直接影响到机器视觉系统的整体性能,合理地选择和安装镜头是决定机器视觉成像子系统性能的关键。

图 1-5　镜头

7. 镜头分类

(1)按焦距能否调节,镜头可分为定焦镜头和变焦镜头两大类。机器视觉系统中常用定焦镜头,一般来说,定焦镜头的光学品质更出众,缺点是当拍摄距离确定,其拍摄视角也就固定了,要想改变视角画面,则需要移动拍摄者位置。依据焦距的长短,定焦镜头又可分为鱼眼镜头、短焦镜头、标准镜头、长焦镜头四大类。需要注意的是,焦距的长短划分并不是以焦距的绝对值为首要标准的,而是以像角的大小为主要区分依据,所以当靶面的大小不等时,其标准镜头的焦距大小也不同。变焦镜头涵盖了从超广角镜头到超望远镜头的各种焦段,目前专业级的变焦镜头在光学品质方面几乎能够和定焦镜头相媲美。

（2）根据镜头接口类型划分。镜头和摄像机之间的接口有许多不同的类型，镜头的接口有三种国际标准：F 接口、C 接口和 CS 接口。其中：C 接口和 CS 接口是工业相机最常见的标准接口，适用于物镜焦距小于 25mm 且物镜的尺寸不大的情况；F 接口是通用型接口，一般适用于焦距大于 25mm 的镜头。镜头接口类型的不同与镜头性能及质量并无直接关系，一般可以找到各种常用接口之间的转接口。

（3）特殊用途的镜头。

显微镜头，一般是指成像比例大于 10∶1 的拍摄系统所用镜头，但由于现在的摄像机的像元尺寸已经做到 3μm 以内，所以一般成像比例大于 2∶1 时也会选用显微镜头。

微距（macro）镜头，一般是指成像比例为（2∶1）～（1∶4）范围内的特殊设计的镜头。在对图像质量要求不是很高的情况下，一般可采用在镜头和摄像机之间加近摄接圈的方式或在镜头前加近拍镜的方式达到放大成像的效果。

远心（telecentric）镜头，主要是为纠正传统镜头的视差而设计的特殊镜头，它可以在一定的物距范围内，使得到的图像放大倍率不会随物距的变化而变化，这对被测物不在同一物面上的情况是非常重要的应用。

一般的镜头是在可见光范围内使用的，由于同一光学系统对不同波长的光线折射率不同，导致同一点发出的不同波长的光成像时不能会聚成一点，产生色差。常用的镜头消色差设计也是针对可见光的，紫外镜头和红外镜头即专门针对紫外线和红外线设计的镜头。

8. 镜头参数和接口

1）焦距

焦距是从镜头的中心点到焦平面上所形成的清晰影像之间的距离。焦距的大小决定着视角的大小，焦距数值小，视角大，所观察的范围大；焦距数值大，视角小，所观察的范围小（见图 1-6）。根据焦距能否调节，镜头可分为定焦镜头和变焦镜头两大类。

物距 u、像距 v 与焦距 f 之间满足以下关系：

$$1/u + 1/v = 1/f$$

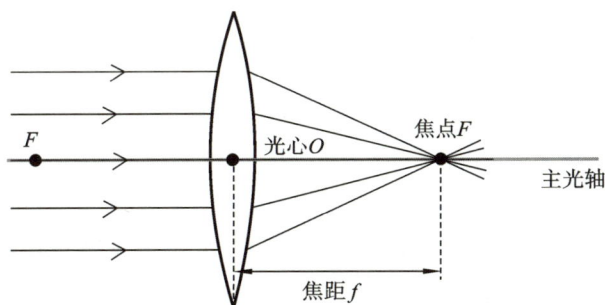

图 1-6　焦距示意图

成像有"实像倒立,虚像正立"的规律,成像的大小与两倍焦距有关。

当 $f<u$ 时,呈倒立的实像,且有

①$2f<u$,成像变小;

②$2f=u$,成像不变;

③$2f>u$,成像放大。

当 $f>u$ 时,呈正立放大的虚像。

2)光圈

光圈是一个用来控制光线透过镜头,进入机身内感光面的光量的装置,它通常在镜头内。光圈与进光量的关系如图 1-7 所示。

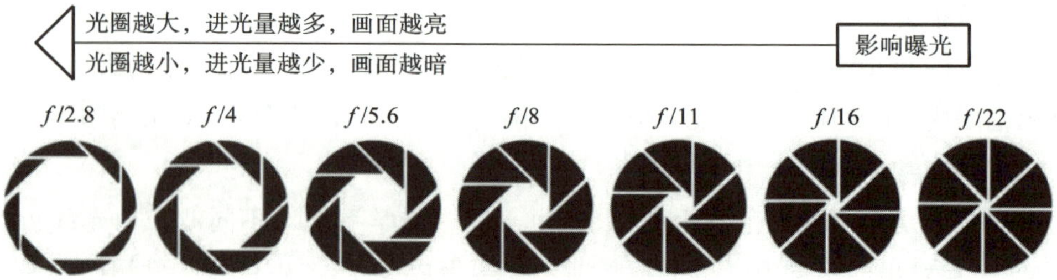

图 1-7 光圈与进光量的关系

3)分辨率

镜头分辨率表示它的空间极限分辨能力,常用拍摄正弦光栅的方法来测试。镜头的分辨率越高,成像越清晰。分辨率的选择与对图像细节的要求有关。同时,镜头的分辨率应当不小于相机的分辨率。

4)景深

在聚焦完成后,焦点前后能呈现清晰图像的范围内,这一前一后的距离称为景深(DOF)。景深示意图如图 1-8 所示。

光圈、镜头及拍摄物的距离是影响景深的重要因素。

①光圈越大,景深越小;光圈越小,景深越大。

②焦距越大,景深越小;焦距越小,景深越大。

③主体越近,景深越小;主体越远,景深越大。

5)最大像面

最大像面是指镜头能支持的最大清晰成像范围(常用可观测范围的直径表示),超出这个范围所成的像对比度会降低,而且会模糊不清。由于机器视觉系统中的传感器多制作成长方形或正方形,因此镜头的最大像面常用它可以支持的最大传感器尺寸(单位为 in,靶面尺寸 1 in 表示对角线的长度为 16 mm)来表示。相应地,镜头的视场也可以用最大像面所对

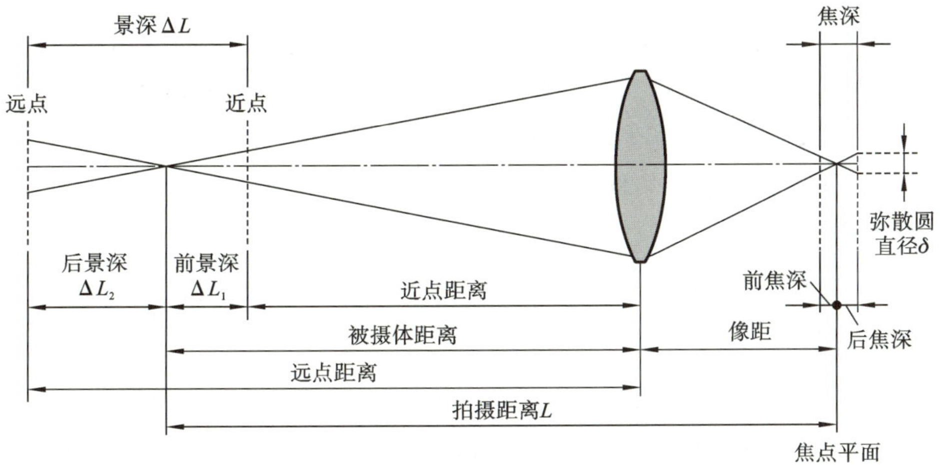

图 1-8　景深示意图

应的横向和纵向观测距离或视场角来表示。

6) 曝光

曝光是指在摄影过程中进入镜头照射在感光元件上的光量,由光圈、快门、感光度组合来控制。

7) 视场角

视场角(见图 1-9)在光学工程中又称视场,视场角的大小决定了光学仪器的视野范围。

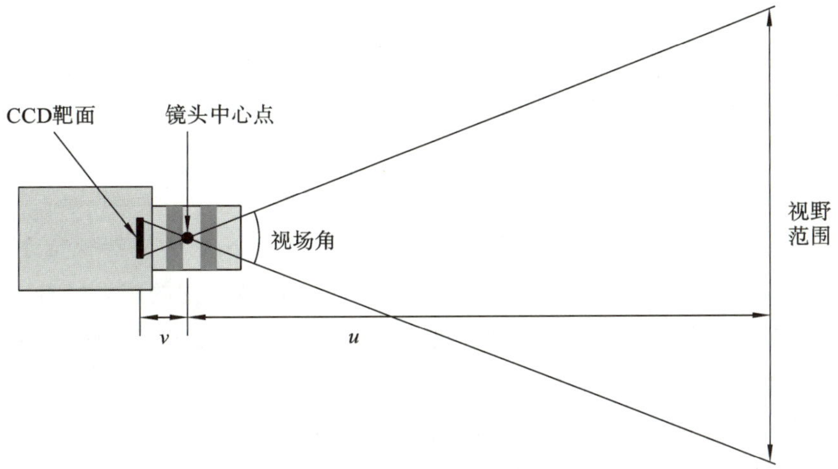

图 1-9　视场角示意图

一般来说,视场角越大,视野范围越大;视场角越小,视野范围越小。视场角大小因焦距大小而变化,焦距越小,视场角越大;焦距越大,视场角越小。

8）数值孔径

数值孔径等于由物体与物镜间媒质的折射率 n 与物镜孔径角的一半（$\alpha/2$）的正弦值的积，计算公式为 $NA = n \cdot \sin(\alpha/2)$。数值孔径与其他光学参数有着密切的关系，它与分辨率成正比，与放大率成正比。也就是说，数值孔径直接决定了镜头分辨率，数值孔径越大，分辨率越高；数值孔径越小，分辨率越低。

9）镜头倍率

镜头倍率即放大倍数，这个值与被测物体的工作距离有关，要根据放大需求决定。

10）镜头接口

镜头接口是镜头与相机的机械连接部位。镜头的接口应与相机的物理接口相匹配。例如，相机的接口是 C 口，镜头也应选择 C 口。接口还有 F 口、CS 口、S 口等形式，设计不同的接口是为了适应不同的相机芯片尺寸。

9.镜头选择步骤

选择镜头时，可以参考以下步骤。

（1）确定镜头的工作波长，以及是否需要变焦，变焦与定焦镜头的选择由成像过程需要放大的倍率决定。

（2）确定镜头的景深效果。景深效果是指当焦点对准某一点时，其前后仍可清晰成像的范围。它能决定是将背景模糊化来突出拍摄对象，还是拍出清晰的背景。

（3）确定焦距。首先测量工作距离和目标物体的大小，得到图像的宽或高，然后确定相机的安装位置，从相机的拍摄角度推测视角，最后根据二者的几何关系计算相机的焦距。镜头的焦距是与镜头的工作距离、系统分辨率和 CCD 像素尺寸相关的。

（4）根据现场的拍摄要求，考虑光圈、价格等其他因素。

10. 光源

光源作为辅助成像器件，是机器视觉系统的重要组成部分，它为机器视觉系统的图像提供足够的光线。在机器视觉系统中，光源的作用有：①显现被测物的重要特征；②消隐不需要呈现的区域；③保证成像效果以利于图像处理；④保证图像的稳定性；等等。因此，光源会影响到相机的成像质量，进而影响机器视觉系统的性能。

理想的光源应该是明亮、均匀、稳定的。机器视觉系统使用的光源主要有三种——高频荧光灯、光纤卤素灯、LED 光源，如图 1-10 所示。表 1-6 所示为三种光源的性能对比。

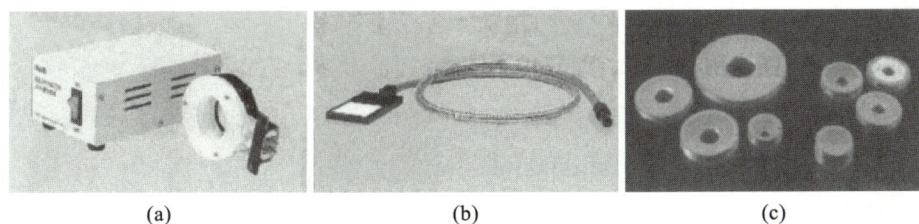

图 1-10 常用的三种光源

(a)高频荧光灯;(b)光纤卤素灯;(c)LED 光源

表 1-6 三种光源性能对比

名称	使用寿命	优点	缺点
高频荧光灯	1500~3000 h	扩散性好,适合大面积均匀照射	响应速度慢,亮度较低
光纤卤素灯	约 1000 h	亮度高	响应速度慢,几乎没有亮度和色温的变化
LED 光源	1000~3000 h	灵活性与亮度高,响应速度快,波长和形状可调整	在白光照射中的显色性偏低

11. 光源的颜色

不同颜色的光适用于不同的应用场景。常用的光源包括白色光源、蓝色光源、红色光源、绿色光源,以及红外光、紫外光。

1) 白色光源(W)

白色光源通常用色温来界定,色温高的颜色偏蓝(冷色,色温>5000 K),色温低的颜色偏红(暖色,色温<3300 K),色温介于 3300~5000 K 之间的光源称为中间色光源。白色光源适用性广,亮度高,经常在拍摄彩色图像时使用。

2) 蓝色光源(B)

蓝色光源的波长为 430~480 nm 。蓝色光源适用于银色背景产品(如钣金件、车加工件等)、薄膜上的金属印刷品等。

3) 红色光源(R)

红色光源的波长为 600~720 nm。由于其波长比较长,因此红色光源可以穿透一些比较暗的物体。红色光源用于底材为黑色的软板孔位定位、绿色电路板电路检测、透光膜厚度检测等场景时,可以明显提高对比度。

4) 绿色光源(G)

绿色光源的波长为 510~530 nm。绿色光源常用于红色或银色背景产品(如钣金件、车削件)检测。

5）红外光（IR）

红外光的波长一般为 780～1400 nm。红外光属于不可见光，其穿透力强，一般在 LCD 屏检测、视频监控行业应用比较普遍。

6）紫外光（UV）

紫外光的波长一般为 190～400 nm。紫外光的波长短，穿透力强，主要用于证件检测，触摸屏 ITO（氧化铟锡）检测，布料表面破损检测，点胶、溢胶检测，以及金属表面划痕检测等方面。

图 1-11 所示为同一图像用白色、红色、蓝色三种不同光源打光的效果图。

(a)　　　　　　(b)　　　　　　(c)　　　　　　(d)

图 1-11　不同光源打光效果示意图

(a)测试图案；(b)白光打光效果；(c)红光打光效果；(d)蓝光打光效果

12. 光源的种类

光源的种类很多，根据光源的发光机理不同，可以分为高频荧光灯、光纤卤素灯、发光二极管（LED）光源、气体放电灯、激光二极管（LD）光源；按形状可分为环形光源、条形光源、背光源（见图 1-12）、点光源等。在选择光源时，应根据检测的目标物体和检测要求决定光源类型和打光方式。例如：如果要突出被测物体的结构细节，可以使用正面或者正侧面光源；如果要凸显物体的轮廓，可以使用背光源。在选择和布置光源时，应根据检测的对象和希望呈现出的画面效果进行。除了可见光外，某些情况下也需要使用红外光。例如，某眼球追踪项目需要捕捉瞳孔位置，这时就应该选择红外光，因为不可见光不会对测试者造成干扰。总的来说，要根据实际需求进行光源选择。

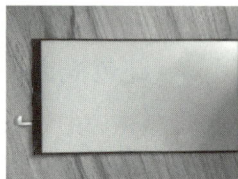

环形光源　　　　　　　　　条形光源　　　　　　　　　背光源

图 1-12　光源的种类

在实际工程应用中，可以委托专业光源公司进行样品打光测试，然后进行选择。

13. 光源的照射方式

光源照射的方向性也是增强被测物特征的有效手段。光源可以采用漫反射或直接照射的方式(见图 1-13)。当光源采用漫反射时,各个方向上的光的强度几乎是一样的;采用直接照射时,光源发出的光集中在非常窄的空间角度范围内,在特定情况下,光源可以仅发出单向平行光,称作平行光照射。

较暗、射角宽、无光点、光斑均匀　　　　　明亮、射角窄、会有光点
(a)　　　　　　　　　　　　　　　(b)

图 1-13　光源照射方式
(a)漫反射;(b)直接照射

另外,光源、相机以及被测物间的相对位置也可以用来增强被测物特征。如果光源与相机位于被测物的同一侧,称为正面光;如果光源与相机位于被测物的两侧,称为背光。如果光源与被测物成一定角度,使得绝大部分光反射到相机,称为明场照射,如图 1-14(a)所示。由于光源位置的原因,仅仅将照射到被测物特定部分的光反射到相机的照射方式称为暗场照射,如图 1-14(b)所示。

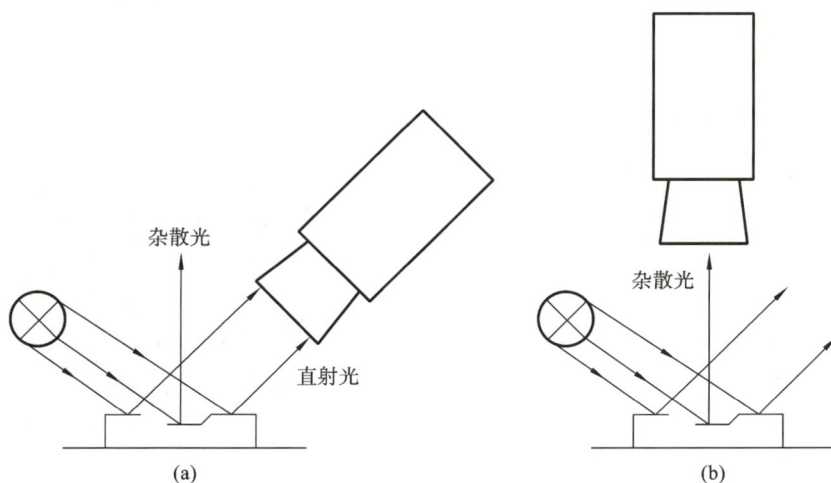

图 1-14　明场照射和暗场照射
(a)明场照射;(b)暗场照射

光源的照射方式也称为打光方式,常见的有以下几种。

1)角度照射

光源与被测物成一定角度(常见的有 30°、45°、60°、75°等)照射,如图 1-15 所示。这种照射方式光束集中、亮度高、均匀性好、照射面积相对较小,常用于液晶校正、塑胶器检查、工件螺孔定位、标签检查、引脚检查、集成电路印字检查等方面。

图 1-15　角度照射及效果图

(a)角度照射示意图;(b)工件效果图

2)垂直照射

光源与被测物体成 90°照射,如图 1-16 所示。这种照射方式照射面积大、光照均匀,适用于较大面积照射,可用于基底和电路板定位、晶片部件检查等方面。

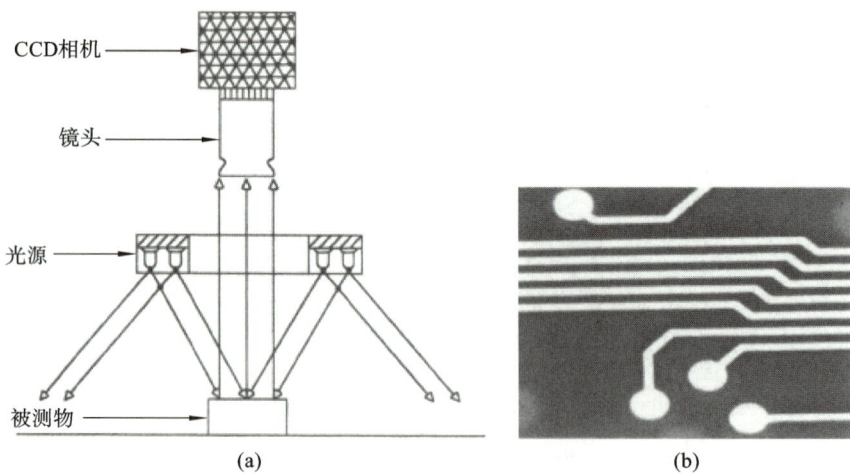

图 1-16　垂直照射及效果图

(a)垂直照射示意图;(b)电路板效果图

3）低角度照射

光源与被测物成角度小于30°照射，如图1-17所示。这种照射方式对表面凹凸表现力强，适用于晶片或玻璃基片上的伤痕检查等方面。

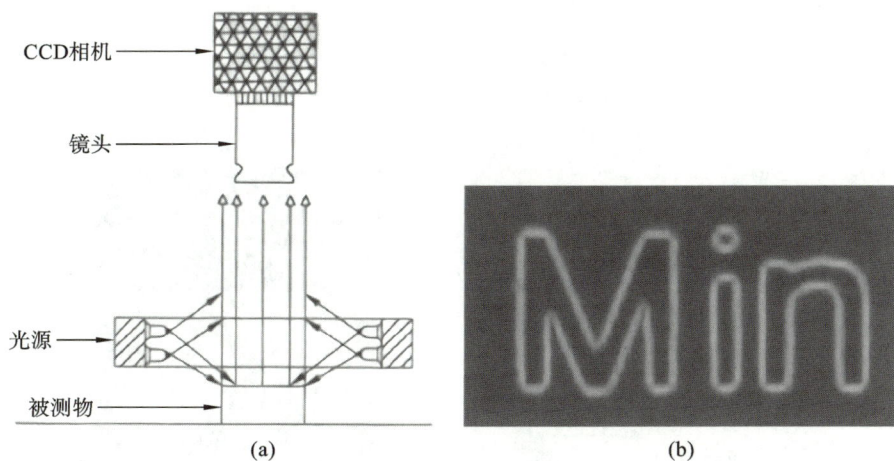

图 1-17　低角度照射及效果图

（a）低角度照射示意图；（b）晶片表面效果图

4）多角度照射

这种方式常常将RGB（红绿蓝）三色光从不同角度对被测物进行照射（见图1-18），可以实现焊点的三维信息提取，适用于电路板焊锡部分、球形或半圆形物体及其他不规则形状物体的检测等方面。

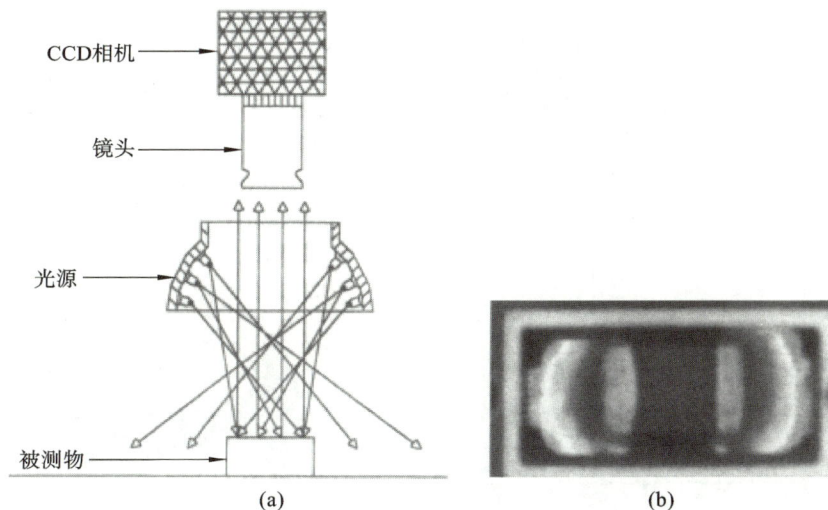

图 1-18　多角度照射及效果图

（a）多角度照射示意图；（b）焊锡效果图

5）同轴光照射

这种照射方式常用平行同轴光源,见图 1-19。它类似于平行光的应用,光源带漫反射板,形成二次光源,光线主要趋于平行,常用于半导体、PCB 以及金属零件的表面成像检测,微小元器件的外形、尺寸测量等方面。

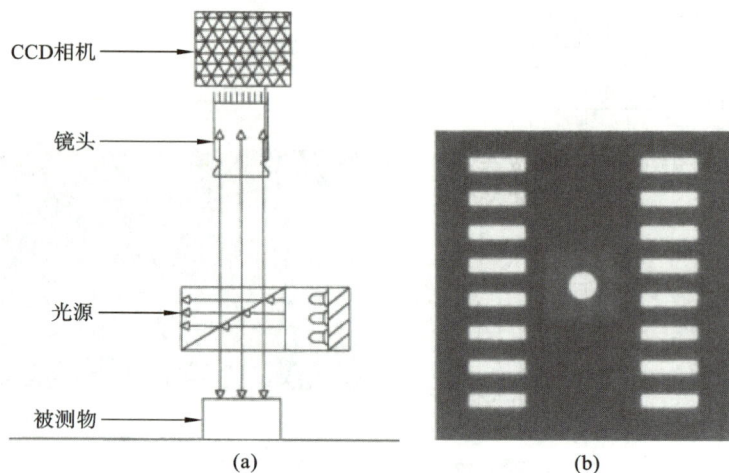

图 1-19　同轴光照射及效果图

（a)同轴光照射图;（b)零件效果图

6）背光照射

这种照射方式常用背光源或平行背光源,它的发光面是一个漫反射面,均匀性好,如图 1-20所示,可用于镜面反射材料(如晶片或玻璃基底)上的伤痕检测、LCD 检测、微小电子元器件尺寸和外形测量、靶标测试等方面。

图 1-20　背光照射及效果图

（a)背光照射示意图;（b)工件效果图

同一目标在不同打光方式下会呈现不同效果。图 1-21 所示为电缆导线在使用同轴光照射和平面背光照射下的成像效果。

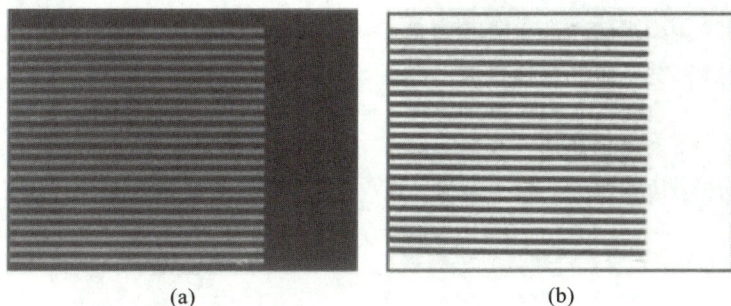

(a)　　　　　　　　　　　　　　(b)

图 1-21　电缆导线在不同打光方式下的成像效果

(a)同轴光照射;(b)平面背光照射

14. 机器视觉系统的硬件安装步骤

步骤一:相机的安装。

将相机与镜头连接好后,通过转接板将相机装在快速安装板上,然后直接安装在实验平台上,实验完成后直接将快速安装板与相机整体拆卸存放,以便下一次实验快速安装。相机和相机的安装如图 1-22、图 1-23 所示。

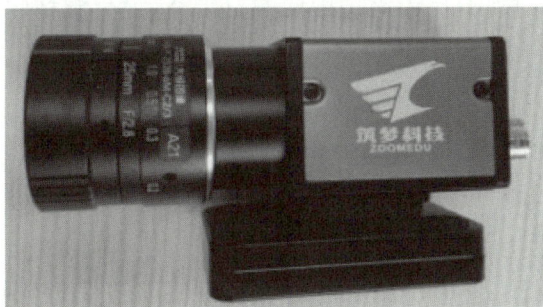

图 1-22　相机

图 1-23　相机的安装

步骤二:相机的接线。

按照电源 I/O 线上的颜色指示将 1 号棕色线和 2 号黑色线接至 12V＋接口,5 号灰色线接至触发接口,6 号蓝色线接至 12V－接口。接线时先将接线头上面的两个一字形螺钉拧开,拔下接线头进行接线,然后装回平台。接完后将电源 I/O 线和网线接在相机对应的接口上。相机的接线如图 1-24 所示。

步骤三:光源的安装。

利用螺钉将光源固定在支架对应的位置上,将光源电源线接在对应的通道上。

步骤四:位置的调试。

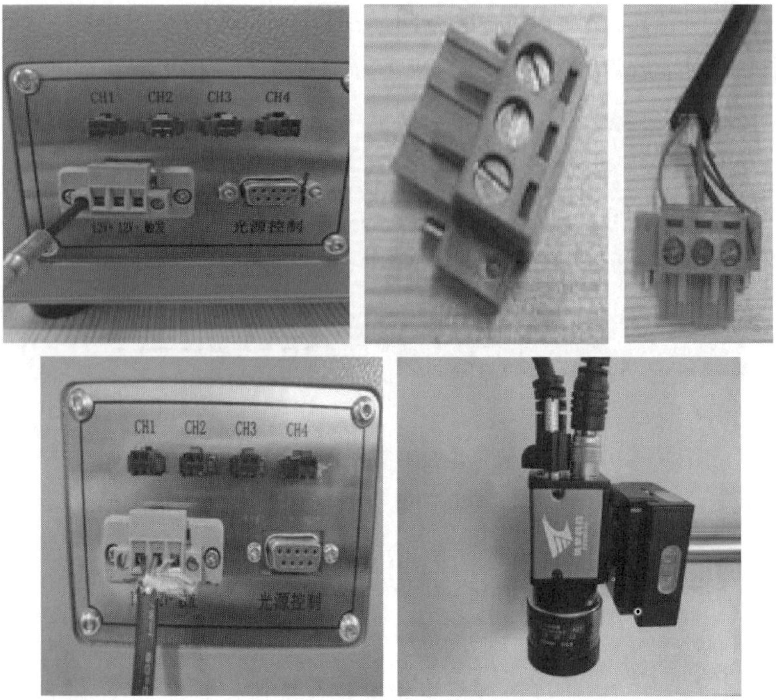

图 1-24 相机的接线

可以通过调节支架上的螺钉来调节光源以及相机的高度和角度。本实验台采用了一种新型的拧紧装置,在加力旋杆限位后将其向外拔出,用手固定中间螺钉后,将加力旋杆转回原位后再次拧紧。

步骤五:设置电脑 IP 地址。

在连接好相机的电源线和网线之后,打开电脑中的设置,在【网络和 Internet】中的【以太网】设置中点击【更改适配器选项】(见图 1-25),可以看到在适配器列表中出现了一个网络连接,如图 1-26 所示。

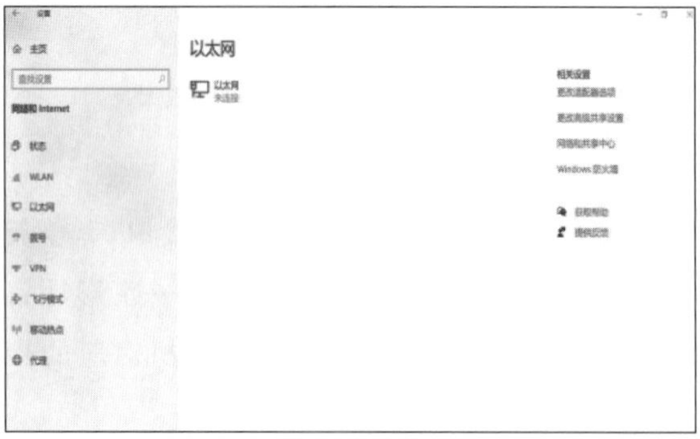

图 1-25 【以太网】设置　　　　　　　　　图 1-26 网络连接

图 1-27 所示为【以太网状态】界面,在此界面中点击【属性】按钮,弹出如图 1-28 所示的【以太网】属性界面,双击【Internet 协议版本 4(TCP/IPv4)】,弹出【Internet 协议版本 4

(TCP/IPv4)属性】界面(见图 1-29),然后选择【使用下面的 IP 地址(S)】,进行 IP 地址设置。注意:因为需要保证相机与电脑是在同一个网段之中,所以电脑 IP 地址的前 3 个字段必须与相机的 IP 地址相同。

图 1-27　【以太网状态】界面

图 1-28　【以太网属性】界面

图 1-29　电脑 IP 地址设置界面

步骤六:设置相机 IP 地址。

打开 KImage 软件,在产品名称处填入【工业相机的连接、设置与取图】,然后点击【新建】按钮,如图 1-30 所示。

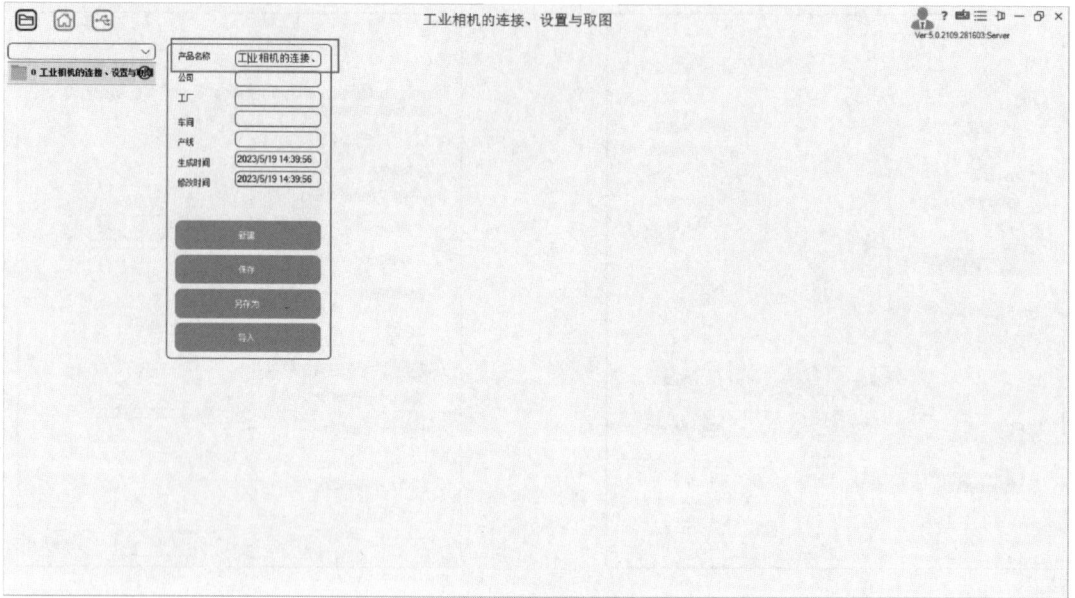

图 1-30 新建项目

依次点击软件界面上的设备按钮→【海康相机列表】→【设置 IP】按钮,如图 1-31 所示。

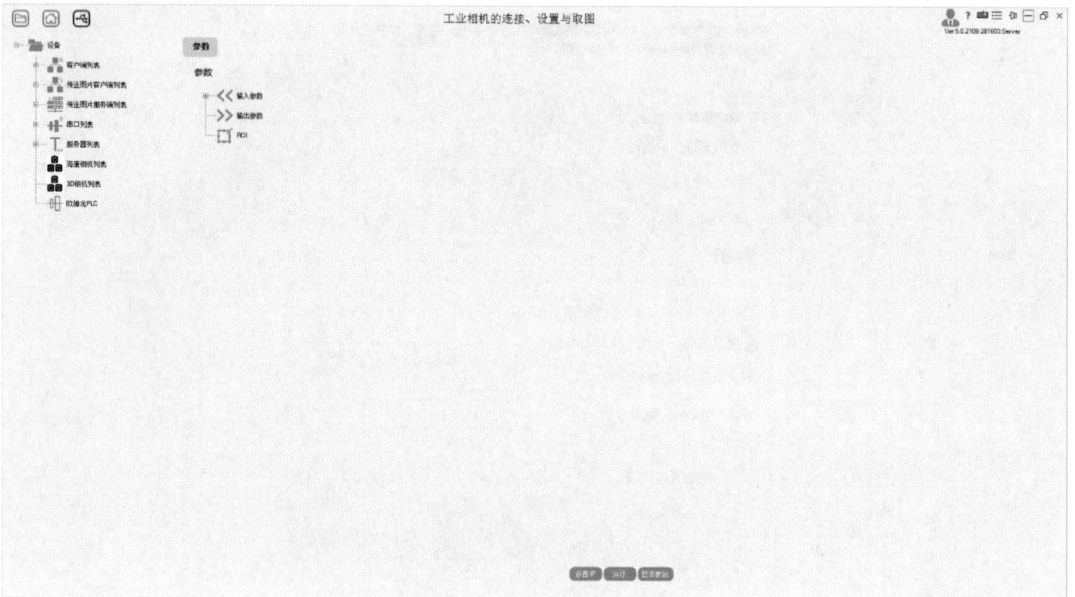

图 1-31 相机 IP 地址设置

　　进入相机 IP 地址设置界面,在【查找设备】下拉列表中选择对应的相机,将相机 IP 地址的前三个字段设置为电脑 IP 地址的前三个字段,然后点击【执行】,如图 1-32 所示。

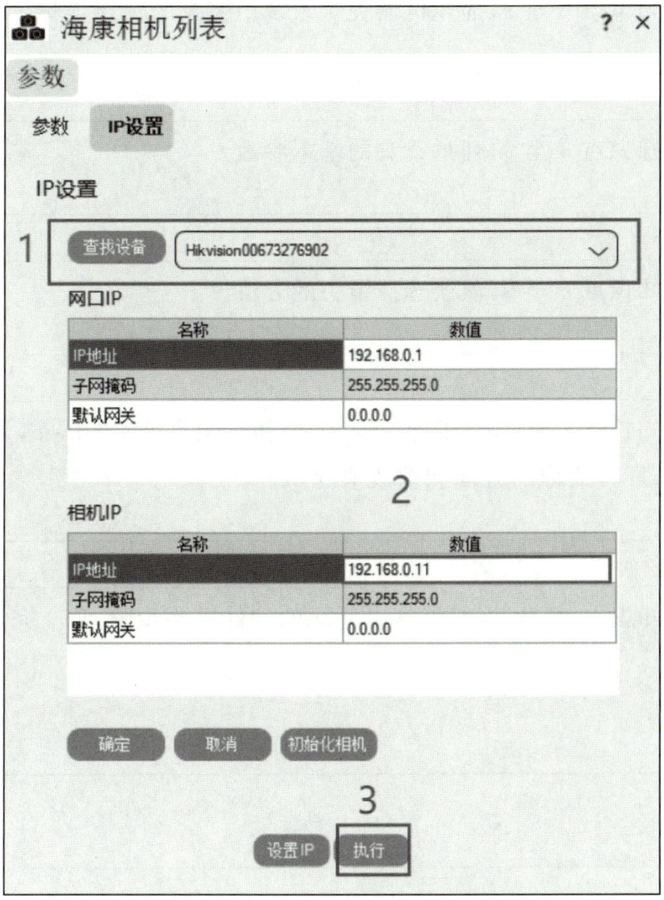

图 1-32　相机 IP 地址设置界面

任务实施

1. 请查阅信息获取知识点 2 至 5,说说相机的分类以及对应的种类(试列举三种)。

_____

_____

2. 请查阅信息获取知识点 2 至 5,谈谈如何对机器视觉系统中的相机进行选型。

_____

_____

3.请查阅信息获取知识点 2 至 5,说说相机的性能指标。

_____

_____

4.请查阅信息获取知识点 6 至 9,描述机器视觉系统中镜头的选择步骤。

_____

_____

5.请查阅信息获取知识点 6 至 9,列举镜头的基本参数。

_____

_____

6.请查阅信息获取知识点 6 至 9,谈谈选择镜头的方法。

_____

_____

7.请查阅信息获取知识点 6 至 9,完成计算题:一个物体距离镜头 20mm,像距 30mm,试计算镜头焦距,以及判断屏幕成像的方向和缩放情况。

_____

_____

8.请查阅信息获取知识点 14,根据机器视觉系统的硬件安装步骤,独立完成机器视觉系统的硬件安装。

(1)相机的安装。

_____

(2)相机的接线。

_____

(3)光源的安装。

_____

(4)位置的调试。

_____

(5)设置电脑 IP 地址。

_____

(6)设置相机 IP 地址。

_____

任务评价

请根据任务各个环节的完成情况,进行学生自评、学生互评和教师评价,完成表 1-7。

表 1-7　任务评价表

类别	考核内容	分值	评价分数		
			学生自评	学生互评	教师评价
获取信息	了解机器视觉硬件系统的构成	10			
	能够阐述工业相机的结构、分类和基本参数	10			
获取信息	能够阐述镜头的结构、分类和基本参数	10			
	能够阐述光源的种类和打光方式	10			
	能够根据需求为机器视觉系统的相机、镜头、光源等组件进行选型	20			
工作实施	能够独立完成机器视觉系统硬件的安装	30			
素养	能够独立分析整理网上搜集到的信息	10			

任务三　机器视觉系统的软件配置

机器视觉系统的软件配置

任务描述

机器视觉软件在机器视觉系统应用中发挥着重大的作用,机器视觉软件就像大脑,它从客观事物的图像中提取信息,进行处理并加以理解,最终用于实际检测和控制。事实上,机器视觉软件由成千上万个各自独立的函数和底层的数据管理核心构成,包含了各类滤波、色彩、几何、数学转换,形态学计算分析,校正,分类辨识,形状搜寻等基本几何及影像计算功能。利用机器视觉软件强大的计算分析能力,我们可以完成大量图像处理的相关工作。

本任务围绕 KImage 机器视觉软件的使用展开学习,引导读者认识软件的组成、各个按钮的作用及功能参数的设置等,培养读者操作机器视觉软件时细致严谨的素养。

◇ 知识目标

1. 熟悉机器视觉软件操作界面和文件配置界面的内容。

2. 了解机器视觉软件各按钮和功能模块的作用。

◇ 能力目标

1. 能在机器视觉软件中使用流程图或树状图的方式添加工具组。

2. 能够在机器视觉软件中合理地设置测量的参数。

◇ 素养目标

1. 养成阅读实验指导书后再进行实验的习惯。

2. 培养学生攻坚克难、精益求精的探索精神。

信息获取

KImage 机器视觉软件概述。

1. 启动界面

KImage 启动界面如图 1-33 所示。

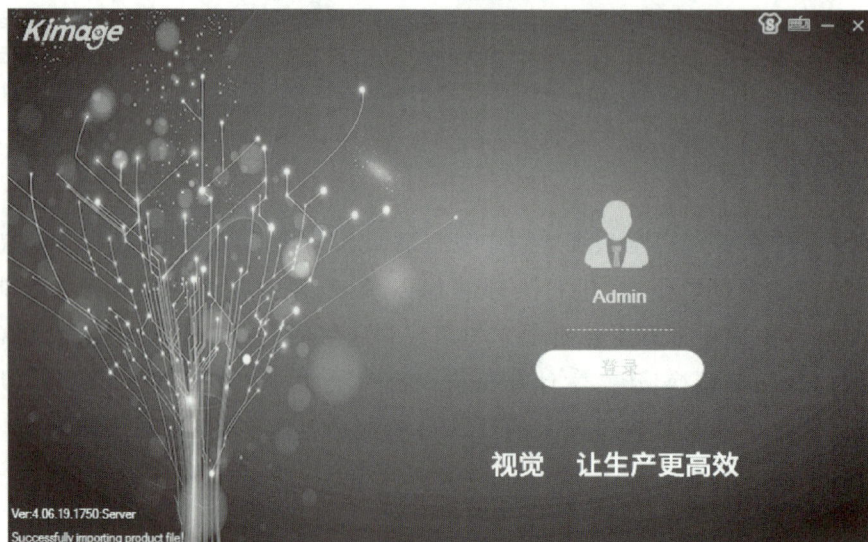

图 1-33　KImage 启动界面

（1）用户栏：用于选择登录的用户。

（2）密码栏：用于输入登录密码。

（3）登录按钮：单击【登录】后进入平台界面。

2. 文件配置界面说明

如图 1-34 所示，文件配置界面分为 5 个区域。

（1）导航栏：用于进入各个模块，以及设置各种视觉工具。

（2）文件列表：用于选择不同的项目。

（3）文件信息栏：用于填写项目的信息和操作。

（4）文件操作栏：用于添加、删除、另存项目配置。

（5）系统按钮：用于系统操作。

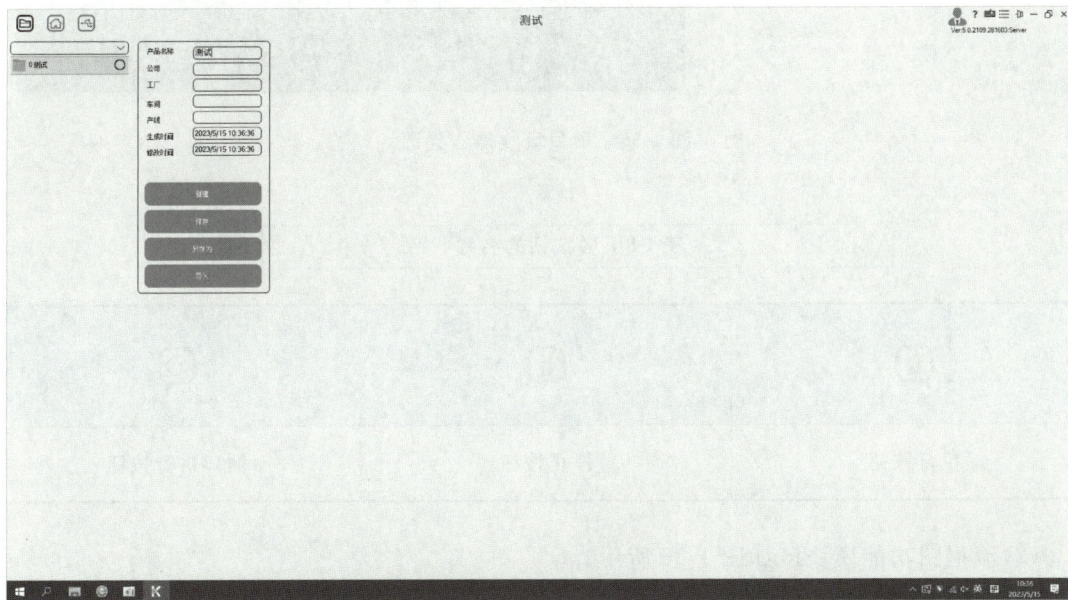

图 1-34　文件配置界面

3. 软件操作界面和功能模块

创建一个只有一个测试项的实例，来说明平台的使用过程。

（1）项目流程操作界面如图 1-35 所示。

仅在项目流程操作界面中才会有执行栏，其中包含执行、停止、循环执行三个按钮，如表 1-8 所示。

图 1-35　项目流程操作界面

表 1-8　各按钮的名称

 ▷	 ‖	 ↻
执行按钮	停止按钮	循环执行按钮

（2）流程图功能模块区如图 1-36 所示。

·IF 条件判断模块：当条件判断为真时会执行 Y 分支，反之则执行 N 分支，可以在其中添加多种不同的模块；

·Model 模块：可以在其中添加任何模块；

·Process 串联处理模块：可以对其中的工具进行串行处理，也可以添加除了 IF 模块和 Switch 模块之外的任何模块；

·Parallel 并行处理模块：可以对其中的工具进行并行处理，也可以添加任何模块（但不建议在其中添加 Parallel 模块）；

·Loop 循环模块：循环执行直到符合设定的条件为止，可以选择多种循环，如 for 循环、while 循环、do while 循环等；

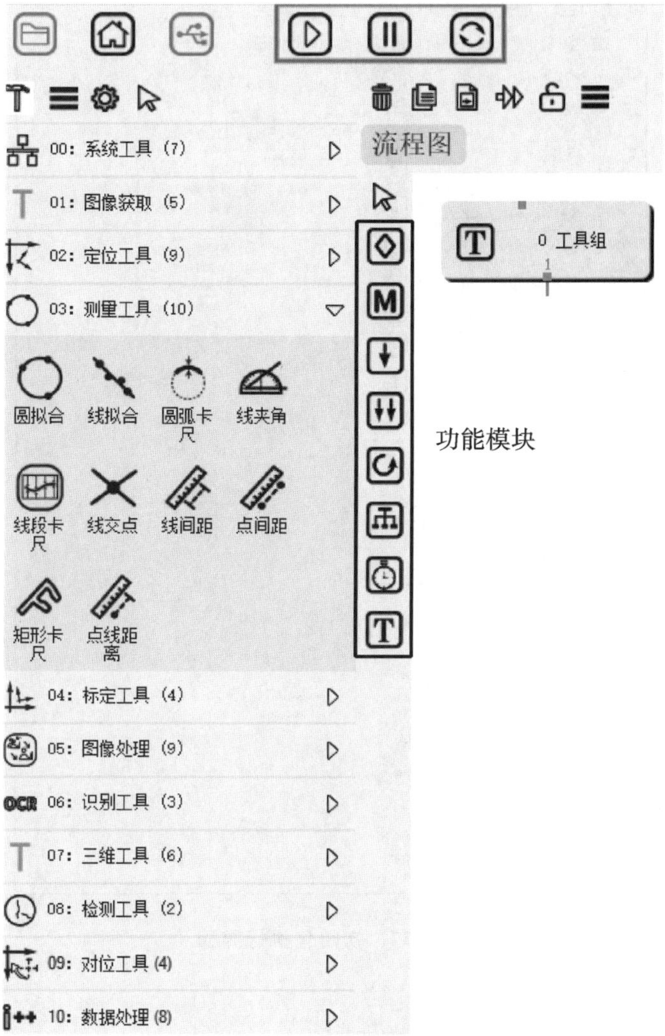

图 1-36　流程图功能模块区

- Timer 定时器模块：可用于设置延长的时间；
- Tools 工具模块：在其中可以添加工具(注意,仅该模块可以添加工具)；
- Switch 分支模块：可以设置不同的判断条件,然后根据不同的结果执行不同的分支。

（3）当平台启动时,若选择了初始化执行按钮,就会自动执行一次流程,初始化执行界面如图 1-37 所示。

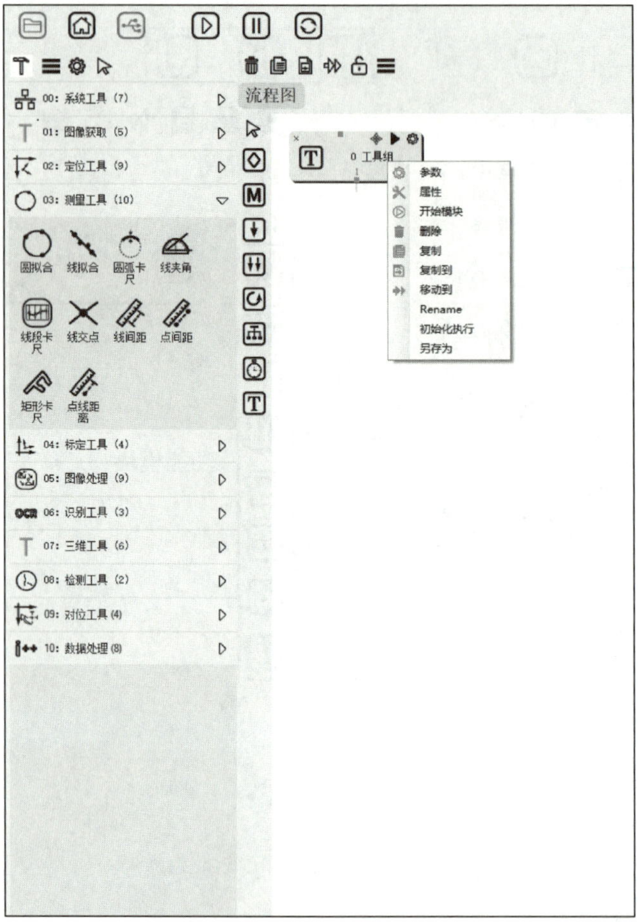

图 1-37　初始化执行界面

4. 在机器视觉软件中添加工具组

流程图工具组添加方式有两种:流程框图和树状图。

1)流程框图

进入流程图:在软件界面点击【测试】,显示出该项目的生成和修改时间,如图 1-38 所示,自动切换进入流程图操作区,如图 1-39 所示。流程图辅助操作栏如图 1-40 所示。

绘制流程图:如图 1-41 所示,选用左侧的流程图图标,流程图至少需要一个工具模块。左键点击【Tools】图标,将鼠标移动到绘制流程图区域,左键单击完成流程图单元的选择。两个单元之间用黑色流程线连接。用左键点击箭头并按住左键拖动到下一个需要连接的单元。当拖动被连接单元时,如果流程线会跟随被连接单元移动则证明已经连接成功。

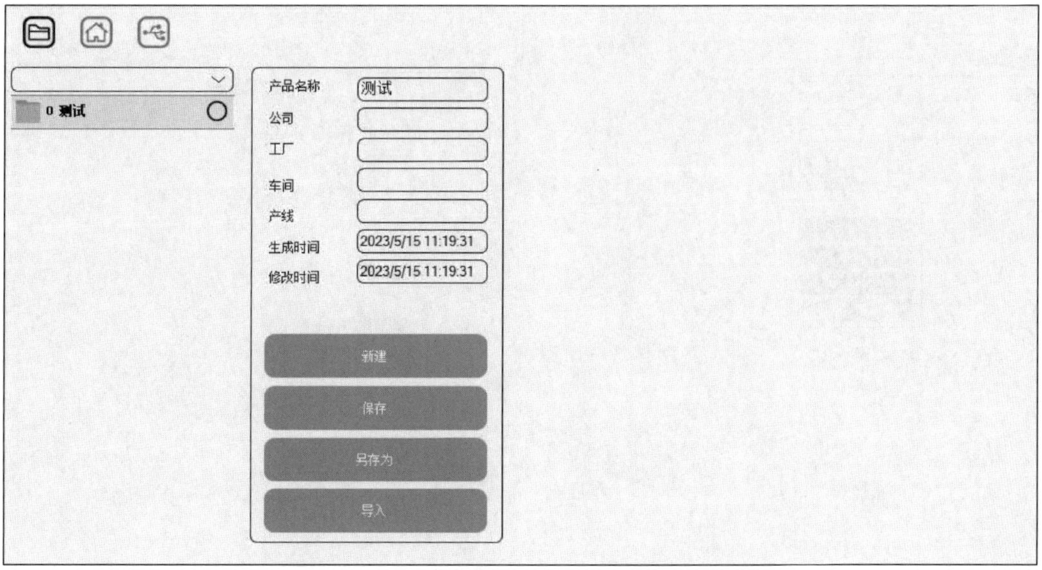

图 1-38　进入流程图

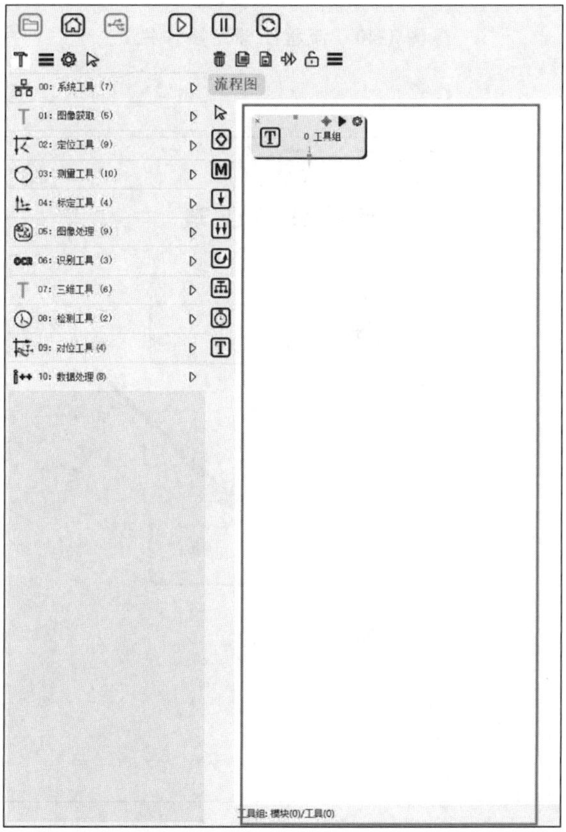

图 1-39　流程图操作区

注：如果父流程（主流程）包含多个子流程，则可以通过点击框中区域的按钮来切换显示不同的流程图。

图 1-40　流程图辅助操作栏

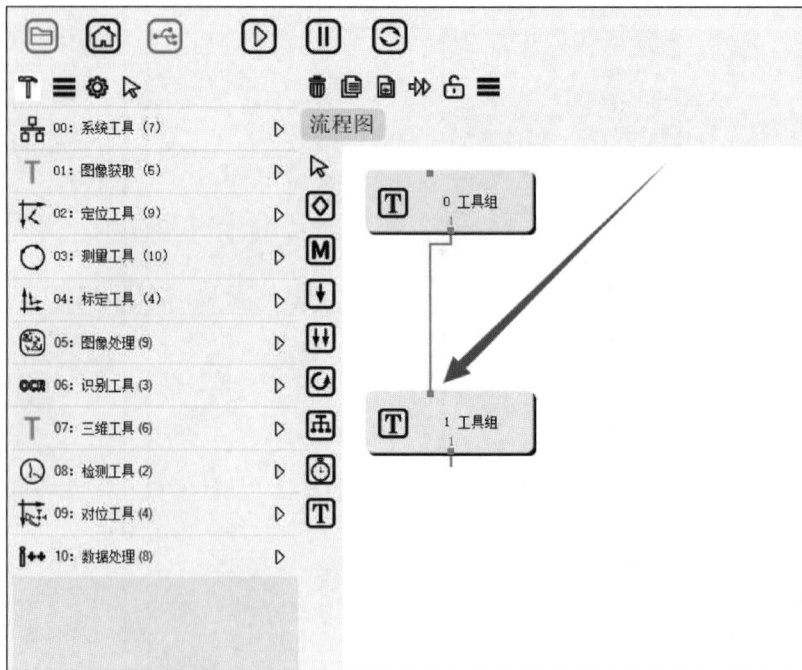

图 1-41　绘制流程图

双击【Tools】,添加工具。例如,添加【图像】和【矩形卡尺】进行产品宽度检测。点击【图像】放置到工具组里,双击【图像】打开配置界面,对工具进行配置。【矩形卡尺】同理操作。

　　配置窗口显示:添加两个工具对应的窗口,在窗口编辑栏中点击【＋】添加一个窗口,点击两次,添加两个窗口。选中第一个窗口,点击【图像】,即完成了【图像】窗口的绑定;选中第二个窗口,同理完成【矩形卡尺】窗口的绑定。如图 1-42 所示。

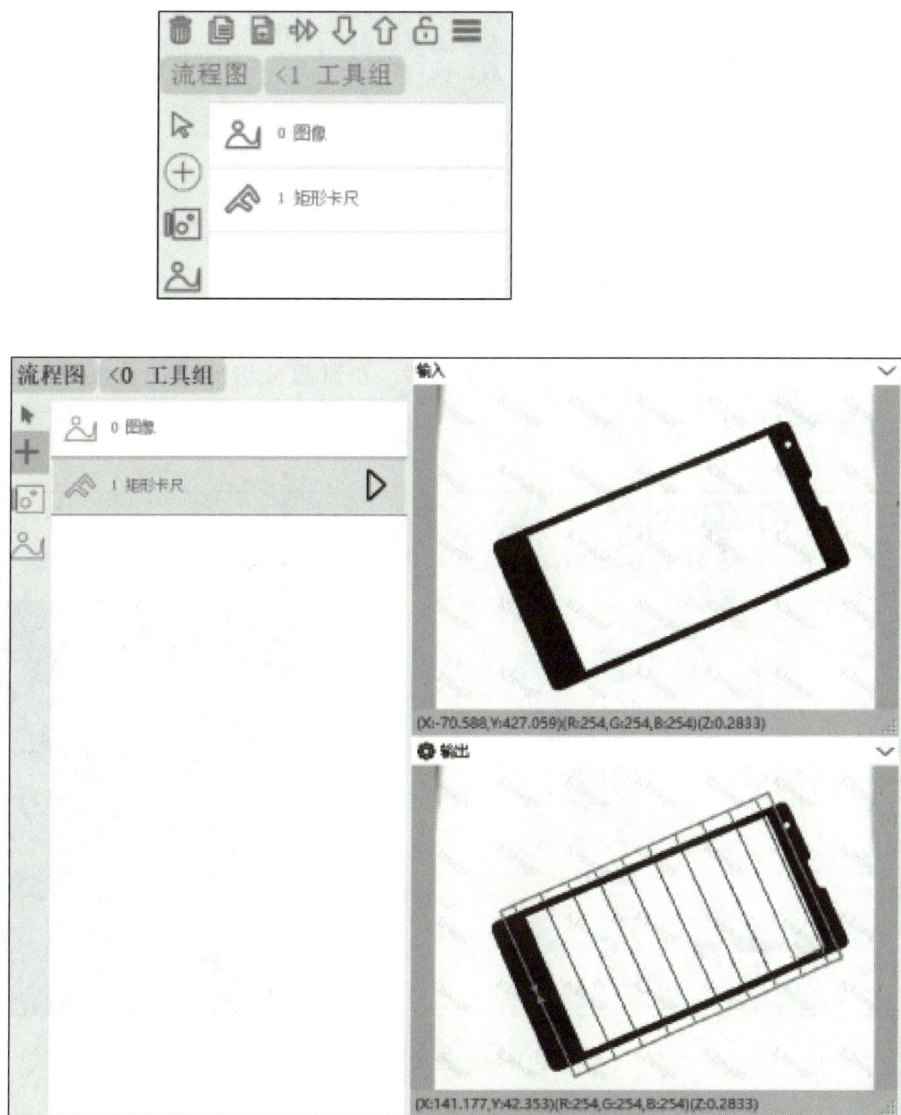

图 1-42　窗口绑定

2) 树状图

　　在软件界面中点击图 1-43(a)中所示的按钮,切换为树状图模式,如图 1-43(b)所示。

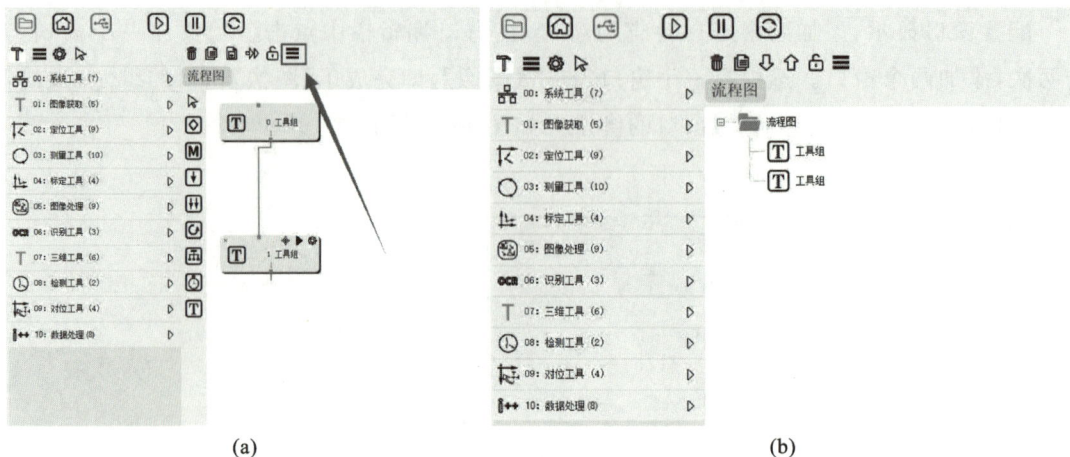

(a)   (b)

图 1-43　树状图显示界面

　　如图 1-44 所示,在模块区域中点击选中模块后,在流程区域对应的分支处再次点击左键,完成一个模块的添加。

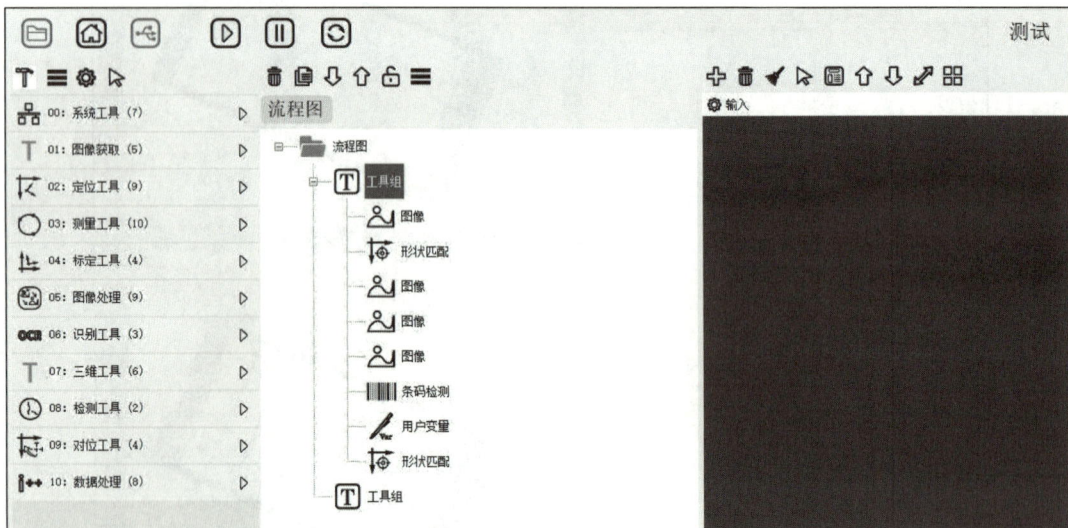

图 1-44　添加工具

　　在流程图的工具处按住左键,可以将该工具拖动到其他功能模块中,或者调整工具的排列顺序。

3)图形显示

　　主界面中的图形显示区如图 1-45 所示。在图形显示区中点击右键会出现图形显示区右键菜单,如图 1-46 所示。

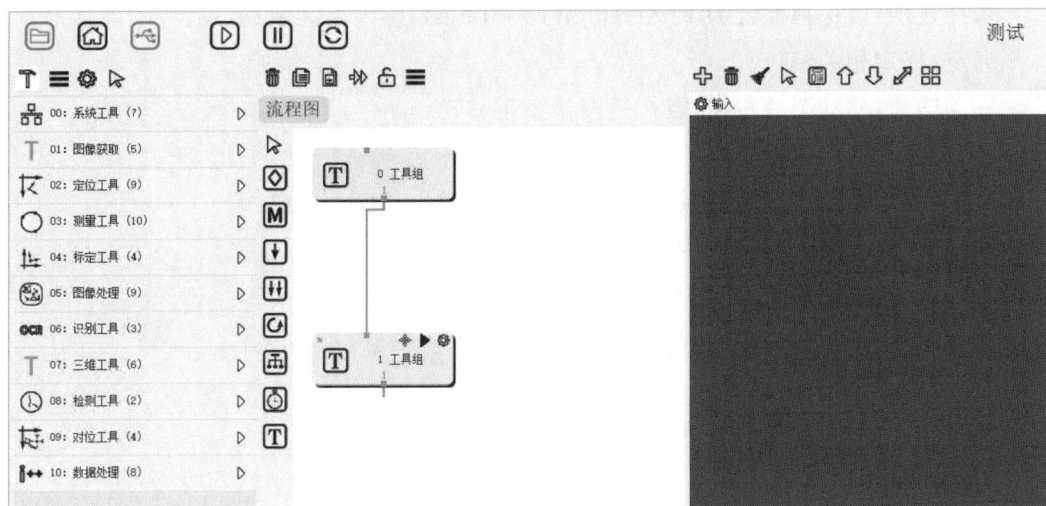

- ✛：添加图形显示窗口按钮

- 🗑：删除选中的图形显示窗口按钮

- ⬆：选中的图形显示窗口上移

- ⬇：选中的图形显示窗口下移

- ↗：隐藏流程图显示区

- ▦：放大显示选中的窗口

图 1-45　图形显示区

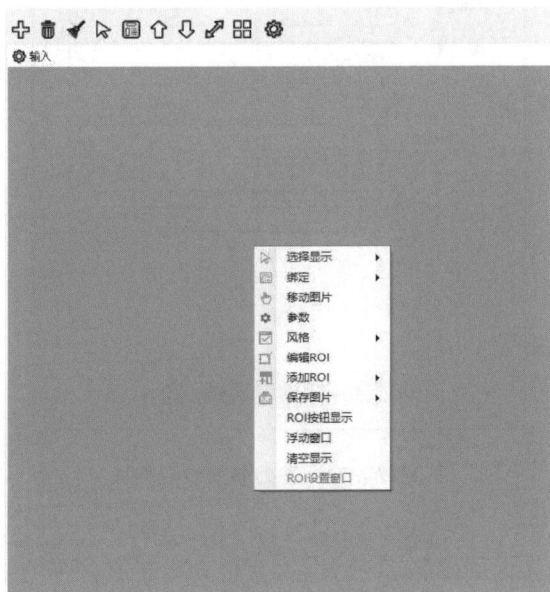

图 1-46　图形显示区右键菜单

- 选择显示:可选择设置为 ROI(region of interest,感兴趣区域)模式。
- 绑定:绑定相关窗口。
- 移动图片:移动图片按钮,点击后图像方可移动。
- 参数:显示当前选择工具的参数。
- 风格:用于设置主界面的风格,可以隐藏或显示主界面中窗口。
- 编辑 ROI:在图形显示区中编辑 ROI 图形。
- 添加 ROI:在图形显示区中添加 ROI 图形。
- 保存图片:保存当前显示的图像和 ROI 图形。

5. 参数

1) 参数引用

平台中的所有工具都可以引用该工具之前的任意一个工具的输出参数(相同类型),达到各个工具之间参数交互的效果。例如,模板定位工具引用图像操作如下:

双击目标工具(或用右键单击流程操作区中的目标工具,在弹出的列表菜单中点击【Property】),进入工具基础参数设置界面,如图 1-47 所示。

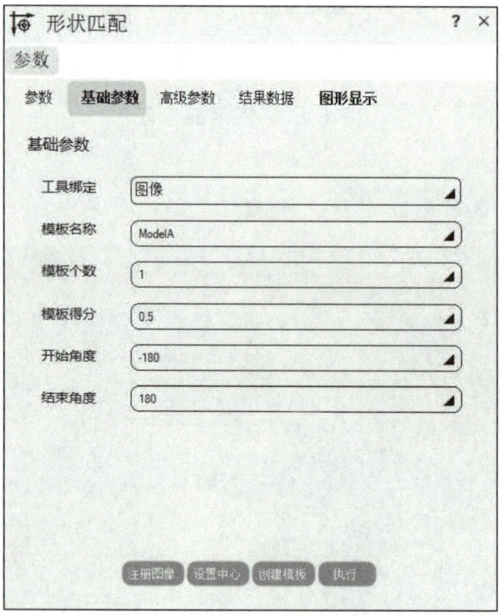

图 1-47　工具基础参数设置界面

界面说明:

【参数】　切换至工具详细参数显示界面,其包含本工具的所有参数(KImage 中的所有工具都有这个界面,该界面均包含对应工具的所有参数);

【基础参数】　显示工具的常用参数(注意,具体名称根据工具不同会有差异);

【高级参数】 显示工具的高级参数(注意,具体名称根据工具不同会有差异);

【结果数据】 显示执行后的数据信息(注意,显示的内容对于不同的工具会有差异);

【图形显示】 设置显示的图形(注意,显示的内容对于不同的工具会有差异)。

按钮说明:

【注册图像】 注册图像按钮,进行 ROI 区域设置与模板图像保存;

【设置中心】 设置参考点自动移动到 ROI 区域的中心;

【创建模板】 创建模板按钮;

【执行】 执行工具。

点击【参数】,弹出参数设置界面,如图 1-48 所示。

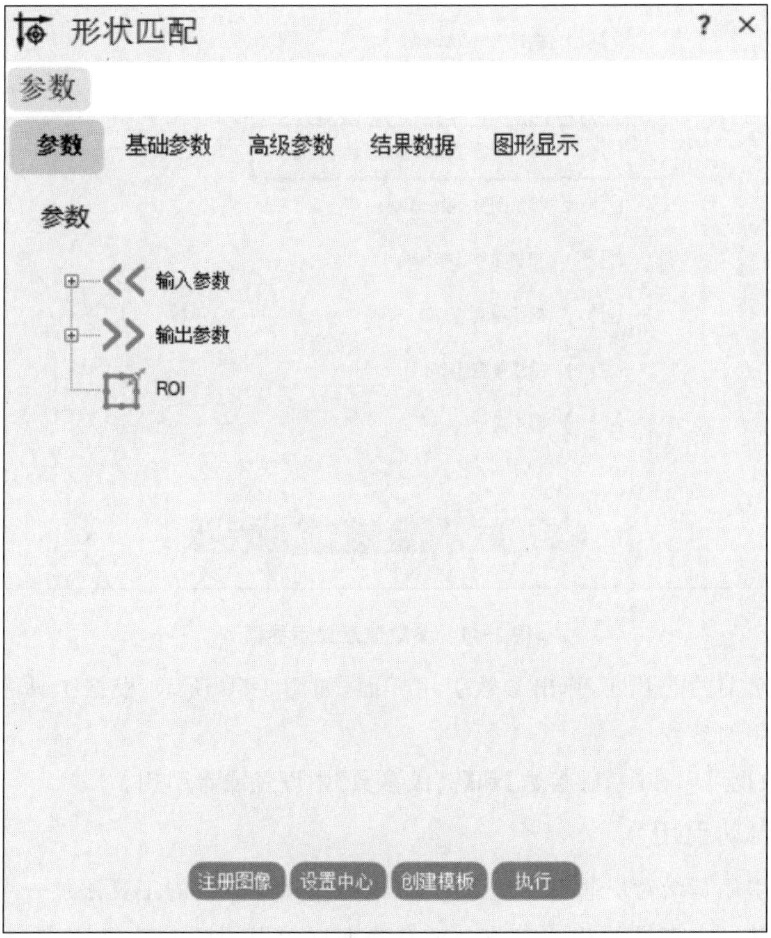

图 1-48 参数设置界面

输入参数:展开后显示详细的输入参数。

输出参数:展开后显示详细的输出参数。

ROI：可进行 ROI 的添加、删除与修改操作。

展开【输入参数】，选中【输入图像（图像.输出参数.输出图片）】，如图 1-49 所示。

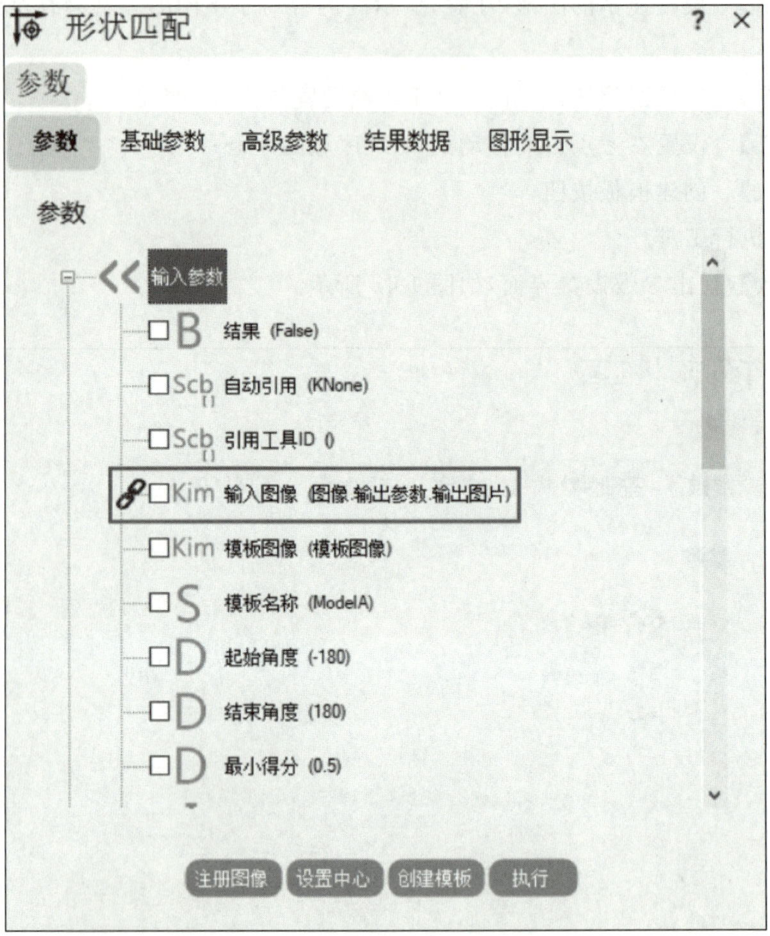

图 1-49　参数信息显示界面

点击参数名前的"□"处，弹出参数引用界面，如图 1-50 所示，根据工具名称，在树形图中勾选需要引用的参数。

同样，参数也可以在【基础参数】和【高级参数】中设置或者引用。

2）参数自动引用

参数自动引用是指对一些具有输入图像、输出图像等参数的工具添加一个新工具时，自动引用该工具前一个工具的相关参数。可设置为自动引用的参数包括：输入图像、输出图像、仿射矩阵。自动引用的设置方式如下。

在平台操作界面中，点击图 1-51 所示的按钮位置，然后在空白处右键单击，选择列表中的【默认参数】按钮，进入工具内部设置界面，其中包含设置工具参数的自动引用、SimpleShow 状态、按钮的二次确认状态等。

图 1-50　参数引用界面

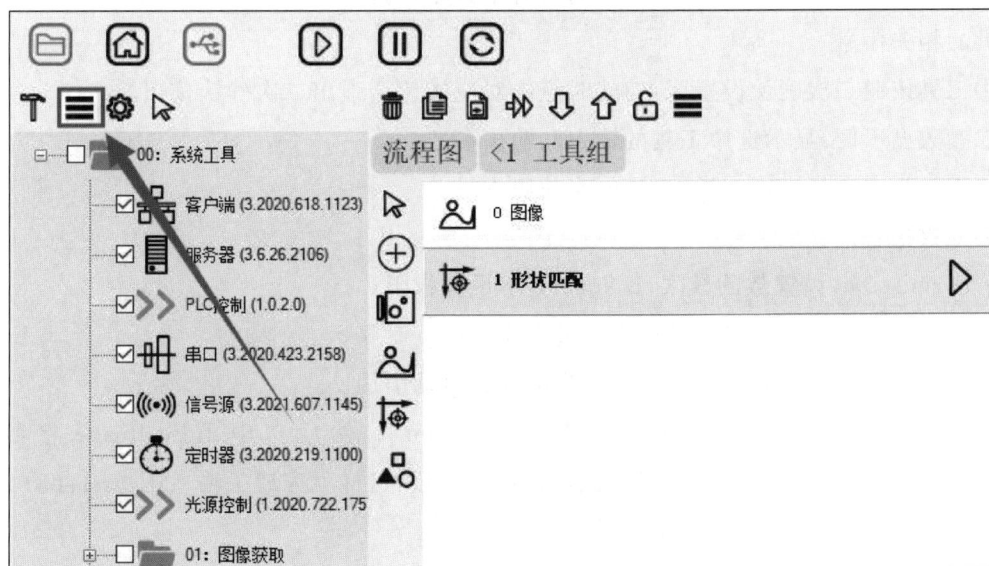

图 1-51　按钮点击位置

展开 ExternalCFG 节点,然后展开 ToolGroup 节点,选择目标工具,具体界面如图 1-52 所示。

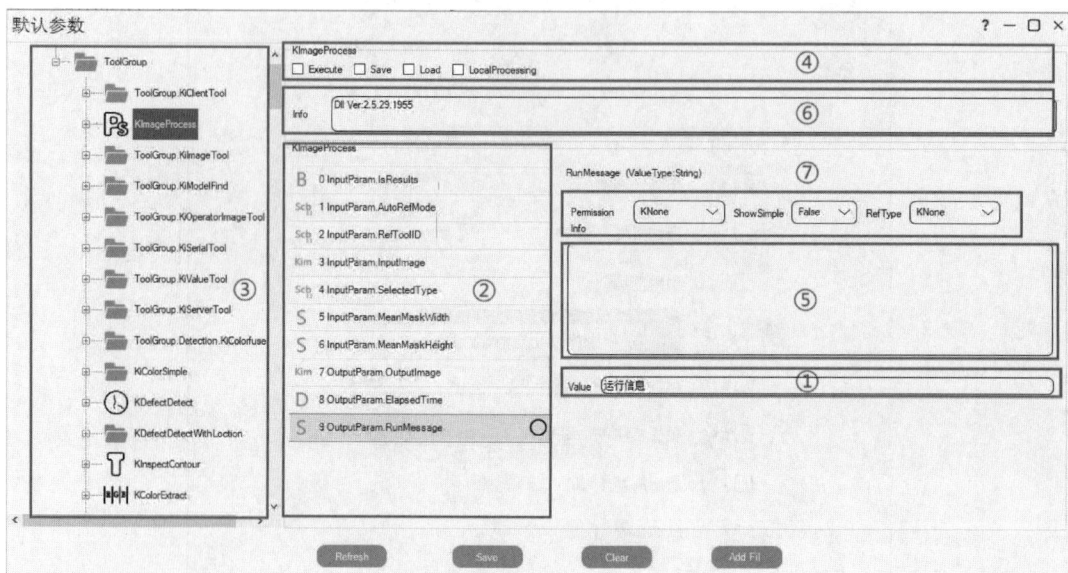

图 1-52　工具内部设置界面

①参数初始值设置区:设置选中参数的初始值。

②参数说明设置区:可以直接设置或修改参数的说明。

③工具列表区:显示当前成功读取的所有工具名称,左键点击之后界面右边区域上会显示工具的相关信息。

④工具按钮二次确认设置区:勾选时点击对应按钮会弹出二次确认按钮。

⑤参数显示区:显示选中工具的输入和输出参数。

⑥工具版本号显示区:显示工具的当前版本号。

⑦参数状态设置区。

• Permission:设置数的权限,KNone 为不设置权限。

• ShowSimple:设置参数 ShowSimple,当为 true 时显示。

• RefType:设置自动引用,KNone 为不设置自动引用。

选中 AutoRefMode,将其初始值设置为"Tool"。然后选中 InPutImage 参数,将【RefType】设置为"InputImage",最后点击【Save】按钮,这样就完成了输入图像的自动引用。同理,可完成输出图像的自动引用。

3）参数说明

在平台的工具参数中，双击目标参数，会在参数设置界面中显示对应参数的简要说明，如图 1-53 所示。

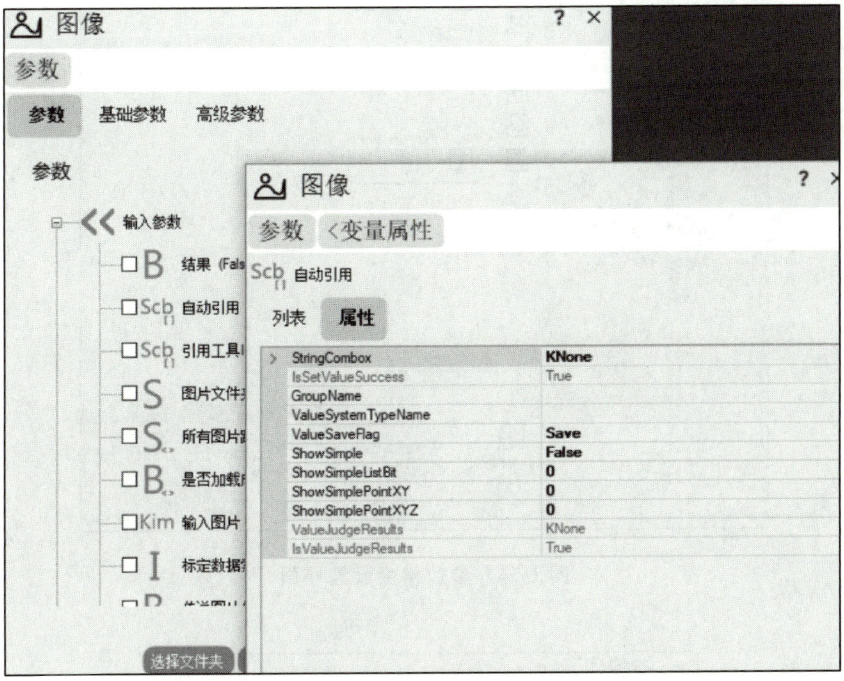

图 1-53　参数说明

图 1-54 所示为参数精度设置界面。

精度设置：设置输出参数的小数点后的位数。

4）参数拖曳引用

参数拖曳引用用于直接在参数拖曳界面将相同类型的参数拖曳到要引用的参数位置，从而进行参数引用操作。例如，线夹角工具引用找线工具输出线坐标，设置方式如下：

双击目标工具（或用右键单击流程操作区中的目标工具，在弹出的列表菜单中点击【Property】），进入工具配置界面；点击【参数】，弹出工具参数设置界面，如图 1-55 所示。

展开【输出参数】，选中线坐标，如图 1-56 所示。

同时打开线夹角工具基本参数界面，点击参数名前的"□"，弹出拖曳引用界面，并用鼠标按住拖曳按钮后，拖到【直线一】框内，如图 1-57 所示。

引用成功后会弹出成功提示信息框，如图 1-58 所示。

图 1-54　参数精度设置界面

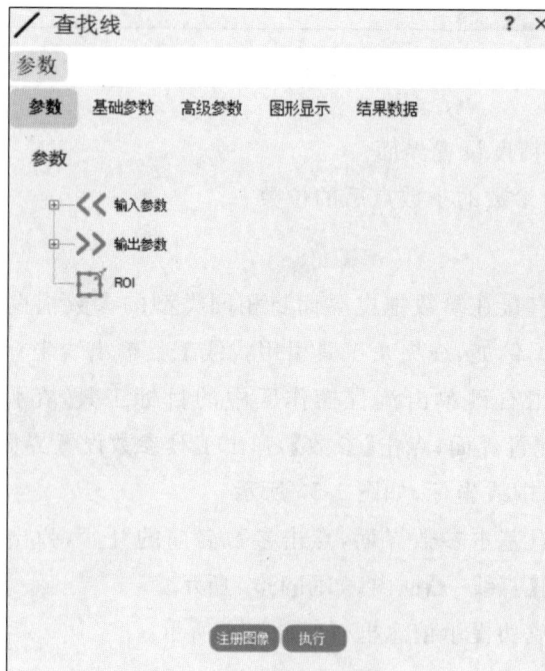

图 1-55　工具参数设置界面

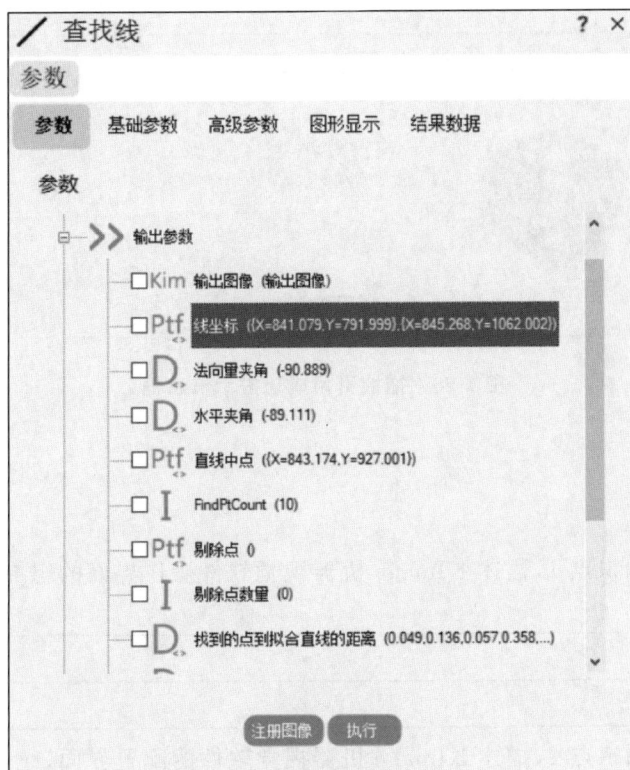

图 1-56　线坐标参数示意图

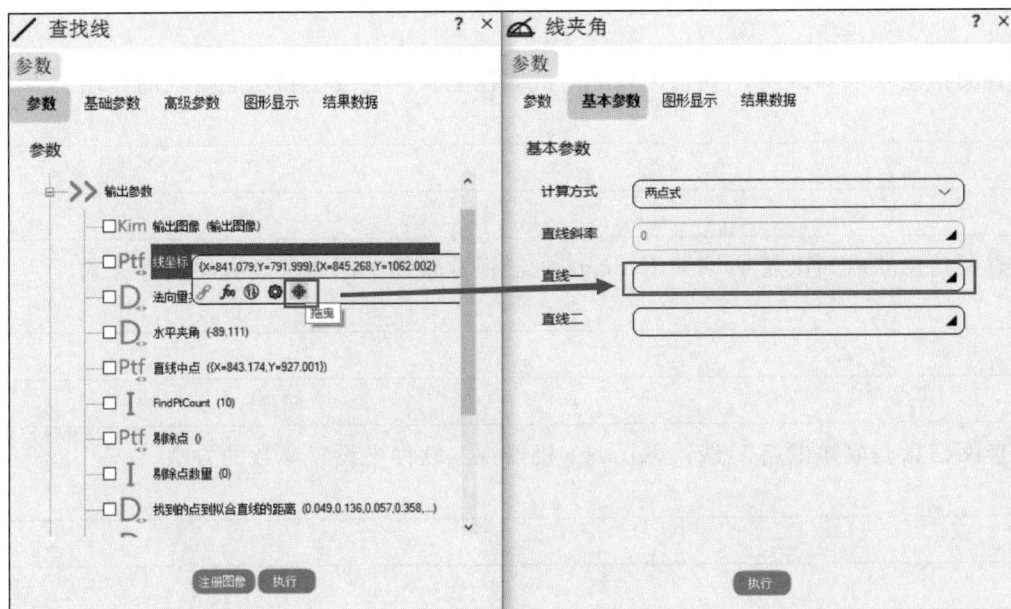

图 1-57　拖拽引用示意图

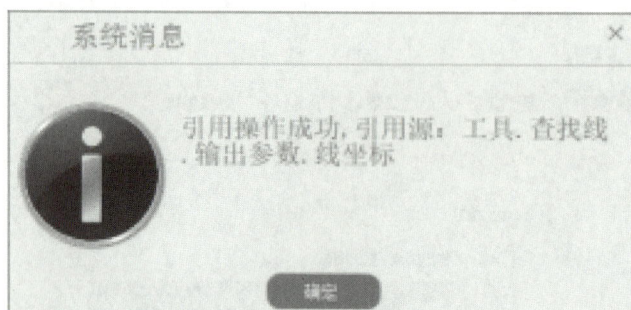

图1-58　拖拽引用成功提示信息框

任务实施

1. 请查阅信息获取知识点1,描述KImage机器视觉软件操作界面的组成。

_____

_____

2. 请查阅信息获取知识点2,描述KImage机器视觉软件的配置界面。

_____

_____

3. 请查阅信息获取知识点3,谈谈KImage机器视觉软件各按钮和功能模块的作用。

_____

_____

4. 请查阅信息获取知识点4,谈谈KImage机器视觉软件中添加工具组的两种方式。

_____

_____

5. 请查阅信息获取知识点5,谈谈KImage机器视觉软件中设置参数的方法。

_____

_____

任务评价

请根据任务各个环节的完成情况，进行学生自评、学生互评和教师评价，完成表1-9。

表1-9　任务评价表

类别	考核内容	分值	评价分数		
			学生自评	学生互评	教师评价
获取信息	熟悉机器视觉操作界面的内容	10			
	熟悉机器视觉配置界面的内容	10			
	了解机器视觉软件各按钮的作用	10			
	了解机器视觉软件各功能模块的作用	10			
	掌握机器视觉软件添加工具组的方法	15			
	能够正确地设置软件各参数	15			
工作实施	能独立完成练习	20			
素养	能独立分析整理网上搜集到的信息	10			

知识拓展

匠人匠心——坚定信心、自主创新

中国自主研制的第一台水下机器人

可上九天揽月，可下五洋捉鳖，这如神话般的场景，在科技日新月异的今天早已不是神话。"海人一号"——中国自主研制的第一台水下机器人，早在1985年就已在旅顺港海域试航并取得成功，迈出了国人"下五洋"之夙愿转入实践的一大步，也标志着中国高技术自动化领域机器人的研究与开发进入一个新阶段。"海人一号"总功率20马力、最大作业水深200米，装有6种功能、带有触觉的主从伺服机械手，包括电动主手和液压从手，主、从手之间采用双向反馈形成力感，并以当时较为先进的多片微控制器构成了相当于机器人大脑和神经的控制和通信系统。

"海人一号"是我国科研人员完全依靠自主技术和立足于国内的配套条件下开展的研究工作，是我国水下机器人发展史上的一个重要里程碑，为国际合作奠定了技术基础，也为我国的机器人研发和产业化发展贡献了力量。

　　与"海人一号"一同载入史册的还有它的总设计师蒋新松。蒋新松(1931—1997),中国工程院首批院士、国家863计划自动化领域首席科学家,从事人工智能自动化研究与应用工作,被誉为"中国机器人之父"。

| 课程思政 | 知识链接 | 练习与实践 |

项目二
机器视觉系统的搭建与调试

项目情境

随着我国制造产业改革,自动化技术掀起了热潮,其中机器视觉应用技术深入各个制造环节,应用越来越广。2020年,随着医用口罩需求量的大幅度增长,机器视觉系统的大批量、高精度、持续生产的自动化程度高的优点得到充分体现。本项目将以企业生产的实际视觉检测方案和系统搭建调试为载体,引导读者理解机器视觉系统器件应用、搭建、调试的方法,掌握采集方案的构建和投产的步骤,培养读者图像采集和系统调试的技能。

知识图谱

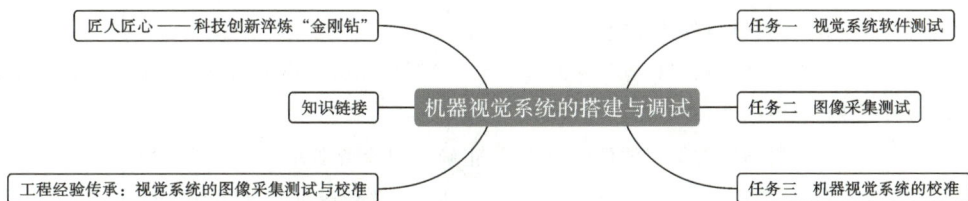

项目分组

根据项目特点,细分每个岗位的职责并确定负责人,形成工作计划,分工合作完成任务,填写表2-1。

表 2-1　项目二分组

班级		编号		指导老师	
组长		学号			
组员	姓名	学号		分工描述	

项目计划

1. 制定项目实施方案

细分本项目每个任务的 1+X 考证培训技能点，如表 2-2 所示。

表 2-2　机器视觉系统的搭建与调试的实施方案

步骤	技能点	项目任务
1	（1）能根据视觉编程软件用户手册，正确打开编辑、修改、保存视觉方案。 （2）能根据视觉编程软件用户手册，正确创建图像采集方案，通过配置相应的相机参数获取图像。 （3）能根据视觉编程软件用户手册，正确调整相机的曝光时间、镜头光圈、光源亮度，使得图像亮度满足处理要求。 （4）能根据视觉编程软件用户手册，正确使用清晰度评估工具评判相机是否聚焦清晰，通过调节镜头对焦环，使得图像清晰度满足处理要求	视觉系统软件测试
2	（1）能根据视觉编程软件用户手册，使用视觉编程软件调用相机图像采集模块，正确设置相机软件触发，设置触发延迟时间，实现相机拍照。 （2）能根据视觉编程软件用户手册，通过设置 ROI 区域，实现特定区域图像处理与分析。 （3）能根据用户手册进行分析和排除图像采集故障	图像采集测试
3	能选择合适的标定板使用标定板标定方法对视觉系统进行标定。	机器视觉系统的校准

2. 列出材料清单

请列出完成本项目所需的工具、耗材和器件清单，如表 2-3 所示，形成良好的职业习惯。

表 2-3　工具、耗材和器件清单

序号	名称	型号与规格	单位	数量
1	机器视觉应用平台	ZM-KFL-MV500	台	1
2	黑白相机	2D,500 万像素	个	2
3	相机镜头	12mm 焦距高清	个	1
4	白光源	定制	个	1
5	红光源	定制	个	1
6	视觉系统编程软件	KImage 软件	个	1
7	标定板	定制	个	1

任务一　视觉系统软件测试

视觉系统
软件测试

➔ 任务描述

常见的机器视觉系统包括光源、镜头、相机、视觉软件等。硬件电路都是为获取图像和视觉信息处理模块准备素材的。视觉信息处理模块是我们常说的视觉系统软件，它是机器视觉系统的灵魂和核心。因此必须掌握视觉系统软件和采集图像器件的联合测试，为采集和分析图像做好基础准备，帮助读者理解图像采集的过程和工作原理。

下面通过学习任务一，理解企业实际视觉系统方案的制定过程，掌握视觉系统软件测试步骤。本任务围绕企业实际口罩生产视觉检测步骤，引导读者在学习视觉软件手册和器件选取的过程中掌握软件调试的方法，得到符合要求的图像技能点，培养读者刻苦钻研和团队合作的精神。

学习目标

◇ 知识目标

1. 掌握视觉平台和硬件的调试。

2. 理解客户要求,制定视觉方案。

◇ 能力目标

1. 能根据检测要求,制定视觉检测流程。

2. 能根据客户要求,选定相机、镜头、光源等器件。

3. 能根据视觉编程软件用户手册,正确调试相机使其清晰聚焦,调节镜头对焦环,使其图像清晰度满足处理要求。

◇ 素养目标

1. 能根据学习资料完成视觉系统初步调试。

2. 具备刻苦钻研的职业素养。

信息获取

1. 机器视觉通用软件平台开发视觉项目的流程

使用机器视觉通用软件平台来开发、实施机器视觉项目已成为当下主要的机器系统开发方案。机器视觉通用软件平台采用标准化、模块化、工具化的开发思路软件平台。使用机器视觉通用软件平台,无须编程写代码,可通过视觉操作、拖拽式操作构建检测流程,设置模块化测试参数,即见即所得完成视觉项目应用。开发的流程如表 2-4 所示。

表 2-4　机器视觉通用软件平台开发视觉项目流程表

序号	项目	说明	参与人员	工时
1	意向需求	需求概要	销售	
2	售前评估	进行前期技术评估,包括:样品分析,视觉硬件选型,算法验证。无须编程,现成可参考的案例丰富,可实现快速评估	应用工程师	<0.5 天

序号	项目	说明	参与人员	工时
3	开发方案	使用平台软件验证数据直接与客户细化需求,生成项目方案	项目经理,应用工程师	1～2 天
4	开发/调试	无须编程,拖拽式操作构建检测流程,设置模块化测试参数	应用工程师	1 天
5	试产验证	现场优化参数,立即试产	应用工程师	客户指定时间
6	中期量产	可与试产验证过程合并	应用工程师	客户指定时间
7	实施部署	直接实施部署	应用工程师	

从表 2-4 可以看出,采用机器视觉通用软件平台实施项目具有如下优点:

(1)效率高,需要的人力少,成本低。

(2)平台采用标准化、模块化、工具化的开发思路,技术可有效积累,快速验证实现。

(3)具有开放的算法扩展方式,可以吸纳不同的高质量算法,将其快速添加到实际的项目中来。

(4)平台软件通过长期的项目应用测试,软件的稳定性和可靠性可以得到很好的保证。

(5)平台软件在各类市场应用项目可以获得丰富的应用经验和测试数据,软件的适用性、通用性和可用性可以得到保证。

2. 口罩耳带视觉检测方案的制定流程——比亚迪公司为例

机器视觉是工业自动化技术应用的一个分支。简单说来,机器视觉就是用机器代替人眼来做测量和判断。2020 年以来,我国多个口罩企业为了提高生产效率,引入了机器视觉系统解决高精度的快速检测,提高口罩的产能,保障人们的口罩需求。比亚迪公司的口罩耳带检测方案制定流程如下:

(1)项目总体需求。

(2)检测流程分析。

(3)视觉检测流程系统分析。

(4)处理效果分析。

(5)成像图片。

(6)器件规格。

(7)硬件配置。

3. 口罩外观检测要求

机器视觉系统通过相机采集图像后,利用软件检测产品的主要特征。因此在做视觉检

测方案前,必须明确客户对产品的外观要求。本次项目以口罩外观检测为例,口罩外观检测的项目如下:

(1)口罩外围。

(2)口罩边缘宽度。

(3)包边。

(4)鼻梁条。

(5)耳带的长短情况。

(6)耳带的焊接情况。

(7)LOGO(标志)缺陷。

(8)表面褶皱变形情况。

4. 视觉检测流程图

针对以上检测内容,制定视觉检测流程图如图 2-1 所示,系统采用两个 500 万像素的相机,相机对产品上下两个面进行检测,检测说明如下:工位 1 相机安装在产品上方,检测产品上表面缺陷(耳带焊接面),主要检测项目为(3),(5),(6)项;工位 2 相机安装在产品下方,检测产品下表面缺陷,主要检测项目为(1),(2),(4),(7),(8)项。

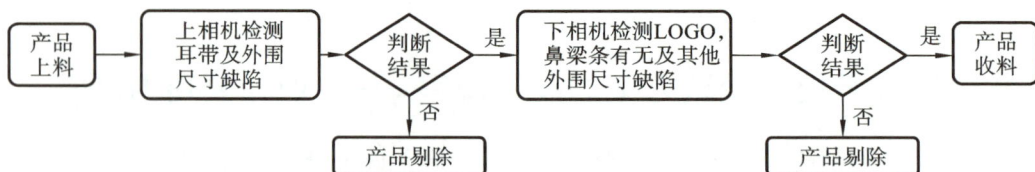

图 2-1 视觉检测流程图

5. 工位硬件选用和工位结构

读者从项目一中学习了工业相机、镜头、光源的种类和选用方法。机器视觉系统中所用的器件及参数应该根据用户的产品检测要求和工位环境决定。

根据口罩的外观检测要求,机器视觉系统采用 500 万像素全局曝光相机及 12mm 焦距的高清镜头,视野大小为 230mm×165mm,系统像素精度为 230mm/2550Pixel=0.092mm/Pixel。工位结构如图 2-2 所示,两个工位均采用背光。其中:正面(耳带焊接面)采用红色背光,下表面采用白色背光。相机安装面与产品移动方向平行。系统采用硬触发动态拍照方式。

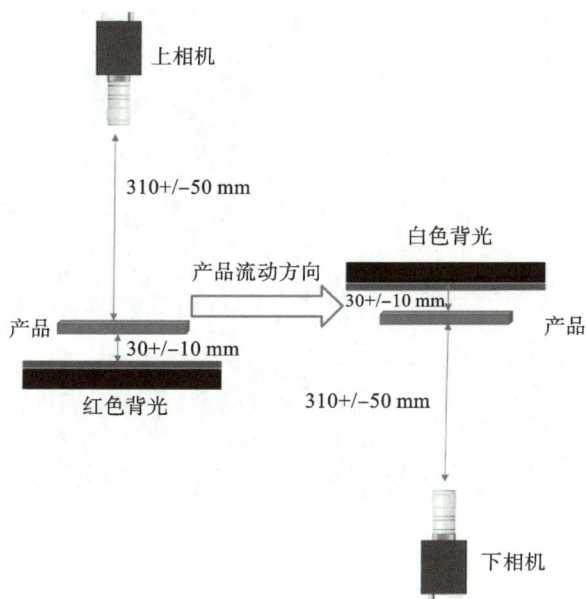

图 2-2　工位结构图

6. 平台软件

在视觉系统中采集后的图像需要通过软件实现图像分析,可以说视觉识别软件是系统的灵魂。在构建机器视觉系统时,可以选择不同品牌的视觉软件,理解这些软件提供的功能、支持的硬件以及如何配置这样的软件,解决特定的机器视觉任务。

基于现有的设备,本次使用的平台软件是 KImage,它是一款智能型的图形化编程视觉平台软件。KImage 提供了丰富的图像处理算法,支持各类工业相机及 GPIO 硬件,包含丰富的 TCP/IP、串口、PLC 等通信功能。

KImage 支持灵活的插件开发,使用者可快速自主开发算法,导入平台中,同时支持二次开发。KImage 软件提供 SDK 库,软件工程师可将平台嵌入个人应用程序中,方便整合应用软件。

KImage 已广泛用于机械电子、通信、新能源、物流、塑胶、纺织等众多行业及高校、研究单位等,在定位、测量、检测、对位贴合、产品组装、物料分拣、字符识别、ID 读码等领域较为普及。

7. 实施步骤

使用 KImage 软件,组建视觉系统,实现计算机通信并输出结果,熟练掌握视觉软件平台的测试步骤。

具体实施步骤如下:

1) 登录界面

①双击视觉检测软件的图标,会启动登录界面,如图 2-3 所示。

图 2-3　登录界面

②已经设置自动登录，默认用户名 Admin，不需要进行其他操作，等待软件自动登录（登录过程中不要点击平台软件）。

2）料号界面

①点击料号按钮可以切换到料号界面，如图 2-4 所示，界面中包含料号信息，并显示当前使用的料号。

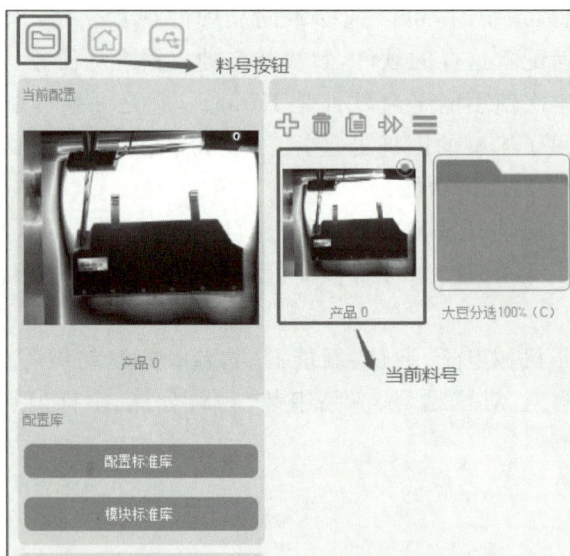

图 2-4　料号界面

②登录软件后，会自动打开上一次关闭并保存时的料号界面。

3）工作主界面

①点击工作主界面按钮可以切换到工作主界面，界面中包含工具栏、流程配置栏、显示

窗口、设备通信信息显示栏、全流程手动执行按钮，如图 2-5 所示。

图 2-5　工作主界面

②点击对应栏中的展开/收起按钮，可以展开或收起显示；在栏边界长按后可拖动调整栏边界范围，如图 2-6 所示。

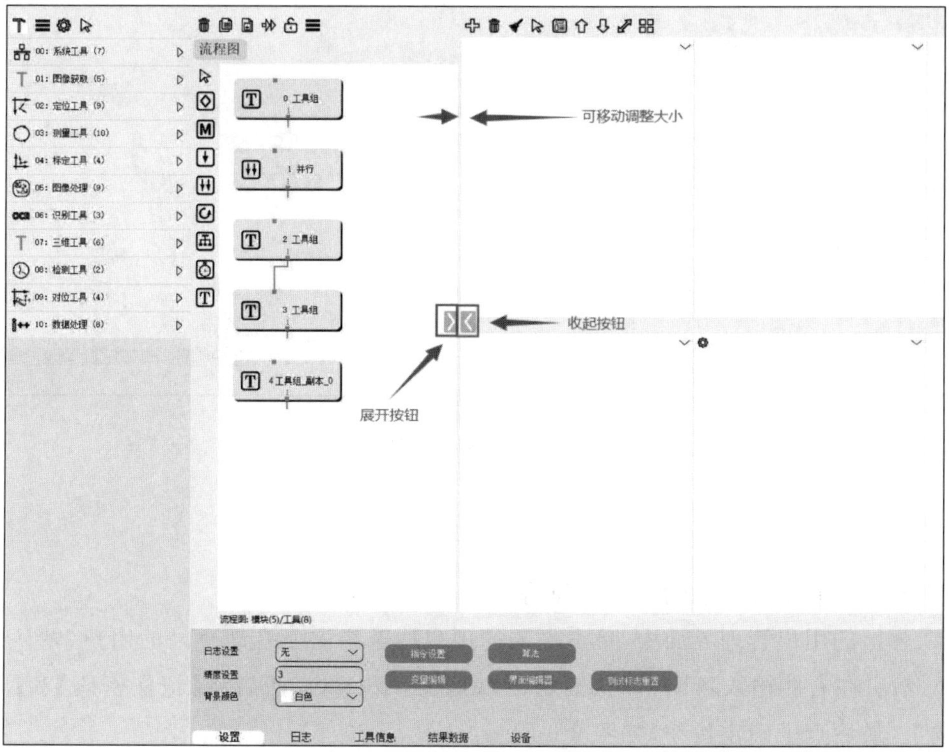

图 2-6　调整工作界面

4）设备资源界面

①点击设备资源界面按钮可以切换到设备资源界面，界面中包含设备栏，显示支持的设备类型，以及当前连接的设备，如图 2-7 所示。

②点击设备栏中的加号，展开显示当前连接的设备，双击对应的设备可以打开设备参数界面。

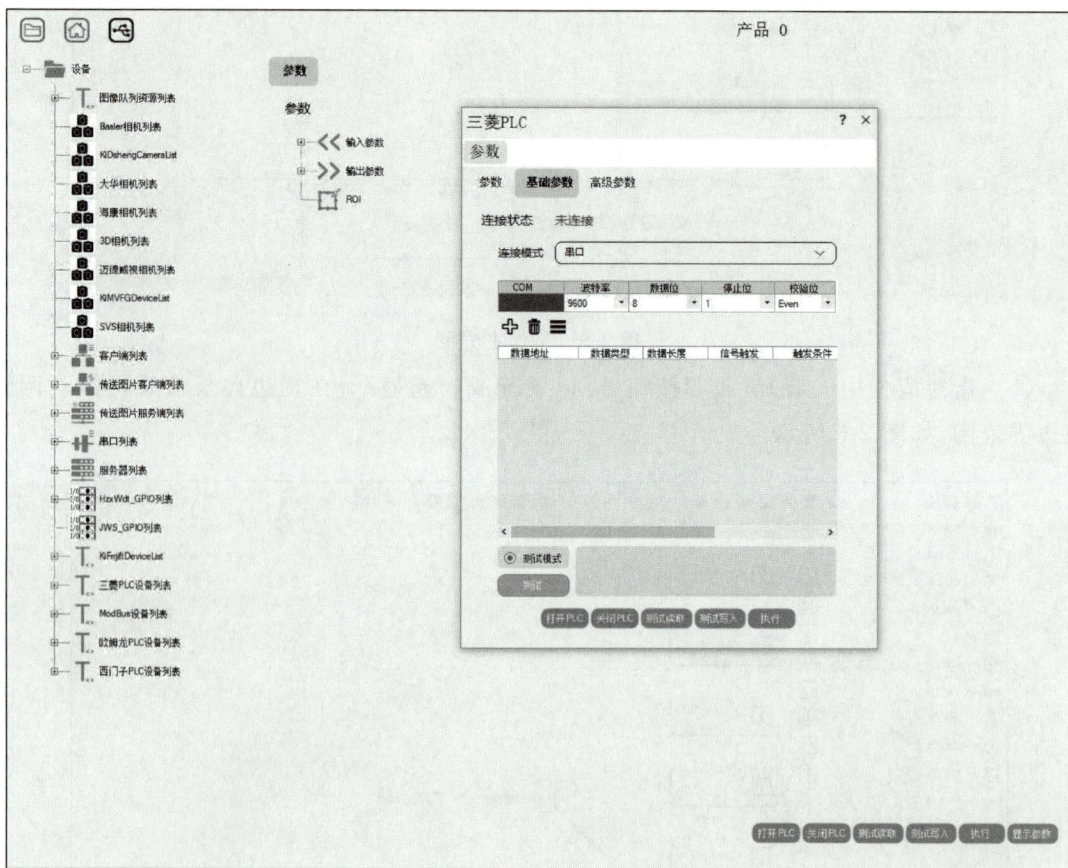

图 2-7　设备资源界面

5）自动登录

①点击软件右上角蓝色的用户管理图标，如图 2-8 所示。

②在弹出的用户管理界面中，单击左侧的用户栏选择需要自动登录的用户（默认用户为 Admin），然后在右侧输入新旧密码（旧密码默认为 Admin），然后将【记住密码】和【自动登录】勾选上，最后点击确定按钮，如图 2-9 所示。

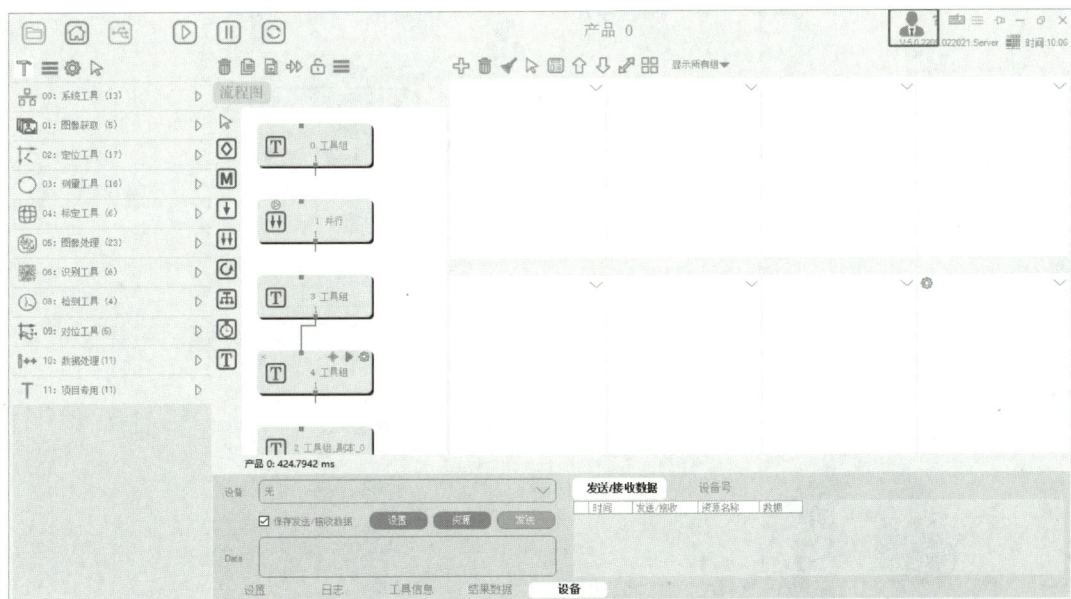

图 2-8　点击登录

图 2-9　自动登录

③点击右上角的菜单栏,点击保存按钮,在弹出的系统消息中点击确定按钮,下次启动软件时自动登录生效,如图 2-10 所示。

6) 用户管理

①权限等级分为管理员、工程师、技术员、操作员(默认用户 Admin 为管理员权限),权限由高到低依次递减,修改配置时需要管理员权限。

图 2-10　自动保存

②如图 2-11 所示，点击软件右上角蓝色的用户管理图标，在弹出的用户管理界面中，单击左侧的用户栏选择需要修改权限的用户，然后选择权限，并输入新旧密码，最后点击确定按钮，如图 2-12 所示。

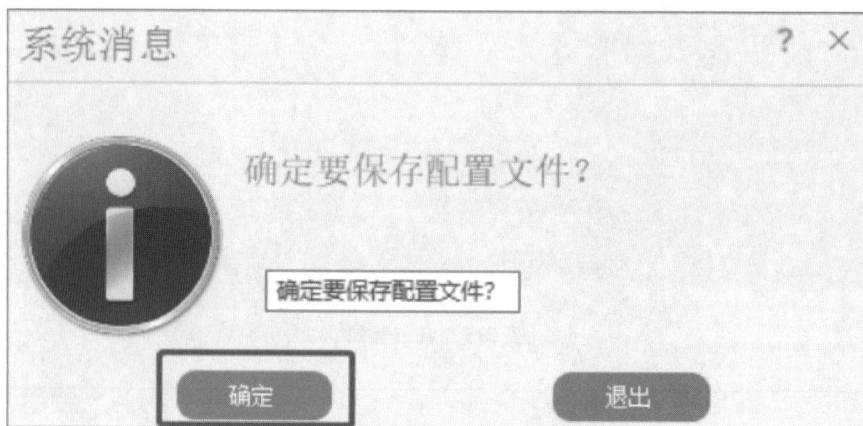

图 2-11　用户管理

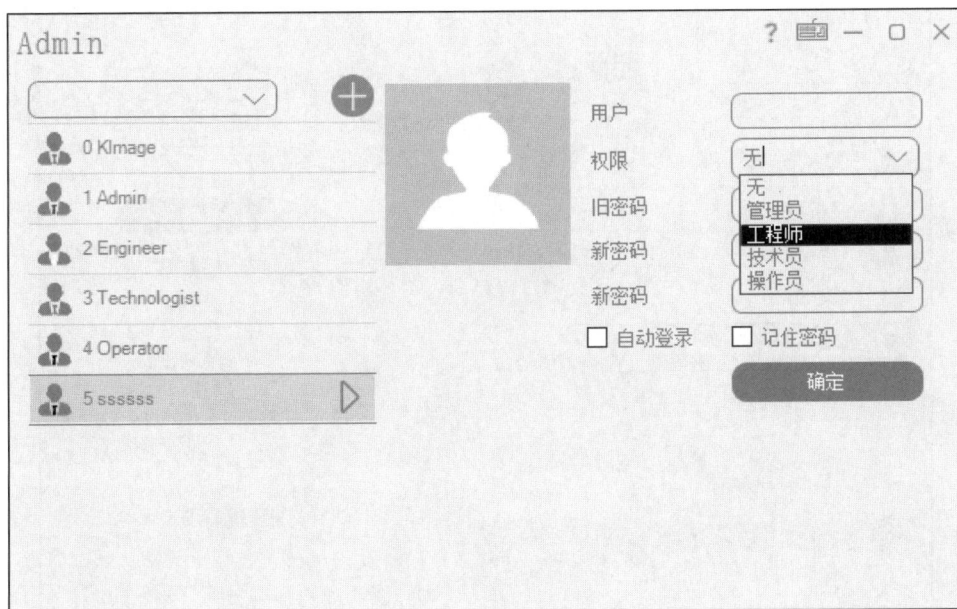

图 2-12　选择权限

③添加/删除用户。

点击用户管理页面左上方的添加用户按钮,如图 2-13 所示。在右侧输入新用户的信息,然后点击添加按钮即可新增用户,如图 2-14 所示。在需要删除的用户名上单击右键,然后点击 Delete 按钮即可删除用户,如图 2-15 所示。

图 2-13　添加/删除用户

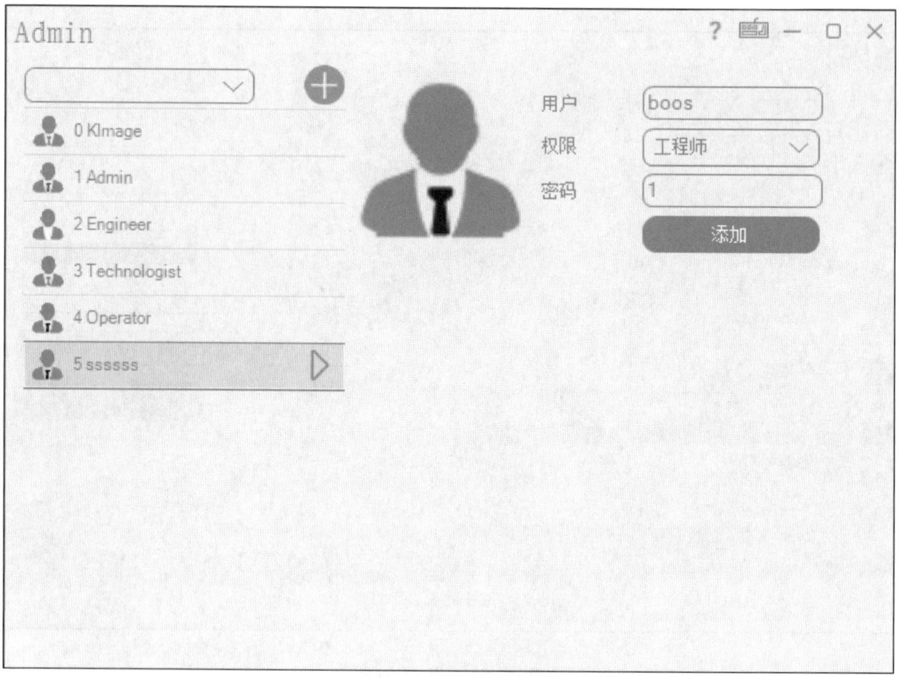

图 2-14　添加用户

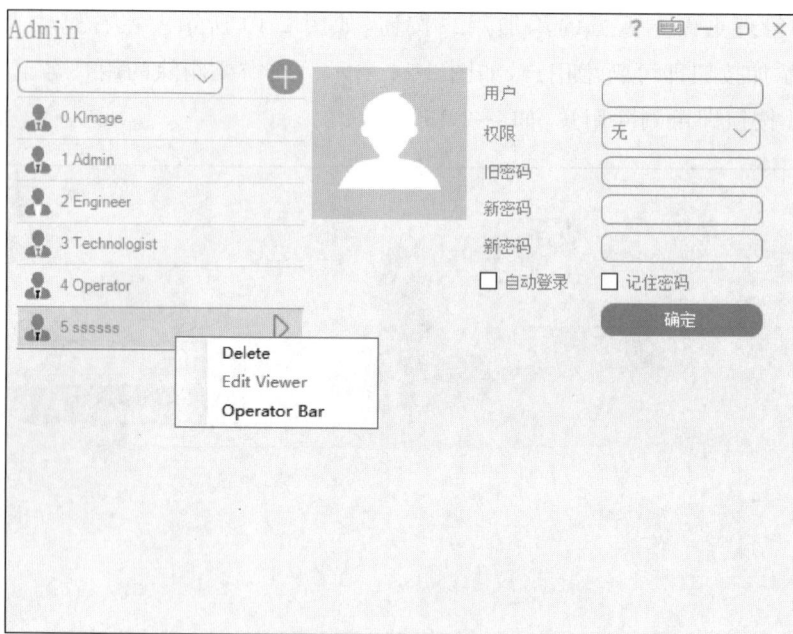

图 2-15　删除用户

④更换登录用户。

展开软件右上角的菜单按钮,然后点击登录按钮,如图 2-16 所示。

⑤在登录界面选择用户,并输入密码,然后点击登录按钮即可登录,如图 2-17 所示。管

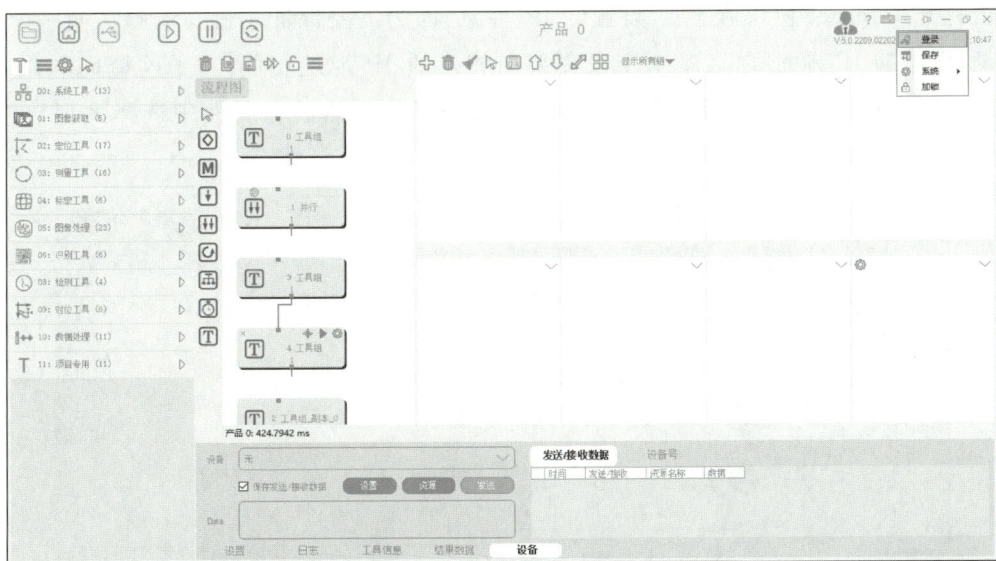

图 2-16 点击登录

理权限时必须使用有管理员权限的用户进行操作,因此必须保证有一个管理员用户。系统默认用户 Admin 的默认密码为 Admin,新增加的用户的密码请妥善保存。用户权限修改后需要保存配置并重启平台后才会生效。

图 2-17 登录设置

7)相机采图设置

①电脑 IP 地址设置。

打开电脑的网络和共享中心,点击本地连接,在本地连接状态中点击属性按钮,在属性中双击打开 Internet 协议版本 4,设置好 IP(注意:因为需要保证相机与电脑在同一个网段之中,所以电脑 IP 地址的前 3 个字段需要与相机的 IP 地址相同。),子网掩码默认 255.255.255.0,然后点击确定按钮,在属性中点击配置按钮,然后在属性中选择大型数据包。电脑 IP 地址设置如图 2-18、图 2-19 所示。

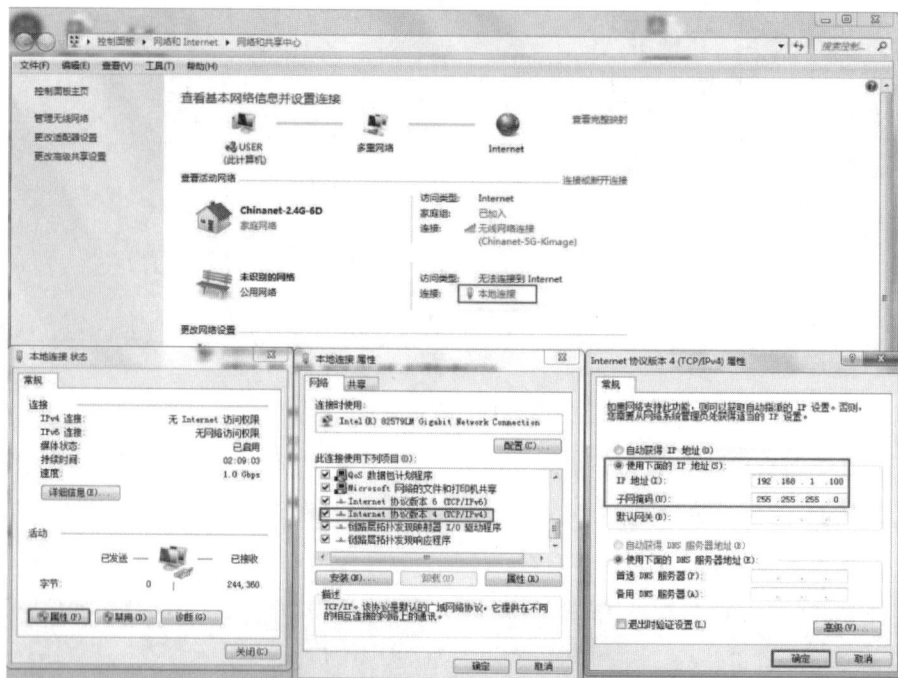

图 2-18　电脑 IP 地址设置 1

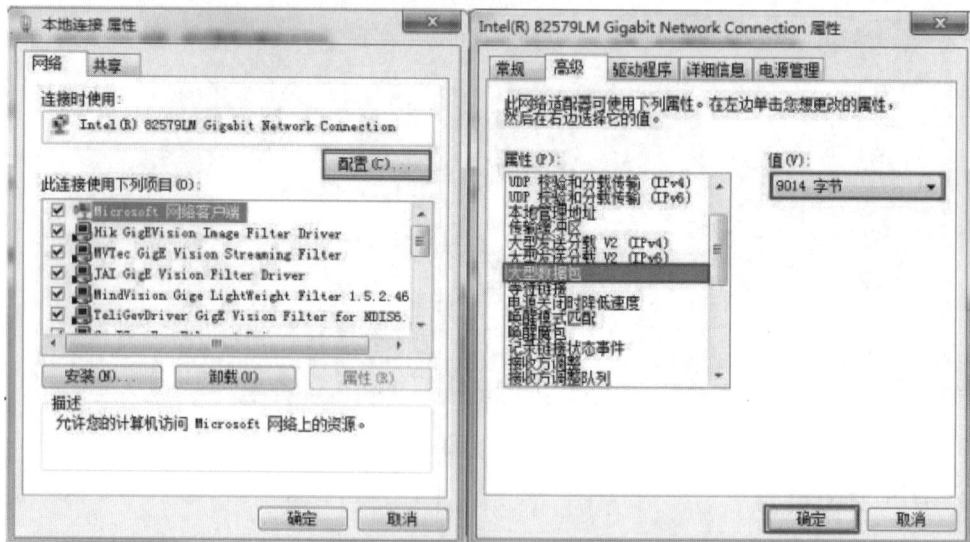

图 2-19　电脑 IP 地址设置 2

②相机 IP 地址设置。

打开 MVS 软件,在 GigE 下双击相机图标打开 IP 设置页面,输入 IP 和子网掩码,IP 前三段与本地连接中设置的 IP 应保持一致,第四段不能相同,然后点击确定按钮,如图 2-20 所示。

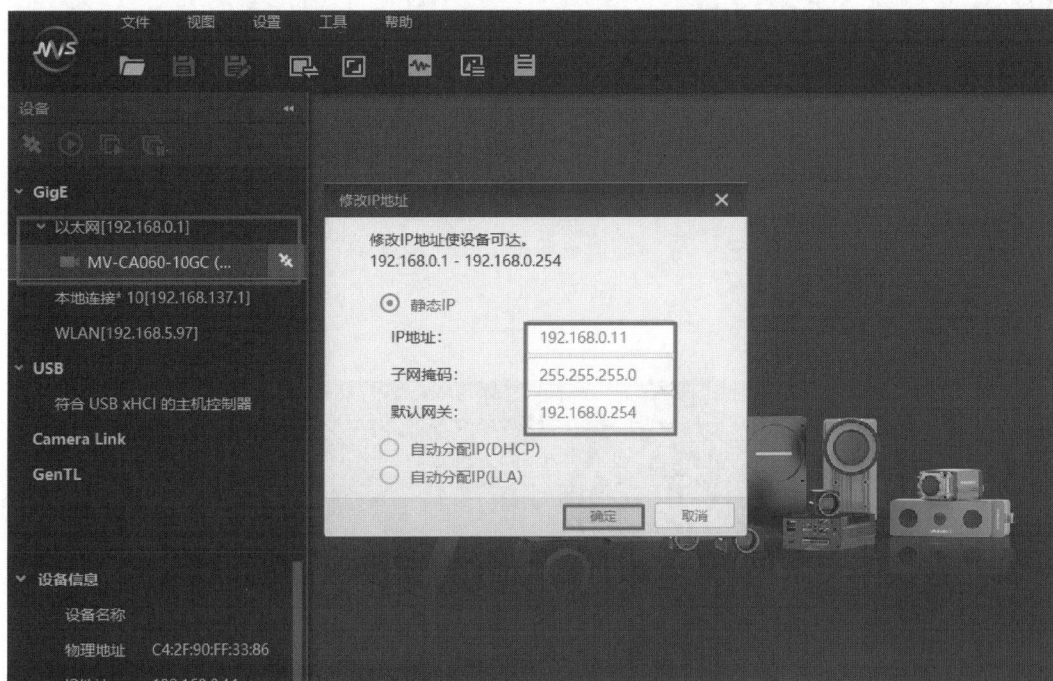

图 2-20　相机 IP 地址设置

③连接相机。

IP 设置好后,相机图标上会显示绿色的钩,代表已经连上,点击相机图标最右侧的连接按钮连接相机,然后在显示窗口中点击连续采图按钮,如图 2-21 所示。

④无法执行采图时,在触发里将触发模式改为关闭,再执行采图即可成功,如图 2-22 所示。

⑤关闭 MVS 软件,打开视觉平台,从图像源工具中添加相机,双击相机,打开参数页面,在相机选择栏中选择已经连接的相机,如图 2-23 所示。

⑥调整相机参数。

在相机参数页面中,切换到图像设置栏,在图像参数中可以拖动滑块调整曝光增益,也可以直接在输入栏中输入数值,图像会根据参数实时刷新。点击下拉按钮,设置触发源或 IO 设置,如图 2-24 所示。

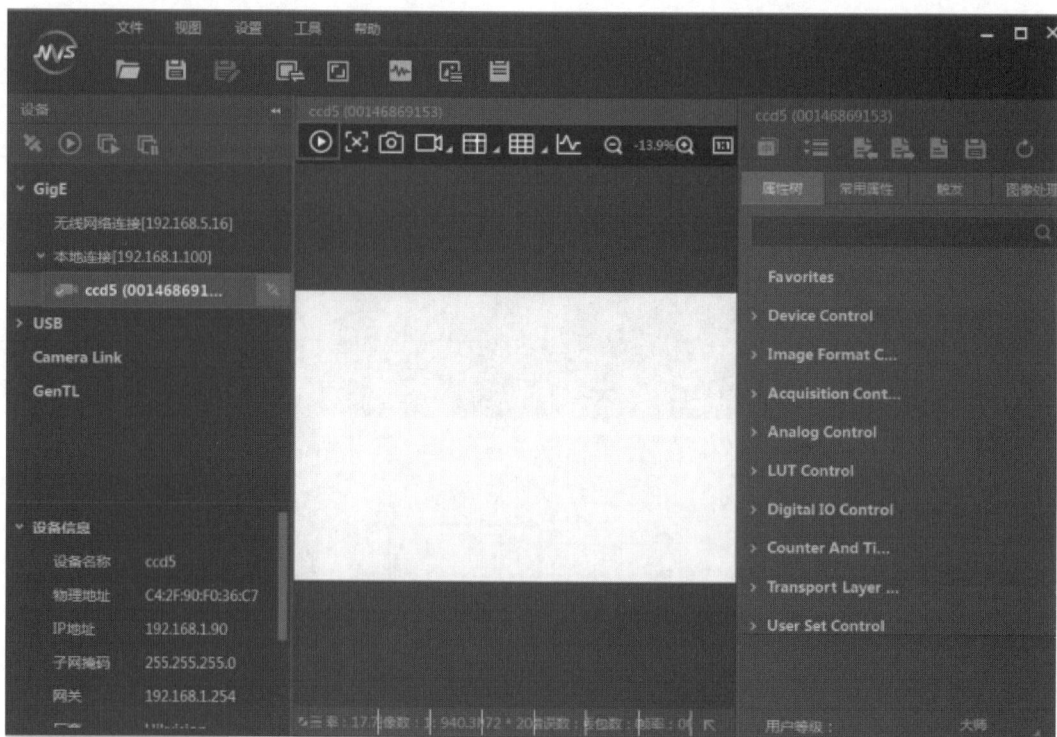

图 2-21 连接相机

图 2-22 触发方式

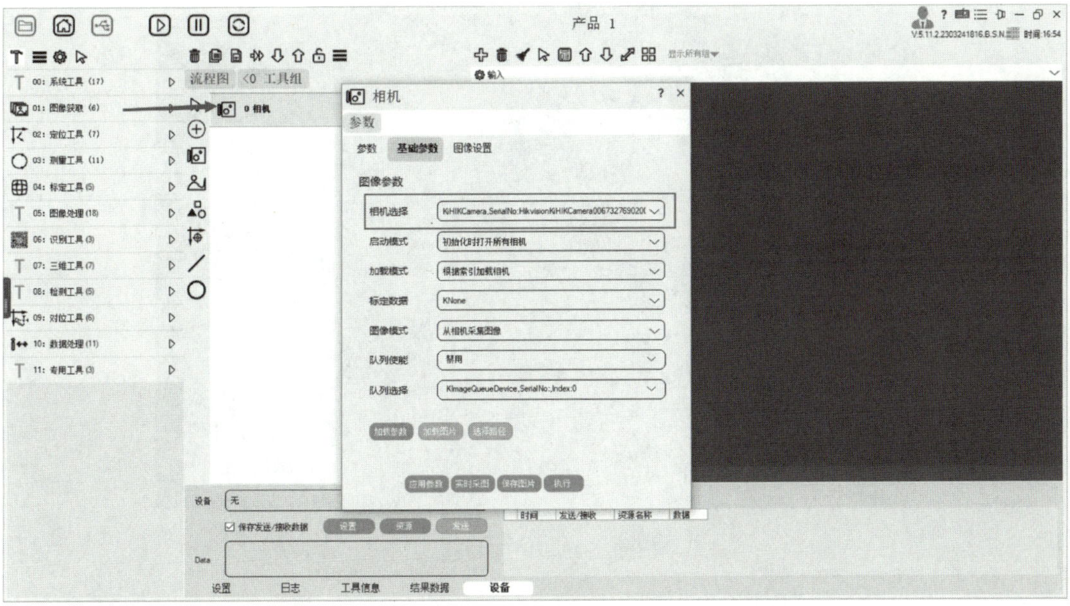

图 2-23　添加相机

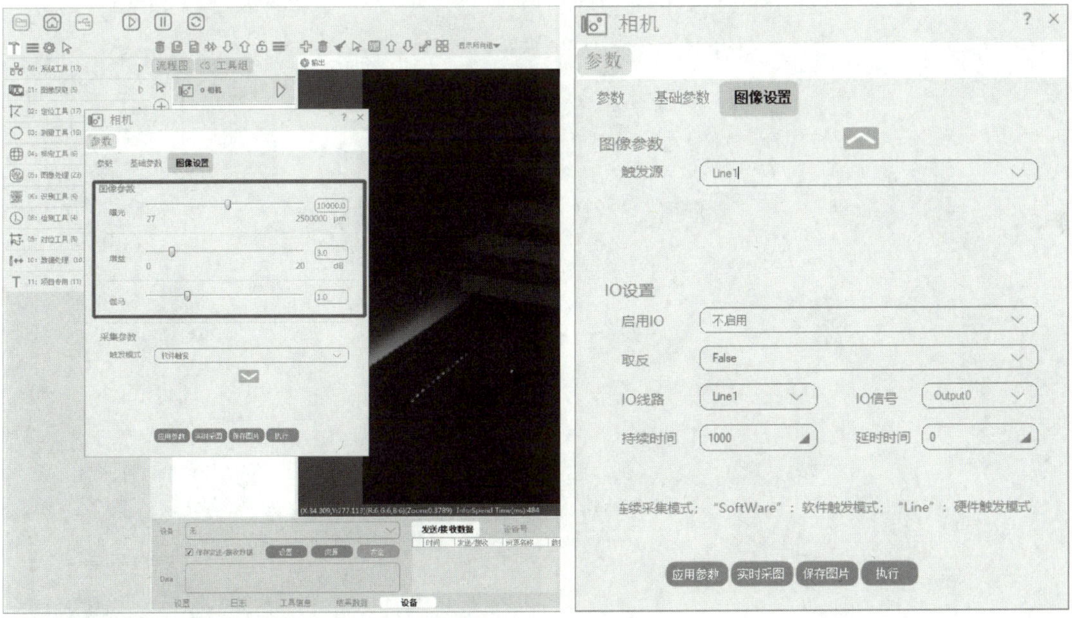

图 2-24　设置触发源

8）硬件触发调试

①将相机电源线接为硬件触发模式，如图 2-25 所示。

②打开海康威视 MVS（对应相机）控制软件，选择打开触发模式，将触发源改为线路 0，调试采集帧率与曝光时间（见图 2-26），然后在显示窗口中点击连续采图按钮。

图 2-25　电源接线

图 2-26　相机触发调试 1

　　③打开视觉平台，调试曝光参数，将触发模式由软件触发改为硬件触发即可实现硬件触发采图，如图 2-27 所示。

图 2-27　相机触发调试 2

9）相机曝光参数设置

①曝光时间：快门打开到关闭的时间间隔。曝光时间长，进光量就大，适合光线条件比较差的情况，曝光时间短则适合光线比较好的情况。

②视觉平台设置曝光时间，可以拖动滚动条进行设置，也可以直接在右侧编辑区手动输入曝光时间（见图 2-28），单位是微秒（μs）。

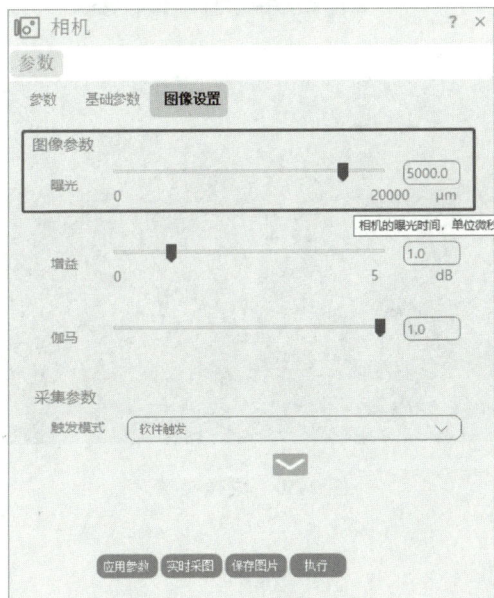

图 2-28　设置曝光时间

10) 镜头光圈

①相对孔径:镜头的入射光孔直径(D)与焦距(f)之比,即D/f,主要影响像面的照度。镜头光圈如图 2-29 所示。

②最大相对孔径:一般标示在镜头上,例如,1∶1.2 或 $f/1.2$。

③光圈系数:相对孔径的倒数称为光圈系数,用 F 表示,$F=f/D$。

④光圈越大则成像越亮,景深越短。光圈越小则成像越暗,景深越长,如图 2-30 所示。

图 2-29　镜头光圈

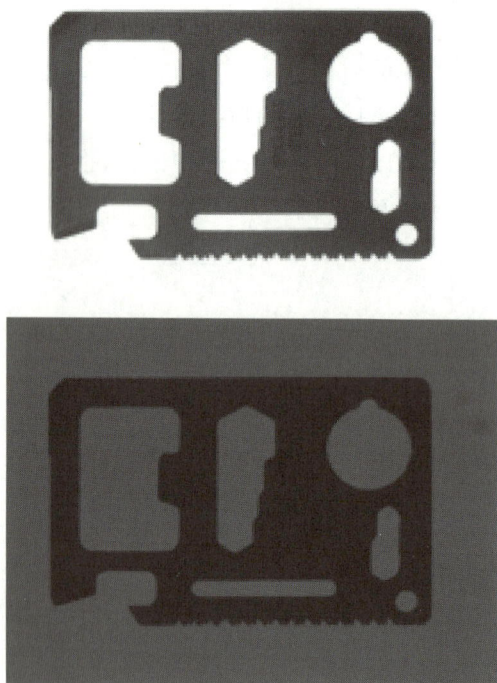

图 2-30　成像亮暗

11) 光源亮度设置

①实验开始前,先将需要使用的直射 RGB 环形光源和背光源接上光源控制器。其中

RGB 环形光源需要接 3 个通道,背光源接 1 个通道。将 RS232 串口线连接到光源控制器控制串口。

　　打开 KImage 软件,选择 RS232 通信控制光源实验配置。双击打开光源控制模块,再双击打开串口工具。点击参数界面下方的参数配置按钮,在弹出的串口通信界面设置通信参数:端口号 COM1,波特率 9600,极性 None,数据位 8,停止位 one,接收/发送数据格式 ASCII。设置好参数后,点击打开按钮即可关闭串口参数界面。光源串口设置如图 2-31 所示。

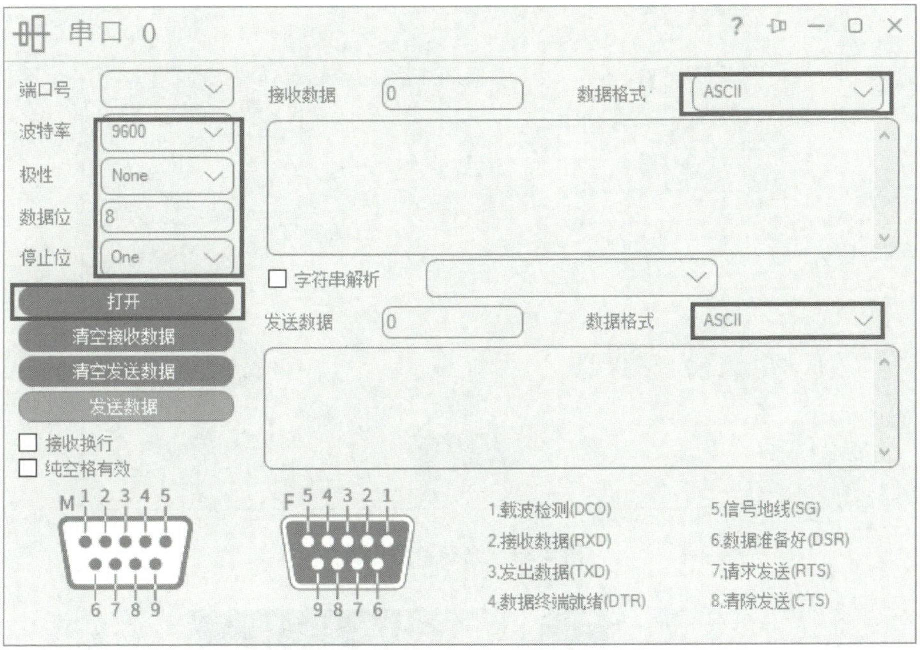

图 2-31　光源串口设置

　　②在光源控制模块中双击打开光源控制工具,可以拖动相应通道的滑动条实时调节光源亮度。也可以在左侧的输入框中输入亮度值,范围为 0～255,然后点击下方的运行按钮即可生效,如图 2-32 所示。

12) 调试清晰图像

　　①能根据视觉编程软件用户手册,正确使用清晰度评估工具评判相机是否清晰聚焦,通过调节镜头对焦环,使得图像清晰度满足处理要求。

　　②检查视觉硬件,光源无损坏,选择相机与镜头,调试相机到测量物体的距离。将所有硬件固定连接好,如图 2-33 所示。

　　③打开视觉平台,调试相机焦距、光源、光圈。打开相机工具,点击【实时采图】,开始调试,如图 2-34 所示。

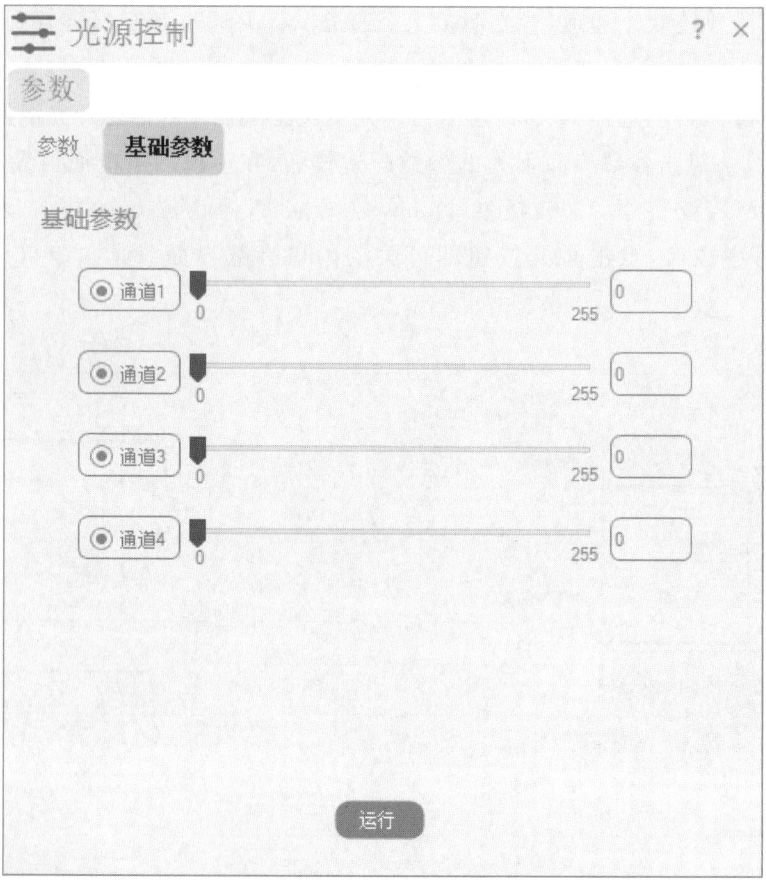

图 2-32　光源参数设置

图 2-33　硬件固定连接效果图

④先粗略调试焦距实现成像,再调试光源、光圈使得图像亮度合适,再精细调试焦距使得图像清晰度满足实验要求。将鼠标放在显示窗口中的测量物体边缘,放大显示窗口,微调

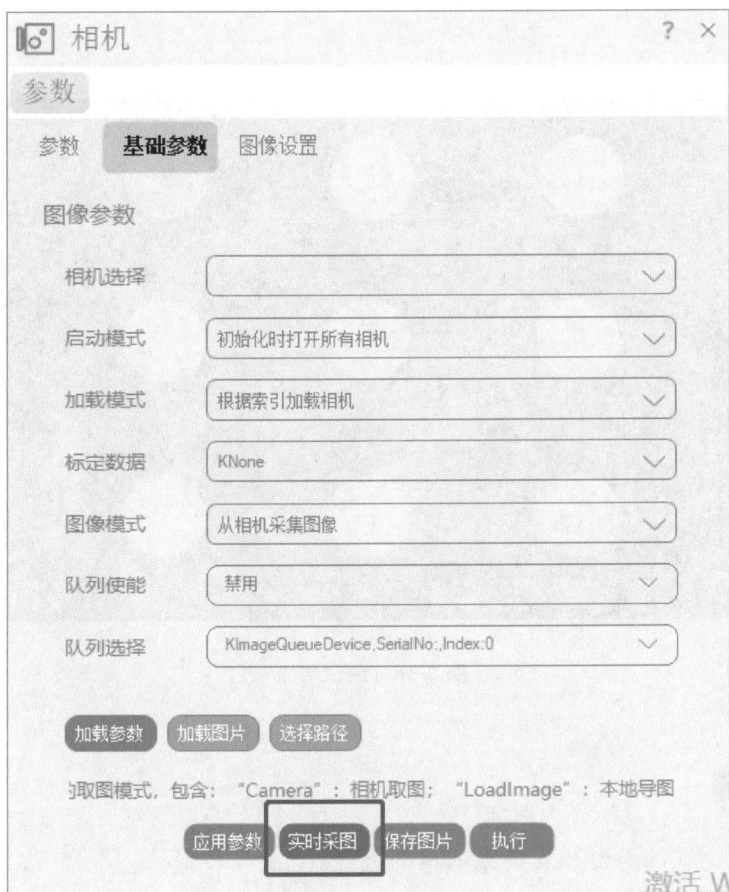

图 2-34　相机工具

焦距,直到测量物体边缘的灰度变化在 3 个像素点左右即可,将焦距、光圈螺丝锁死。灰度变化如图 2-35 所示。

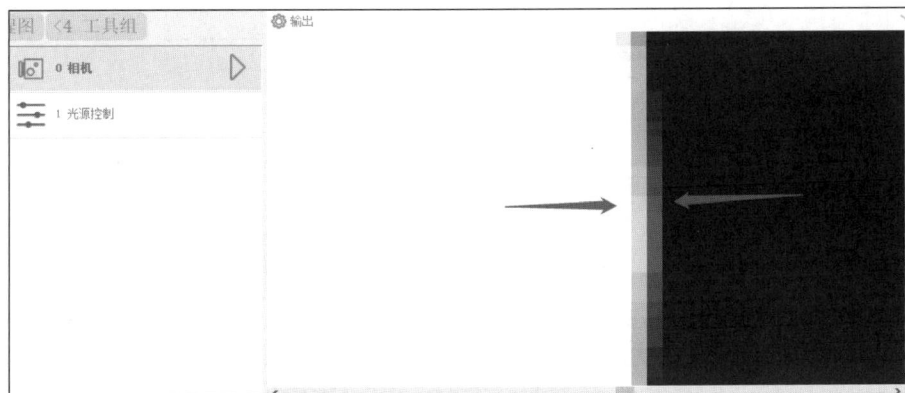

图 2-35　灰度变化

⑤图像清晰度调试完毕,如图 2-36 所示。

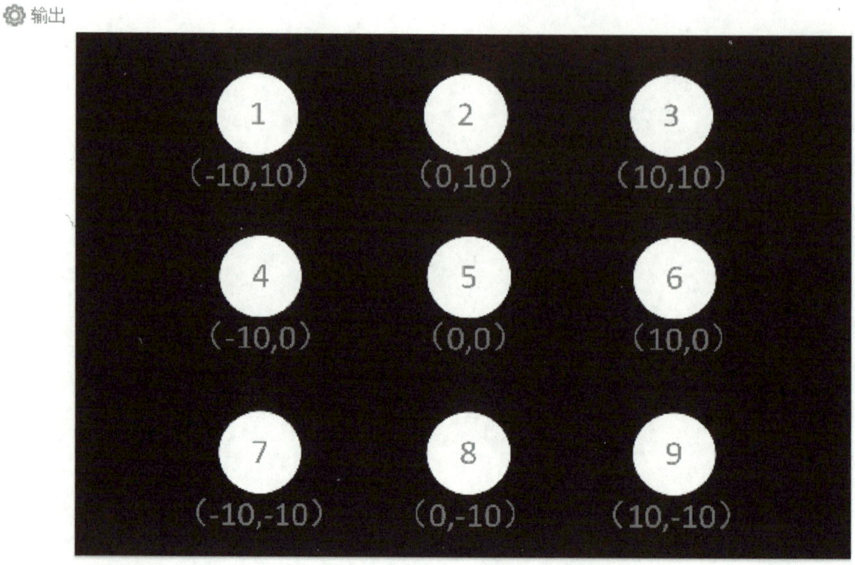

图 2-36 调试结束

🔖 **任务实施**

1.请描述机器视觉软件平台开发视觉项目的流程。

_____

_____

2.请描述口罩耳带视觉检测方案的流程。

_____

_____

3.请描述登录视觉平台和用户管理的步骤。

_____

_____

4.请描述相机采图设置的步骤。

_____

_____

5.请描述相机采图测试的步骤。

_____

_____

任务评价

请根据任务各个环节的完成情况,进行学生自评、学生互评和教师评价,完成表2-5。

表 2-5 任务评价表

类别	考核内容	分值	评价分数		
			学生自评	学生互评	教师评价
获取信息	理解客户要求,制定视觉方案	10			
	能根据检测要求,制定视觉检测流程	10			
	能根据客户要求,选定相机、镜头、光源等器件	10			
	能根据视觉编程软件用户手册,正确调试相机使其清晰聚焦,得到满足要求的图像	30			
工作实施	能独立完成练习	30			
素养	能根据学习资料操作完成视觉系统初步调试	10			

任务二 图像采集测试

图像采集测试

任务描述

　　一个典型的机器视觉系统一般包括图像采集、图像处理、图像分析和结果输出等部分。图像采集是一个重要的环节,它将对象的可视化图像和特征转化为能被计算机处理的一系列数据。由于机器视觉系统强调精度和速度,所以需要图像采集部分及时、准确地提供清晰的图像,只有这样,图像处理部分才能在比较短的时间内给出正确的结果。

　　本任务围绕口罩视觉检测的图像采集内容,引导读者在学习图像采集工作的过程中掌握相机的触发和特定区域图像处理与分析的技能,培养读者分析问题、解决问题的职业素养。

◇ 知识目标

1. 掌握正确调用图像采集模块的方法,触发相机拍照。

2. 掌握设置 ROI 区域的方法,实现特定区域图像的处理与分析。

◇ 能力目标

项目二
任务二微课

1. 能根据软件用户手册,调用相机图像采集模块,触发相机拍照。

2. 能根据视觉编程软件用户手册,通过设置 ROI 区域,实现特定区域图像的处理与分析。

3. 能根据用户手册进行分析和排除 ZM-KFL-MV500 机器视觉应用平台的图像采集故障。

◇ 素养目标

1. 能根据软件用户手册操作完成视觉系统的图像采集。

2. 具备分析问题、解决问题的职业素养。

📈 **信息获取**

1. 工业相机的图像采集模式

项目一中已经介绍了相机的分类、性能指标和选型。如果要进一步控制相机拍照,还需要了解相机的采集方式。相机的图像采集模式分为内触发模式与外触发模式。其中:内触发模式包含连续采集、单帧采集;外触发模式包含软件触发、硬件触发。下面我们来学习外触发模式。

视觉系统通过对相机发送指令,触发相机采集图像。按照触发方式可以分为软件触发和硬件触发。

软件触发是通过上位机程序调用触发程序,触发相机拍照,然后输出图像数据,相机可以按照单帧触发采集、多帧触发采集、长曝光触发采集等工作模式输出图像。

硬件触发通过相机接口接收触发信号,触发相机拍照,输出图像数据的反应时间按照帧速计算。

2. 口罩耳带视觉检测方案的处理效果分析——以比亚迪公司为例

关于图像的处理方法和应用,我们将在后面的项目进行讨论。下面初步了解图像处理、图像对比。在比亚迪公司的口罩生产中,将采用下相机检测产品多切图像,如图 2-37、图 2-38 所示,通过测量边缘到焊点距离可检测出产品边角多切。

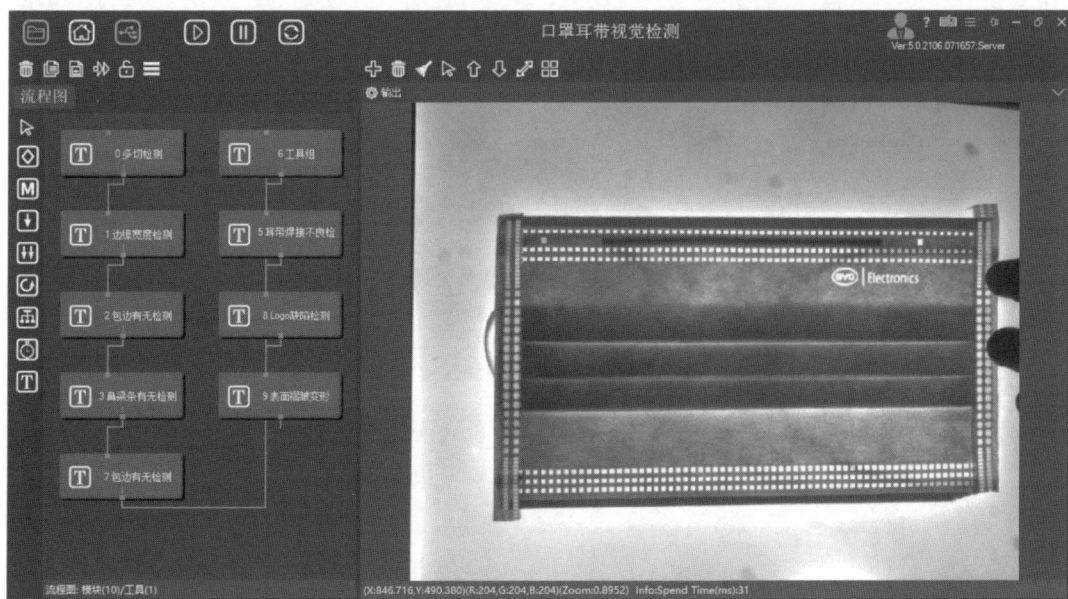

图 2-37　视觉打光原图

图 2-38　视觉处理图

采用下相机检测进行斑点分析，可以检测出当前口罩中的鼻梁条，如图 2-39 所示。

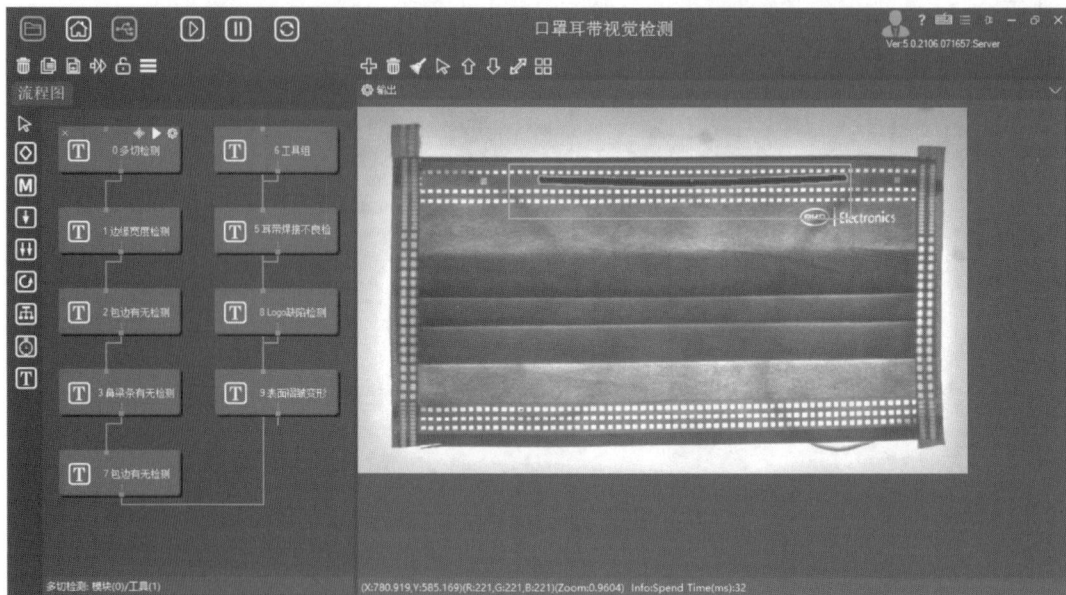

图 2-39　口罩鼻梁条检测图

口罩耳带呈扭曲或者压缩状态，通过长宽尺寸检测无法精确检测出耳带长度。如果耳带断开处叠加在一起，那么软件无法判断耳带是否断开。耳带长短不良和断开可以通过口罩耳带尺寸测量和口罩耳带斑点分析检测，如图 2-40、图 2-41 所示。

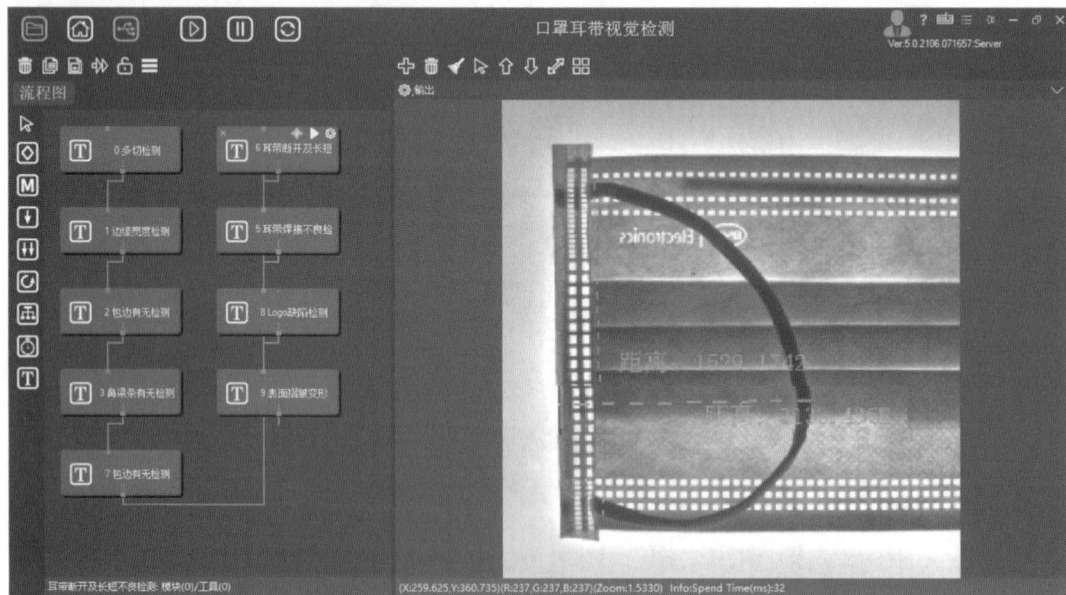

图 2-40　口罩耳带尺寸测量

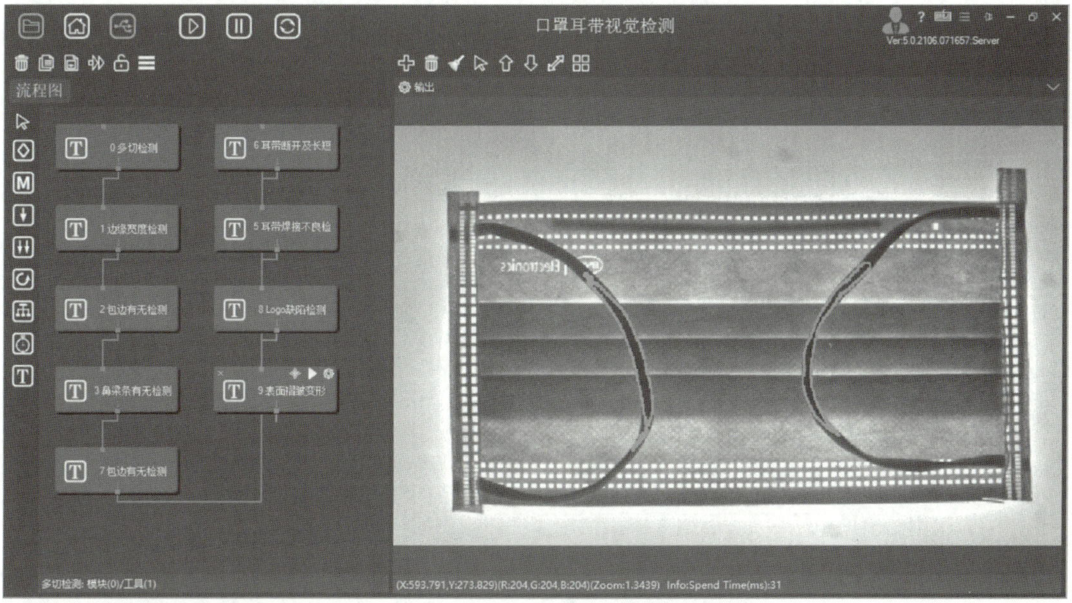

图 2-41 口罩耳带斑点分析

3. 实施步骤

根据企业的工程经验传承,请参考《KImage 视觉软件使用手册》(可用微信扫描前言末尾的二维码,后同)中的工具使用说明,完成相机设置、区域图像处理与分析、故障排除的学习,具体实施步骤如下。

1) 相机软件触发采集

能使用视觉编程软件调用相机图像采集模块,正确设置相机软件触发,设置触发延迟时间,实现图像采集。

①相机触发设置。

打开视觉平台,从图像源工具中添加相机,双击相机,打开参数页面,在相机选择栏中选择已经连接的相机,如图 2-23 所示。

②打开相机图像设置,将触发模式选择为软件触发,如图 2-42 所示。

③将图像模式选择为从相机采集图像,当以上选择正确后,单击图 2-43 中标示的图标1、2、3 中的任何一个都可以实现相机软件触发拍照,显示窗口图像刷新则表示相机拍照成功。

2) 触发延时设置

①打开相机参数,参考图 2-23 添加相机,找到触发延时,单击括号输入需要延时的时间即可实现相机触发延时(单位:ms),如图 2-44 所示。

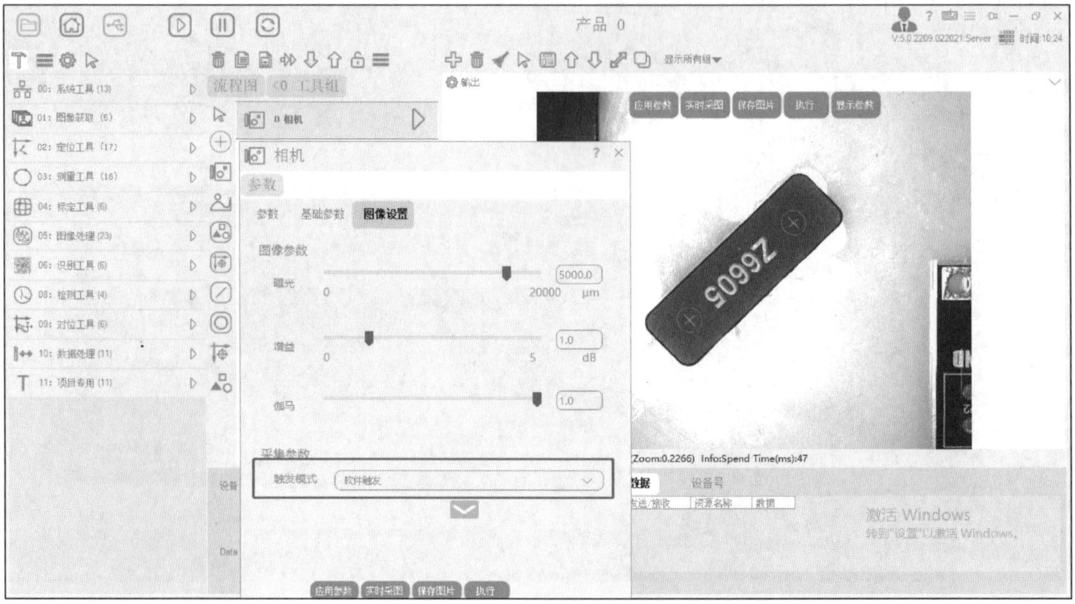

图 2-42　软件触发设置

图 2-43　软件触发拍照

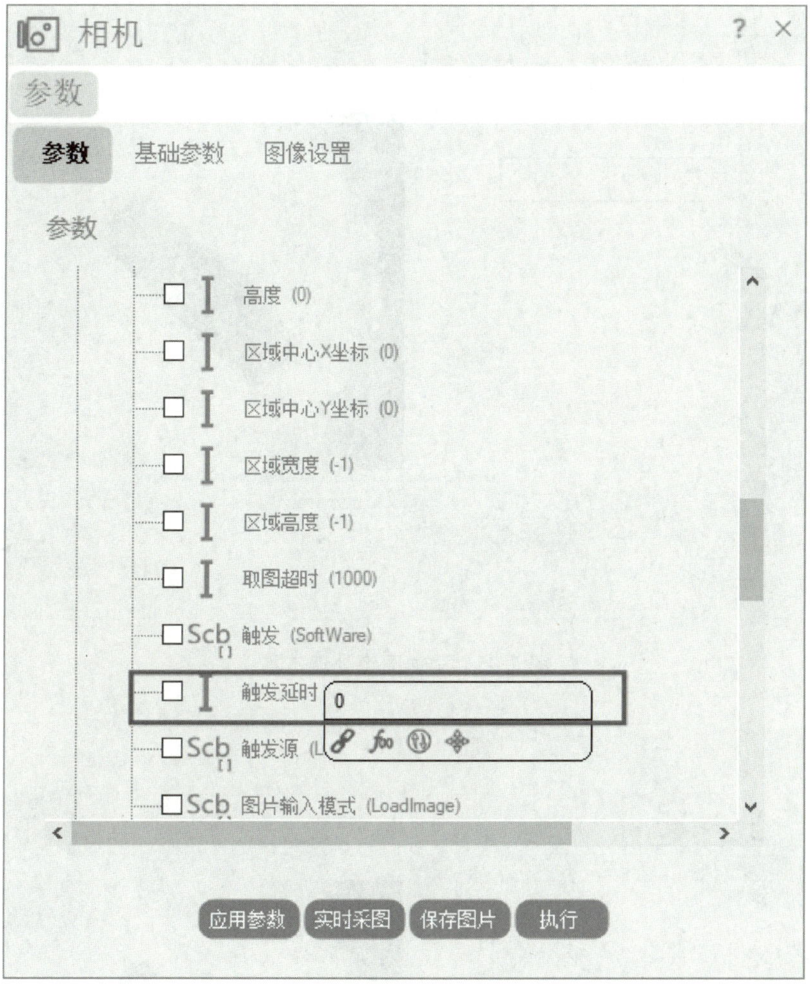

图 2-44　触发延时设置

3）图像处理

能根据视觉编程软件用户手册，设置 ROI 区域，实现特定区域图像的处理与分析。

①图像处理设置：相机采图成功，输出图像。打开工具栏里的图像处理栏，添加图像处理工具，如图 2-45 所示。

②双击打开图像处理工具中的输入参数，输入参数中的输入图片引用相机的输出图片，开始对相机采集到的图像进行图像处理，如图 2-46 所示。

③打开基础参数，选择需要的处理模式。因相机采集的物块上的字符对比度不够明显，故选用图 2-47 所示的对比度增强模式对图像进行处理。

图 2-45　添加图像处理工具

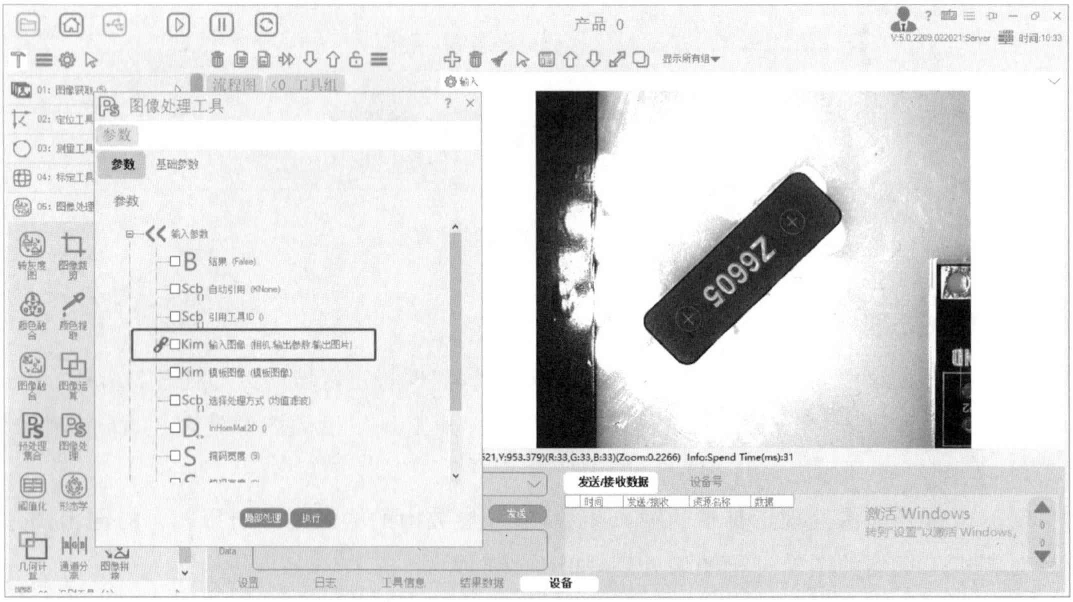

图 2-46　显示采集图片

图 2-47　对比度增强

④识别模式选择对比度增强之后,完成灰度上下限的设置,点击执行即可输出对全局处理后的图像,如图 2-48 所示。

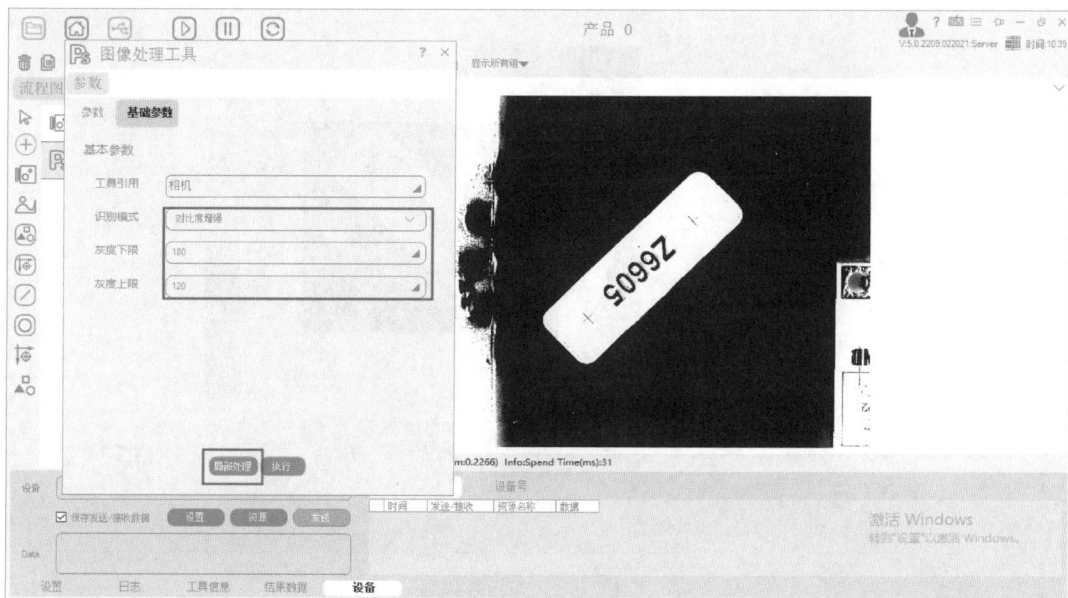

图 2-48　灰度处理

⑤点击局部处理,显示窗口出现 ROI 框,通过拖拽调试 ROI 区域到合适位置,如图 2-49 所示。

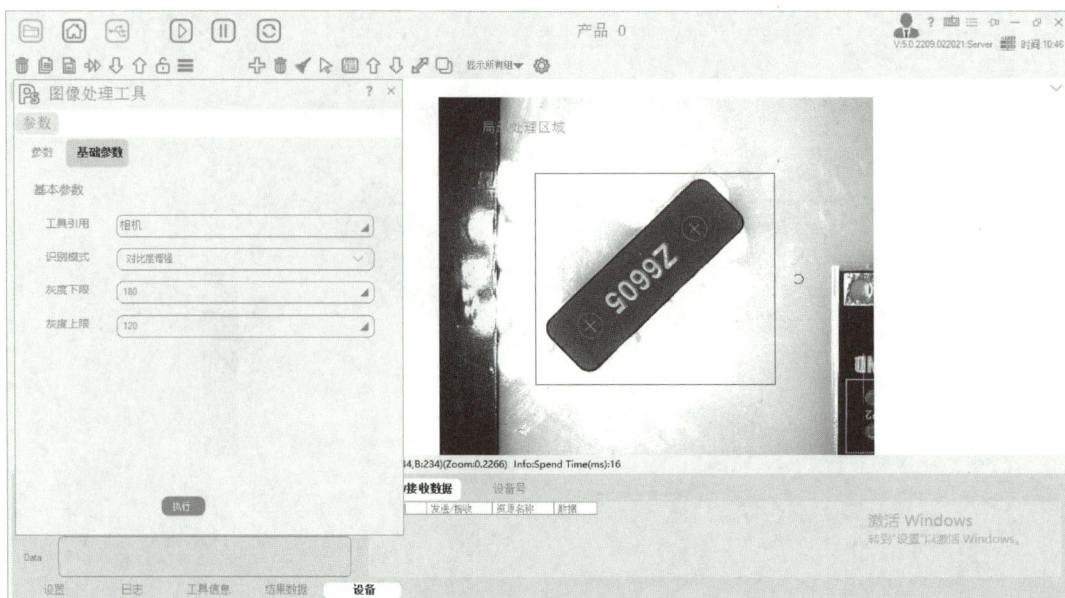

图 2-49 设置 ROI 区域

⑥点击执行完成局部区域内的图像处理,窗口显示如图 2-50 所示。

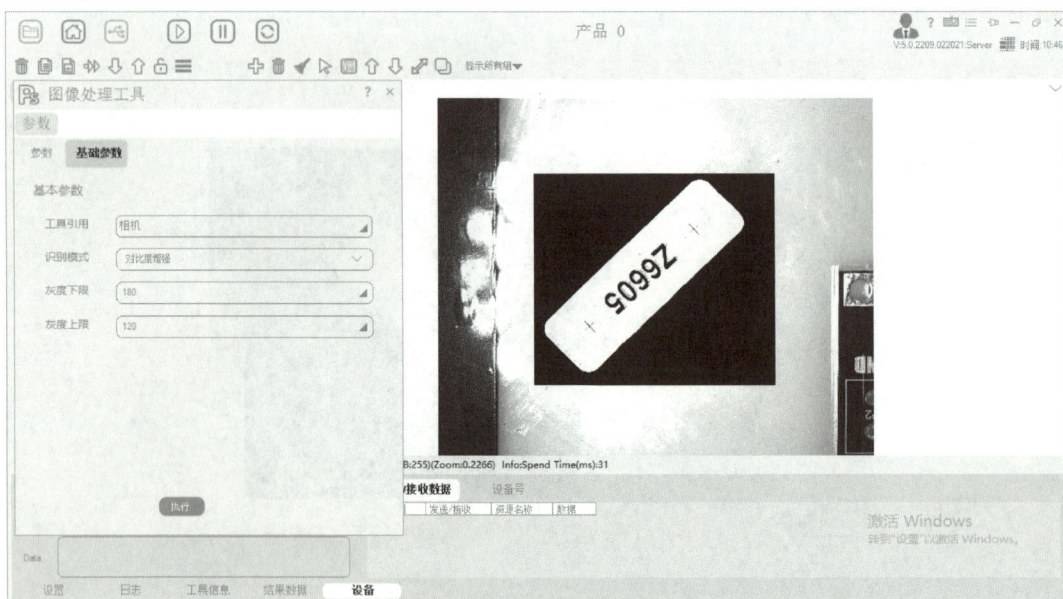

图 2-50 局部 ROI 区域处理

4）采集硬件故障排查

①排查相机电源线、网线是否正确连接,参考图 2-25 所示。

②检查相机是否损坏,相机指示灯是否为蓝色,如图 2-51 所示。

图 2-51   相机检查

5）采集软件故障排查

①打开电脑的网络和共享中心,点击本地连接,在本地连接状态中点击属性按钮,在属性中双击打开 Internet 协议版本 4,排查 IP 设置是否正确,因为需要保证相机与电脑在同一个网段之中,所以电脑 IP 地址的前 3 个字段需要与相机的 IP 地址相同,参考图 2-18 所示。

②打开 MVS 软件,在 GigE 下双击相机图标打开 IP 设置页面,排查输入的 IP 和子网掩码,IP 前三段与本地连接中设置的 IP 应保持一致,第四段不能相同(参考图 2-20 所示)。

③排查相机图标最右侧的连接按钮是否连接,在显示窗口中点击连续采图按钮,能够看到图像说明图像采集正常(参考图 2-21 所示)。

④打开视觉平台,从图像源工具中添加相机工具,双击打开相机参数页面,在相机选择栏中选择已经连接的相机,如无法找到相机则相机掉线,排查网线是否松动、损坏(参考图 2-23所示)。

🔖 任务实施

1. 请描述机器视觉系统中相机软件触发采集的流程。

_____

_____

2.请根据《KImage 视觉软件使用手册》的有关内容,描述 ROI 区域设置的步骤。

_____

_____

3.请描述采集故障排查的步骤。

_____

_____

任务评价

请根据任务各个环节的完成情况,进行学生自评、学生互评和教师评价,完成表 2-6。

表 2-6　任务评价表

类别	考核内容	分值	评价分数		
			学生自评	学生互评	教师评价
获取信息	了解工业相机的图像采集模式	10			
	了解区域图像处理与分析方法	10			
工作实施	能正确调用图像采集模块,触发相机拍照	25			
	能设置 ROI 区域,实现特定区域图像的处理与分析	25			
	能分析和排除 ZM-KFL-MV500 机器视觉应用平台的图像采集故障	20			
素养	能根据学习资料操作完成视觉系统初步调试	10			

任务三　机器视觉系统的校准

机器视觉系统的校准

任务描述

工业机器视觉系统所采集的图像信息是以像素的形式存储的。如果要将存储数据传送给机器人,并实现准确测量和各轴控制转动,需要让世界坐标系和测量单位一一对应(与世界坐标系图像像素的映射关系)。这个求解坐标参数的过程就称为相机标定(或摄像机标定)。无论是在图像测量或者机器视觉应用中,相机参数的标定都是非常关键的环节,其标定结果的精度及算法的稳定性直接影响相机工作的准确性,因此相机标定和提高标定精度是精准测量和各轴控制的前提。

本任务围绕机器视觉系统校准的标定方法,引导读者掌握使用标定板对视觉系统进行标定的技能,培养读者用精准化数据解决问题的职业素养。

学习目标

◇　知识目标

1. 了解相机的校准方法。

2. 掌握使用 KImage 软件实现图像标定的方法。

◇　能力目标

1. 能实现相机标定,并完成拍照标定。

2. 能使用标定板对视觉系统进行标定校准。

◇　素养目标

通过反复对照数据,校准系统精度,培养学生一丝不苟的职业精神。

项目二
任务三微课

信息获取

1. 相机标定原理

实际上,在进行图像处理之前需要获取到一种相互映射关系,这种相互映射关系是指实际物体上某一点的几何位置与相机得到的图像上对应点之间的相互映射关系。为了获取这样一种相互映射的关系,需要对多个坐标系之间的关系进行分析,从而建立其几何模型。这个从建立几何模型到求解出几何参数的过程称为相机标定。在标定过程中,一般应主要关注相机的内参、外参和畸变参数。

(1)内参通常仅与内部机构有关,因此通过求解相机的内参,可以实现从相机坐标到像素坐标的转换,从中可以得到摄像机的像素当量,即图像中一个像素所代表的实际距离,获取像素当量对于机器视觉应用具有重要的意义。

(2)外参数据中包含了仿射变换中需要使用到的旋转和平移信息,这些旋转和平移信息可以用来求解两个不同坐标系上定点的坐标变换关系,同时这也是实际坐标点与对应像素坐标点之间转换的关键。

（3）在理想的针孔模型中，可以忽略畸变的影响，但为了提高图像生成的速度，现场生产中会采用透镜，这便导致了畸变的产生。相机的畸变通常是指径向畸变（由于透镜形状引起的畸变）和切向畸变（由于成像平面与透镜不平行产生的畸变）。

2. 实施步骤

根据企业的工程经验传承，请参考《KImage 视觉软件使用手册》中的标定类工具使用说明，并依照操作步骤，完成视觉系统校准，读取信息，具体实施步骤如下。

1）步骤一：拍摄标定图片

创建一个图像标定流程，如图 2-52 所示。

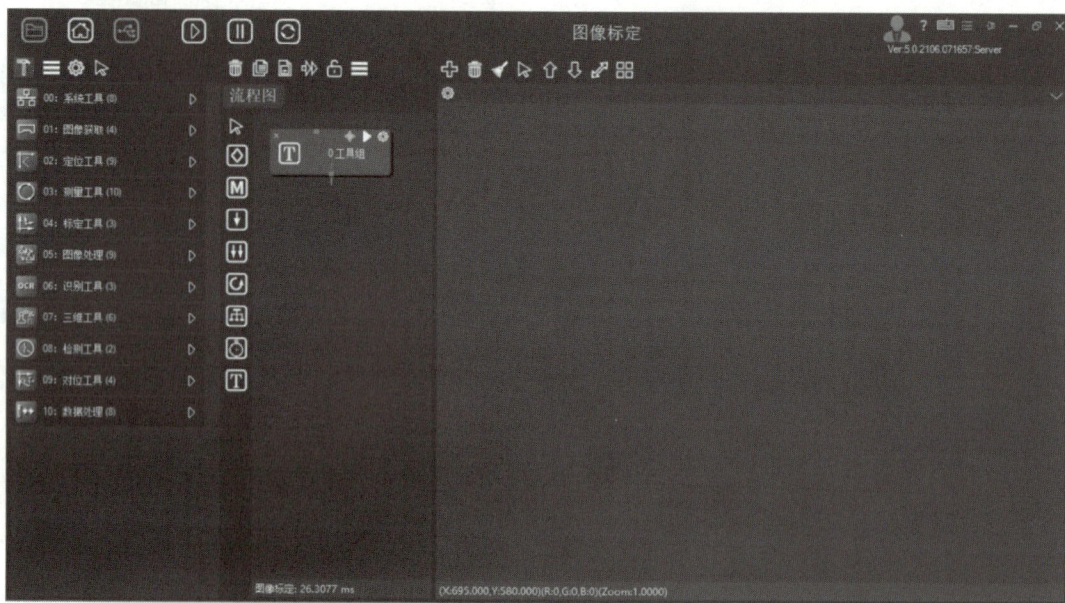

图 2-52　图像标定流程

畸变标定采用的是离线标定方式，即需要在标定之前使用相机采集一组（大于 10 张）标定板图片。利用焦距为 8mm 的镜头与 2D 黑白相机先拍摄一组照片，存储在文件夹【Image】中，如图 2-53 所示。

2）步骤二：添加畸变标定工具

在图 2-53 所示的保存图片界面，双击离线标定工具组，然后选择工具组模块栏中的【畸变标定】，拖动到模块配置区域中，完成标定工具的添加，如图 2-54 所示。

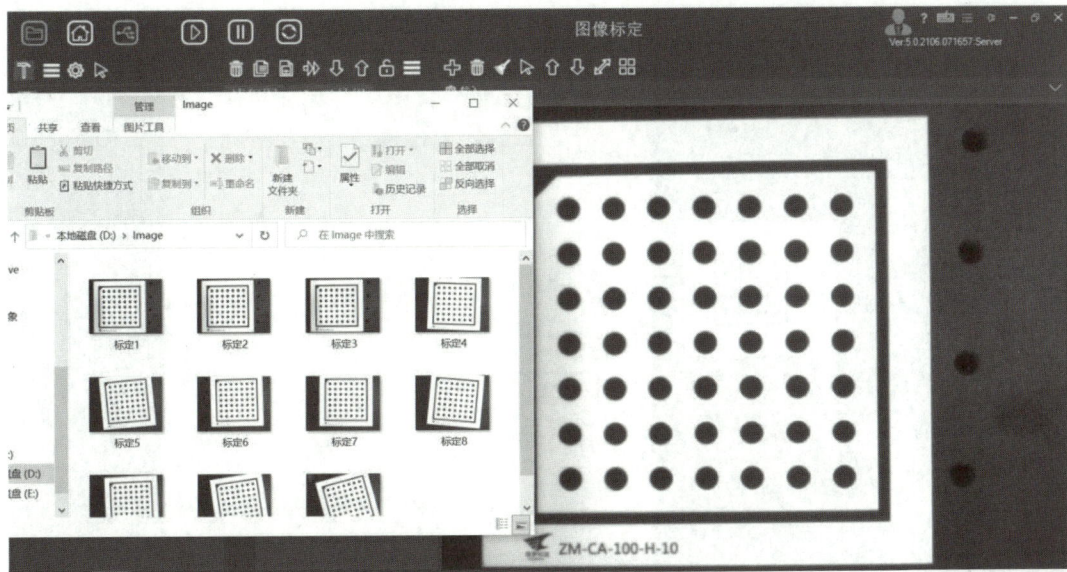

图 2-53 保存图片

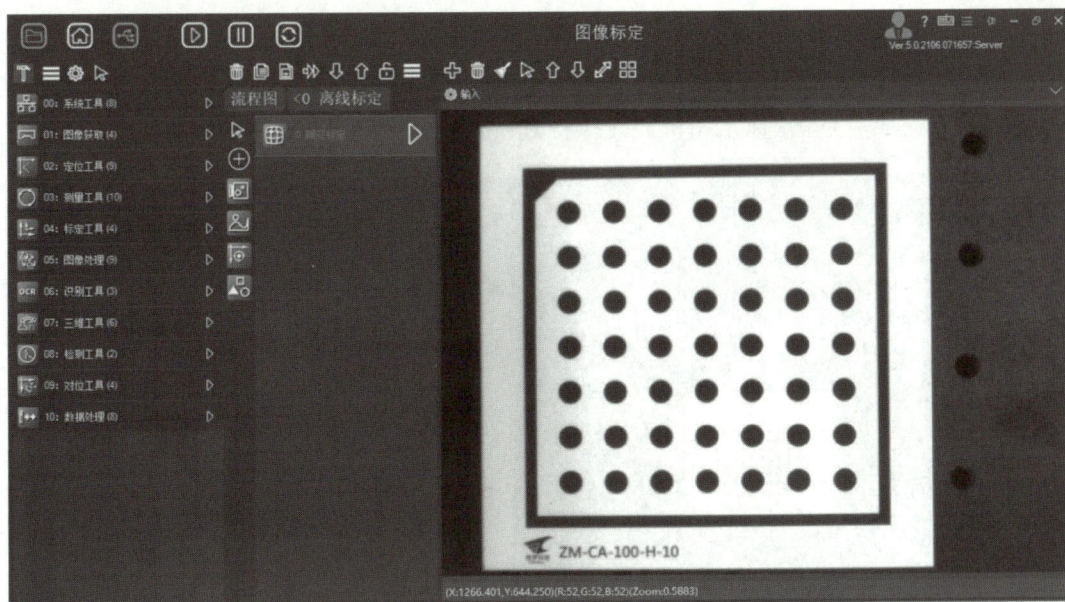

图 2-54 添加畸变标定

3）步骤三：选择标定图片

双击【畸变标定】工具，点击【图片路径】按钮，选择标定板图片（打开标定板图片文件夹【Image】），如图 2-55 所示。

4）步骤四：设置标定板参数

相机参数需要根据实验相机的型号，查询该相机的像元尺寸、镜头的焦距等信息。在设

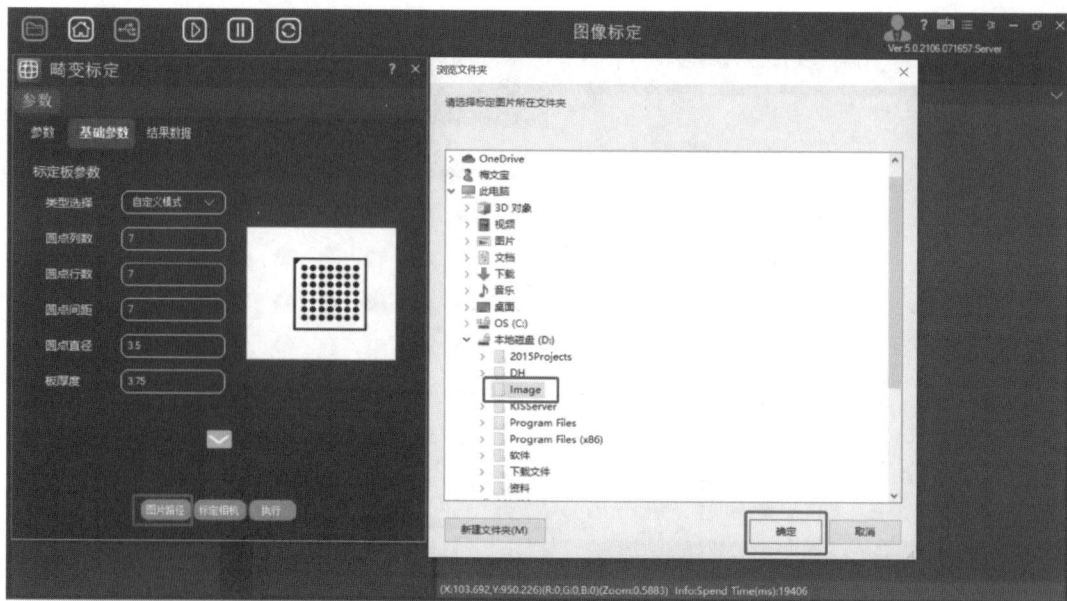

图 2-55　加载标定图片

置标定板参数时,若使用标准的标定板,则可以直接根据标定板的型号进行选择;若使用非标准的标定板,则【类型选择】参数应选择为"CustomMode",然后根据具体的标定板信息进行设置。设置完成后点击【标定相机】和【执行】按钮,完成标定,如图 2-56 所示。

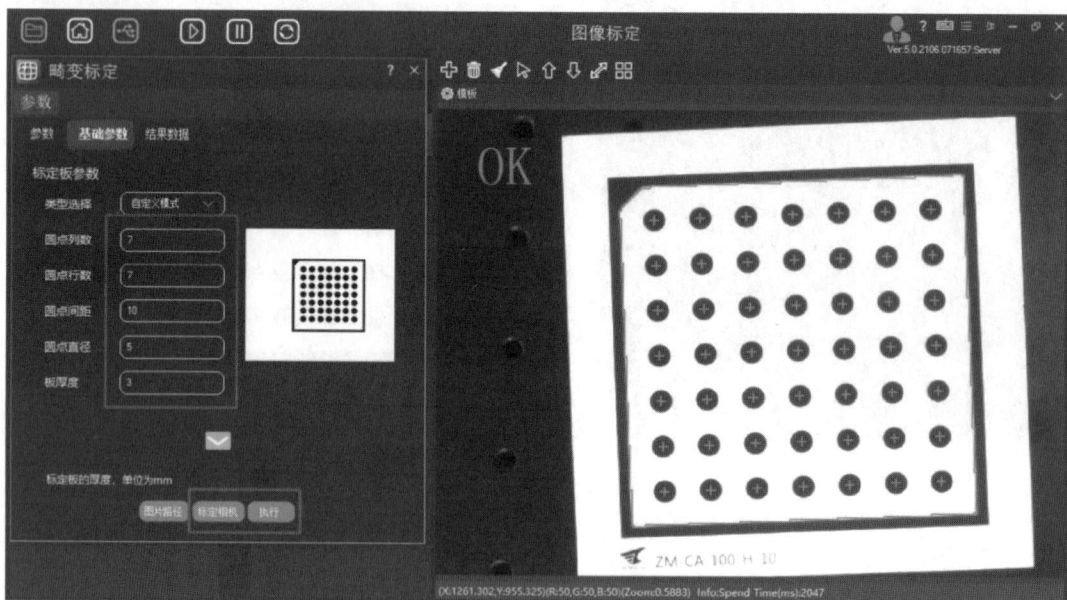

图 2-56　执行标定

在完成标定后,点击【结果数据】,将结果栏中的像素当量数据与所选硬件的数据进行比对,若在允许的误差范围内则标定成功,如图 2-57 所示。

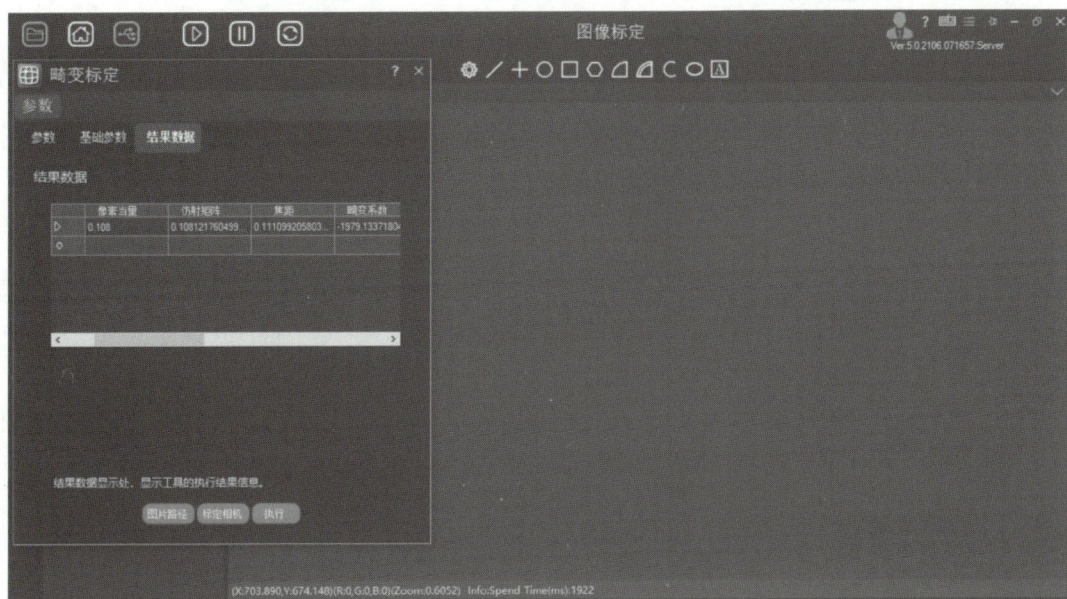

图 2-57　标定结果

5）步骤五：标定结果的使用

完成离线标定后，可以使用标定的结果来校正图像，使用方法是把相机采集到的图像作为畸变标定的输出图像（见图 2-58），在畸变标定工具里面执行图像校正，畸变标定的输出图像作为定位或者测量等工具的输入图像（见图 2-59），进而实现图像校正及应用。

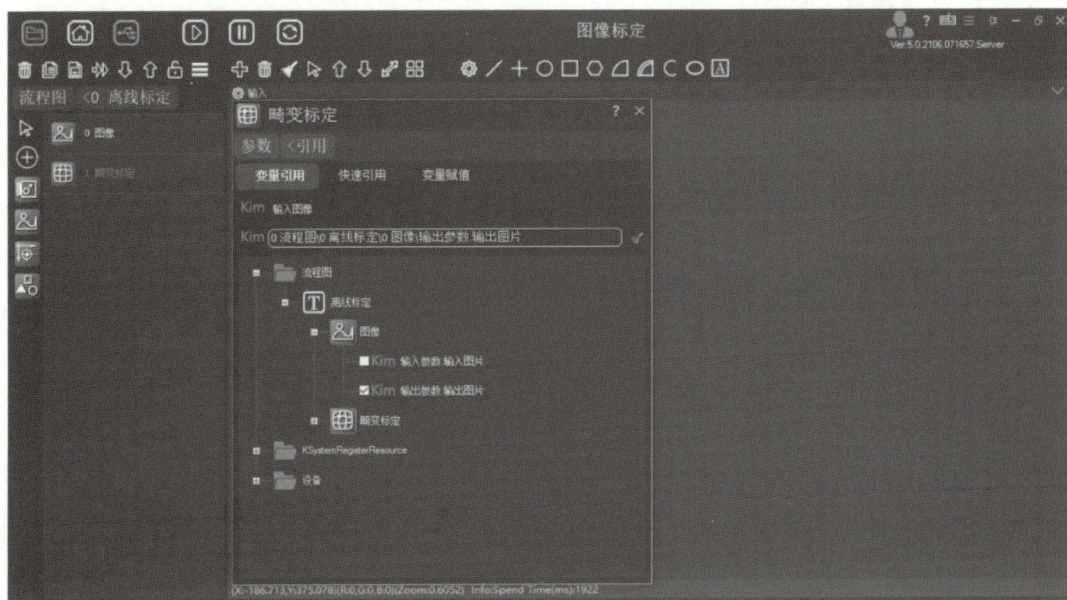

图 2-58　畸变标定引用相机的输出图像

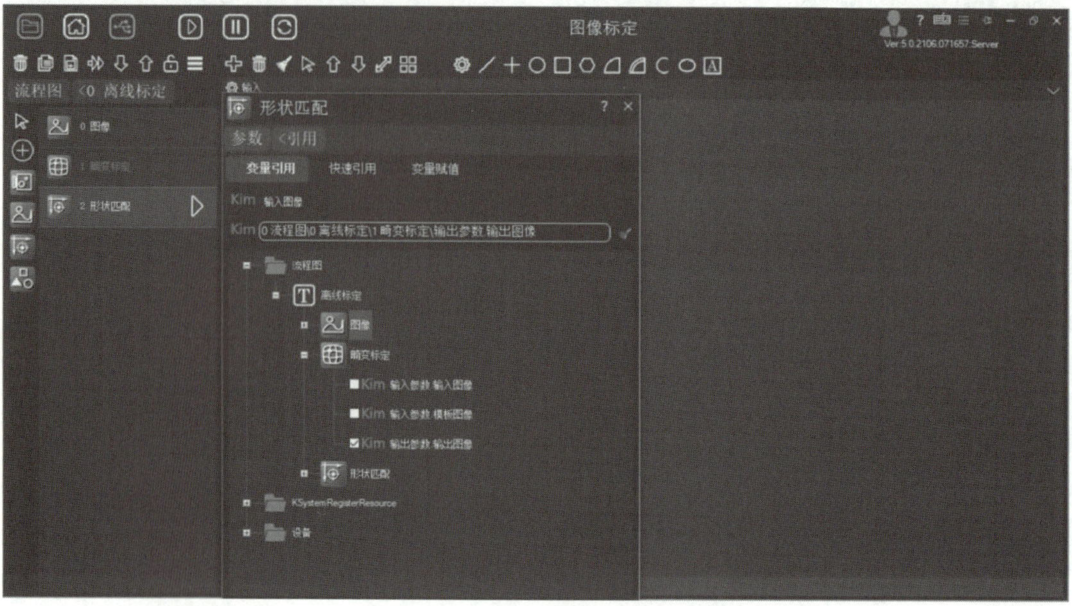

图 2-59　畸变标定的输出图像作为定位工具的输入图像

在连接相机时,有时候会存在相机 IP 设置正确,相机却打不开的情况,这很可能是因为相机被占用了,需要刷新后再连接。畸变标定既能获得内参也能获得外参,有些应用场景需要进行九点标定或者 XY 标定,进行标定的图像应尽可能大范围、多角度拍摄,照片数量以 15 ~ 20 张为最佳。

6）步骤六：XY 标定

XY 标定工具可以根据输入的像素距离和实际距离,得到像素当量,一般用于对物体进行测量检测。这个工具不需要一直执行,仅需要在项目的配置阶段执行一次即可。因此在配置流程时可以使用一个独立的模块(该模块不需要执行),在其中添加该工具,然后进行标定操作,如图 2-60 所示。

a. 工具组中添加工具流程并修改工具的名称。

b. 上边:定位标定板一个格子的上边缘。

左边:定位标定板一个格子的左边缘。

右边:定位标定板一个格子的右边缘。

下边:定位标定板一个格子的下边缘。

c. 左上角:计算上边和左边的交点,因此需要输入上边工具输出的线坐标和左边工具输出的线坐标,如图 2-61 所示。

右上角:计算下边和右边的交点,因此需要输入下边工具输出的线坐标和右边工具输出的线坐标,如图 2-62 所示。

图 2-60　添加工具

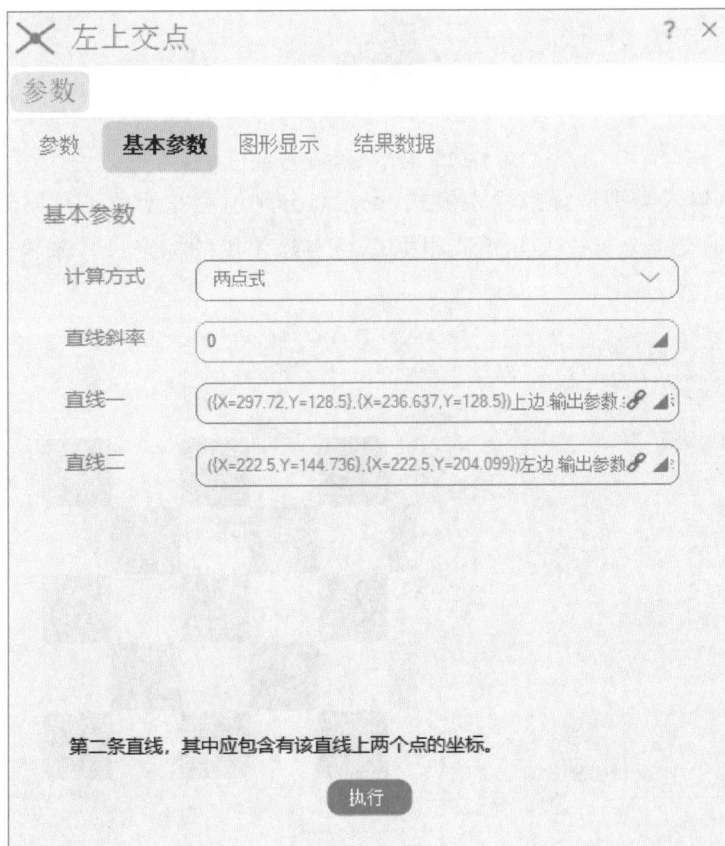

图 2-61　左上交点坐标输出

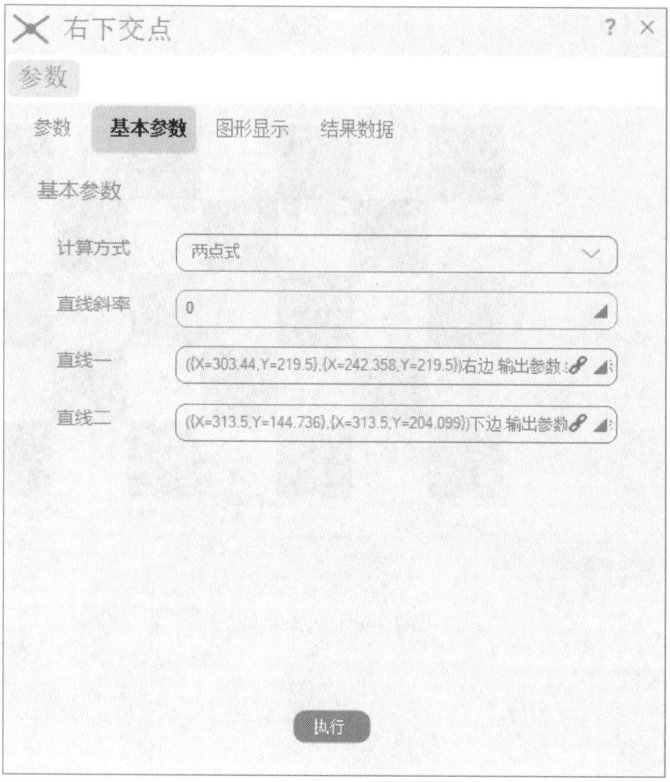

图 2-62　右下交点坐标输出

　　d. 输出坐标:输入类型选择点输入模式,像素点分别引用左上角工具输出的交点坐标和右下角工具输出的交点坐标。实际距离根据现场实际使用的标定尺寸来输入,如图 2-63 所示。

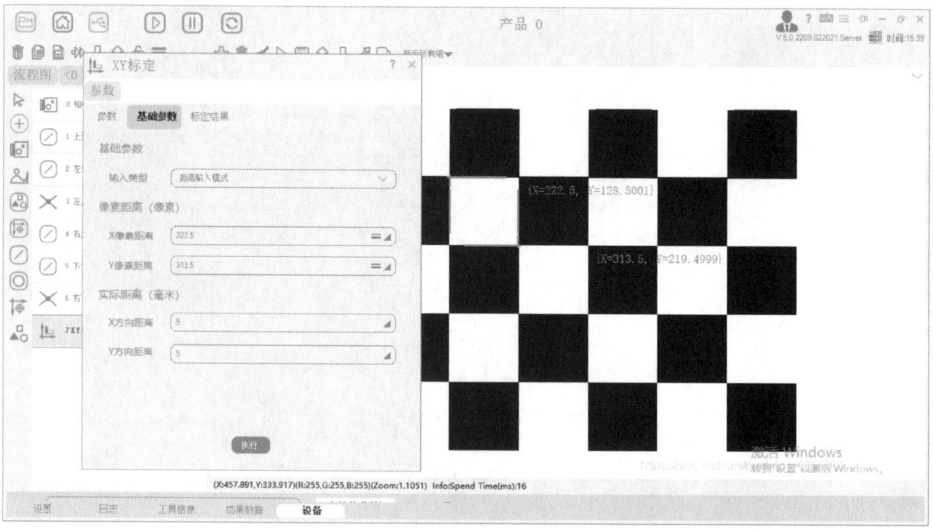

图 2-63　交点坐标

执行工具后得到标定结果,如图 2-64 所示。

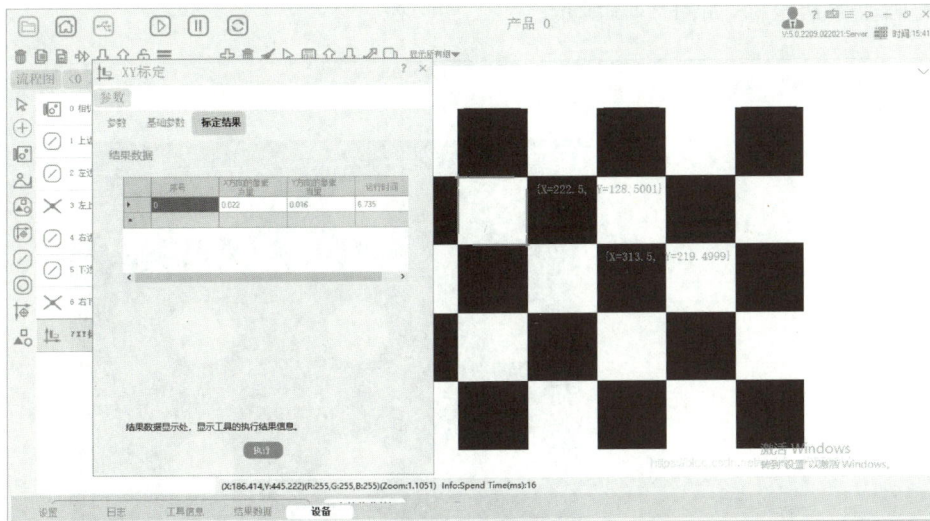

图 2-64　标定坐标

7) 步骤七:N 点标定

N 点标定工具用于实现图像坐标系和世界坐标系之间的转换,可以用于定位引导取放的实验。N 点标定工具根据输入的一组像素坐标点和一组与之对应的世界坐标系,计算出两个坐标系之间存在的仿射变换矩阵。其中用于计算的点的数目可以任意确定,但是不能少于 3 个点并且这些点不能共线。

a.在工具组中添加工具流程并修改工具的名称,如图 2-65 所示,本次我们以 3 点标定为例,正式实验时为得到更精准的标定数据可以根据需求增加标定点数。

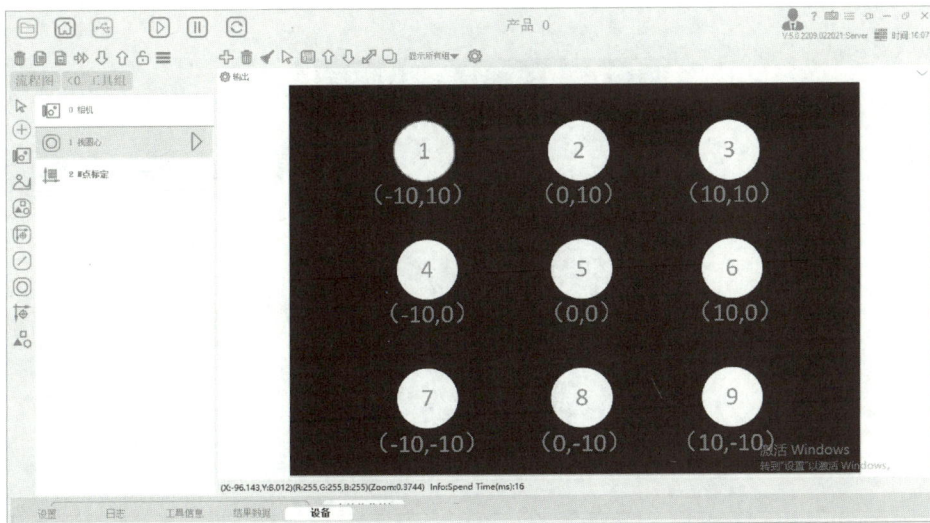

图 2-65　添加工具

b. 相机采图成功,利用找圆心工具点击注册图像按钮,编辑检测圆 ROI,点击执行即可输出当前圆心像素坐标,如图 2-66 所示。

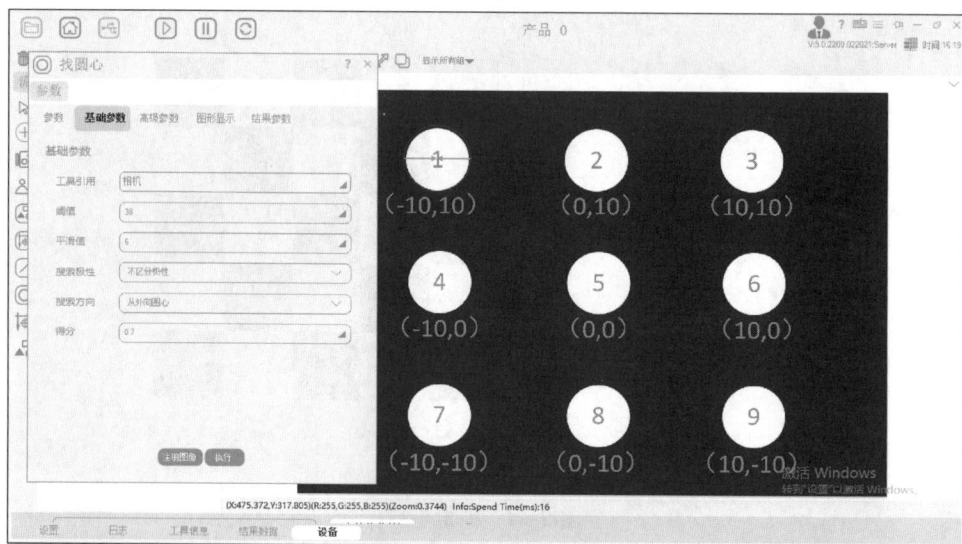

图 2-66　圆心像素坐标

c. 设置 N 点标定参数。在基础参数界面中,像素坐标引用找圆心的输出参数圆心像素坐标。

d. 单点更新,分别更新 3 个自己获取的像素坐标,并在输入世界坐标处输入与之对应的 3 个世界坐标。输入的世界坐标一定要与输入的像素坐标一一对应,过程中标定板不可移动。更新像素坐标如图 2-67 所示。

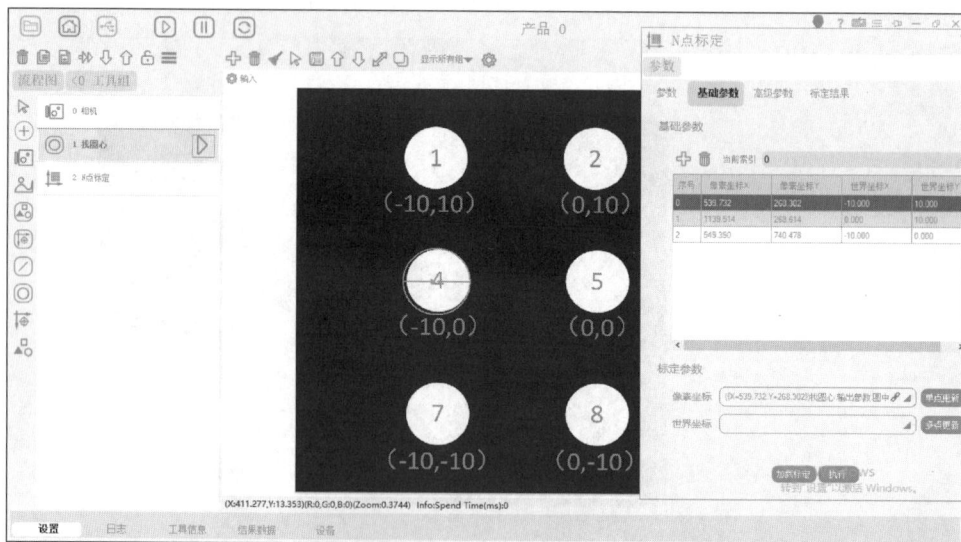

图 2-67　更新像素坐标

e.N点标定工具执行后,打开标定结果得到当前像素坐标与世界坐标生成的仿射矩阵坐标,如图 2-68 所示。

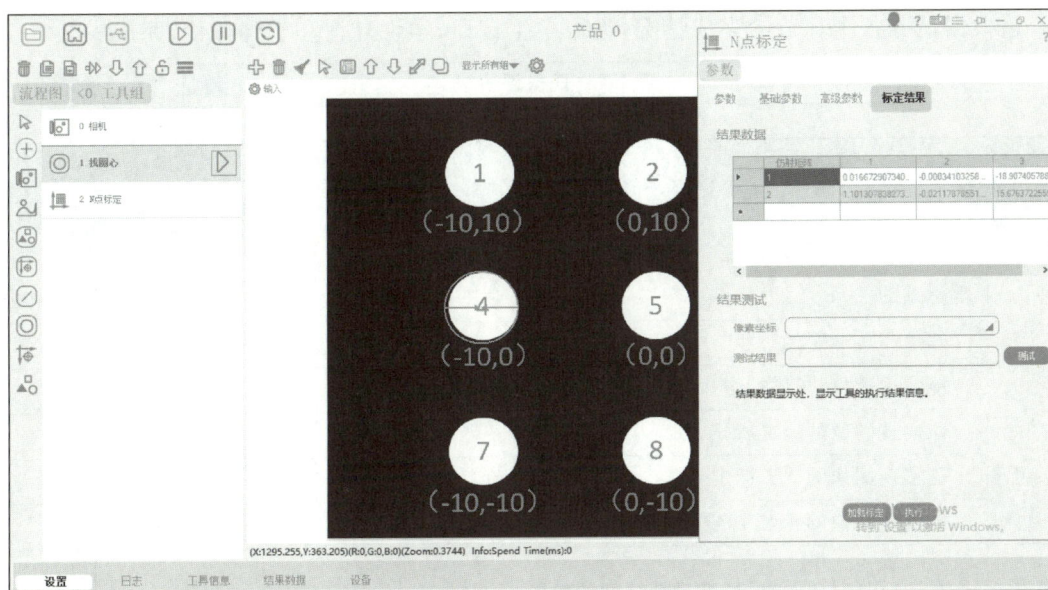

图 2-68　仿射矩阵坐标

f.验证标定结果。在原先相机采集到的图像中找任意 1 个像素坐标输入结果测试中的像素坐标,点击测试,生成的测试结果为当前像素坐标对应的世界坐标。控制工具到当前世界坐标查看是否准确。

任务实施

1.请描述机器视觉系统中相机标定的步骤。

_____

_____

2.请描述机器视觉系统中图像畸变标定的步骤。

_____

_____

3.请描述机器视觉系统中图像 XY 标定的步骤。

_____

_____

4.请描述机器视觉系统中图像 N 点标定的步骤。

_____

_____

任务评价

请根据任务各个环节的完成情况，进行学生自评、学生互评和教师评价，完成表2-7。

表2-7　任务评价表

类别	考核内容	分值	评价分数		
			学生自评	学生互评	教师评价
理论	了解像素坐标系、图像坐标系、相机坐标系以及世界坐标系的关系	15			
	知道相机标定的过程	15			
工作实施	能实现相机、拍照标定	15			
	能实现图像的畸变标定	15			
	能实现图像的 XY 标定	15			
	能实现图像的 N 点标定	15			
素养	具备反复对照数据，校准系统精度的素养	10			

知识拓展

匠人匠心——科技创新淬炼"金刚钻"

匠人匠心张存升的故事

张存升是河南省力量钻石股份有限公司的总工程师、研发中心主任。工作18年来，他扎根于车间生产和研发一线，勤于钻研，精益求精，带领科研团队攻克钻石培育的多项技术难关。张存升说，钻石的原石是金刚石，是自然界中天然存在的最坚硬的物质之一。但于自己而言，最牢不可破的不是金刚石，而是自己对超硬材料领域的热爱。正是这份热爱，让张存升从一名普通的技术员一步步成长为中原大工匠，成长为行业的翘楚、领域里的标杆。

70本工作笔记铸造扎实基本功。看工艺、记参数、分析结果、制定方案、研究工序、制作产品……这样的日子，张存升坚持了19年。实力铸造，非一朝一夕之功。2005年，从河南工业大学超硬材料及制品专业毕业后，张存升就进入超硬材料行业，从事金刚石技术研发工作。"我是从操作工开始干起的，大学毕业后先开了半年机，随后从工艺员、技术员、实验员、技术部长，一步一步才到了总工程师。"在张存升看来，从事技术研发工作不仅要有充足的理论知识，还要有扎实的实战经验。几年下来，张存升积累了三摞摞密密麻麻的笔记本。"这些都是我参加工作以来的记录，里面主要是一些实验数据和实验总结，大概有六七十本。"凭借着执著和努力,张存升从一名操作工一步步迈向拥有技术研发大权的总工程师。"行业一直在进步,技术一直在更新,如果不想被淘汰,就必须不断学习,不断积累经验。"

3万小时实验"换来"钻石技术。张存升带着研发团队查资料,从结构、材料、性能到工艺的各个方面不断试错、摸索设计,经过超过3万小时的实验,上百次的改进,最终,张存升带领团队实现了由最初生产的10分量级到如今的30克拉量级大单晶的合成,并根据其合成特点,发明设计了一种全新合成结构,最长合成时间达7天以上,保温性能得到显著提升,产品品质可以完全替代天然钻石。无色宝石级大单晶的研发成功,使这项技术在获得国家专利的同时,也使张存升所在的力量钻石一举成为国内首个完全自主研发的企业,并于2015年全面推广实现了产业化,形成年产30万克拉规模,产品远销印度、欧美等国家。

持续创新,培育核心竞争力。2018年,张存升参与承担的"IC芯片超精加工用特种金刚石合成技术"成为目前国内唯一一家具备该项产品生产技术的企业,打破了国外垄断,大幅提高了IC芯片的加工质量及效率,年新增销售达1000余万元。截至目前,张存升先后承担省市重大科技攻关项目5项,获国家专利50余项,发明专利11项,省科技成果8项。

张存升说:"别人能做的我们能做,别人不能做的我们更要想办法去做! 无论是个人发展还是产业发展,都需要科技引领、创新驱动,这样才能发掘出更多'切面'"。

课程思政　　　　　　知识链接　　　　　　练习与实践

项目三
瓶盖识别的机器视觉系统调试与应用

项目情境

　　机器视觉是图像处理分析技术在工厂自动化中的应用。它是通过使用光学系统、工业数字相机和图像处理工具，来模拟人的视觉能力，并作出相应的决策，然后通过指挥某种特定的装置执行这些决策。图像处理已经在人类生活和工作的许多方面得到了广泛的应用并取得令人瞩目的成就，例如航空航天技术、通信工程、生物医学工程、工业检测、文化艺术、军事安全、电子商务、视频和多媒体系统等领域，图像处理已经成为一门前景远大的新兴学科。本项目将以瓶盖图像采集与处理为载体，引导读者理解机器视觉图像采集的方法、掌握图像处理的步骤，培养读者图像识别系统的标定与检测的技能。

知识图谱

项目分组

　　根据项目特点，细分每个岗位的职责并确定负责人，形成工作计划，分工合作完成任务，填写表 3-1。

表 3-1 项目三分组

班级		编号		指导老师	
组长		学号			
组员	姓名	学号		分工描述	

项目计划

1. 制定项目实施方案

细分本项目每个任务的 1+X 考证培训技能点,如表 3-2 所示。

表 3-2 瓶盖识别的机器视觉系统调试与应用的实施方案

步骤	技能点	项目任务
1	(1)掌握图像的参数; (2)掌握图像的处理方法; (3)了解图像处理技术的应用领域	图像处理技术的应用
2	(1)能使用工具实现 RGB 转换成 HSV、灰度、HSI、YUV 的颜色空间; (2)能使用工具对图像进行几何变换,包括平移、旋转、缩小、放大; (3)能用工具对图像进行二值化和滤波处理	瓶盖图像的采集与处理
3	(1)能熟练使用 KImage 图像化编程视觉软件; (2)能利用 KImage 软件实现瓶盖标定	瓶盖图像识别系统的标定与检测

2. 列出材料清单

请列出完成本项目所需的工具、耗材和器件清单，如表 3-3 所示，形成良好的职业习惯。

表 3-3　工具、耗材和器件清单

序号	名称	型号与规格	单位	数量
1	机器视觉应用平台	ZM-KFL-MV500	台	1
2	黑白相机	2D	个	1
3	相机镜头	8mm	个	1
4	低角度环形白光源	定制	个	1
5	视觉系统编程软件	KImage 软件	个	1
6	瓶盖样张	定制	个	若干
7	工具箱	定制	套	1

任务一　图像处理技术的应用

图像处理
技术的应用

任务描述

机器视觉是人工智能领域中发展迅速的一个重要分支，目前正处于不断突破、走向成熟的阶段。一般认为，机器视觉系统是通过光学装置和非接触传感器自动地接收和处理一个真实场景的图像，通过分析图像获得所需信息或用于控制机器运动的装置。由此可以看出图像处理技术在机器视觉中占有举足轻重的地位。

本任务围绕图像及其处理过程，引导读者了解图像处理技术的应用，培养读者对新知识和新技术的自学能力。

⧗ 学习目标

◇ 知识目标

1.掌握图像的参数和分类。

2.理解图像处理过程和图像处理技术的应用。

◇ 能力目标

1.能描述图像的参数和分类。

2.能描述图像处理过程。

3.能描述图像处理技术的应用。

◇ 素养目标

1.具有获取信息并利用信息的习惯。

2.养成对新知识和新技术的自学习惯。

📊 信息获取

1. 图像的概念

广义上的图像就是所有具有视觉效果的画面,它包括纸介质上的、底片或照片上的、电视、投影仪或计算机屏幕上的。图像根据图像记录方式的不同可以分为两大类:模拟图像和数字图像。模拟图像可以通过某种物理量的强弱变化来记录图像亮度信息,数字图像则是用计算机存储的数据来记录图像上每个点的亮度信息。计算机中的图像按处理方式的不同可以分为位图和矢量图。一般而言,使用数字摄影机或数字照相机得到的图像都是位图图像。本书单纯讨论机器视觉技术下的"图像",实际上是指位图像。图像的参数包括以下内容。

1) 像素

图像所包含的信息是用像素来度量的。像素是图像显示的基本单位,通常被视为图像的最小完整采样。对图像的描述与分辨率、色彩的种类数有关:分辨率与色彩位数越大,占用存储空间就越大,图像也越清晰。

2) 分辨率

分辨率分为图像分辨率和显示分辨率。

图像分辨率是指单位长度内包含的像素点的数量,它的单位有像素/英寸(PPI)、点每英寸(DPI)等,如 72PPI 表示每英寸包含 72 个像素点。分辨率越高,图像质量就越好;分辨率

越低,图像越粗糙,数据量越小。(1 inch≈2.54 cm)

$$图像分辨率=\frac{像素点数量(个)}{长度(英寸)}$$

显示分辨率是指显示屏每行的像素点数乘以每列的像素点数,每个显示区都有自己的分辨率。显示区分辨率越高,所呈现的色彩越多,清晰度越高。

3)图像的颜色

图像的色彩是由位深表示的。位深也称为像素深度或颜色深度,用以度量图像中颜色信息。图像的位深度越低,数据量越小,显示质量越低;图像的位深度越高,数据量越大,显示质量越高。

$$色彩数 = 2^{位深}$$

4)颜色空间

颜色通常用三个独立的属性来描述,三个独立变量综合作用自然就构成了一个空间坐标,这就是颜色空间。颜色空间按照基本机构可分为基色颜色空间和色、亮分离颜色空间。前者中的典型颜色空间是 RGB,后者包括 HSV、HSI、YUV 等。

(1)RGB 颜色空间。

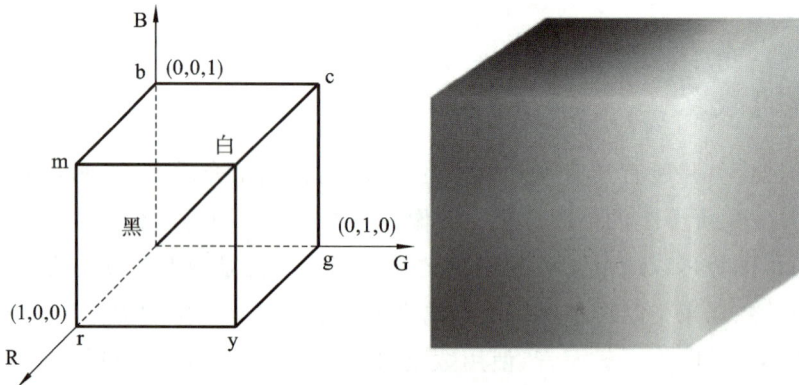

图 3-1 RGB 颜色空间

RGB 颜色空间还可用一个三维的立方体来描述(见图 3-1)。任何一种颜色都可用三维空间中的一个点来表示。任意色光 F 都可以用 R、G、B 三色不同分量混合而成:F=r[R]+g[G]+b[B]。当任何一个基色的亮度值为零时,即在原点处,就显示为黑色。当三种基色都达到最高亮度时,就表现为白色。在连接黑色与白色的对角线上,是亮度等量的三基色混合而成的灰色,该线称为灰色线。

(2)HSV 颜色空间。

HSV 是一种比较直观的颜色模型,是一种将 RGB 色彩空间中的点在倒圆锥体中表示的方法(见图 3-2)。HSV 又称 HSB,其中 H 表示色调(Hue)、S 表示饱和度(Saturation)、V 表示明度(Value)、B 表示亮度(Brightness)。

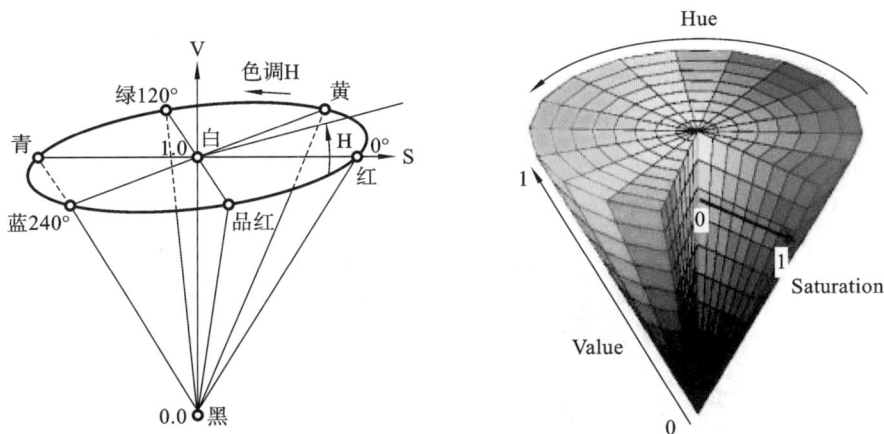

图 3-2 HSV 颜色空间

（3）HSI 颜色空间。

HSI(hue-saturation-intensity)又称 HSL(hue-saturation-lightness)。其颜色模型用 H、S、I 三参数描述,其中:H 定义颜色的频率,称为色调;S 表示颜色的深浅程度,称为饱和度;I 表示强度;L 表示亮度。在 HSI 颜色模型的双六棱锥表示方法中:I 是强度轴;色调 H 的角度范围为 $[0,2\pi]$,其中,纯红色的角度为 0,纯绿色的角度为 $2\pi/3$,纯蓝色的角度为 $4\pi/3$,如图 3-3 所示。

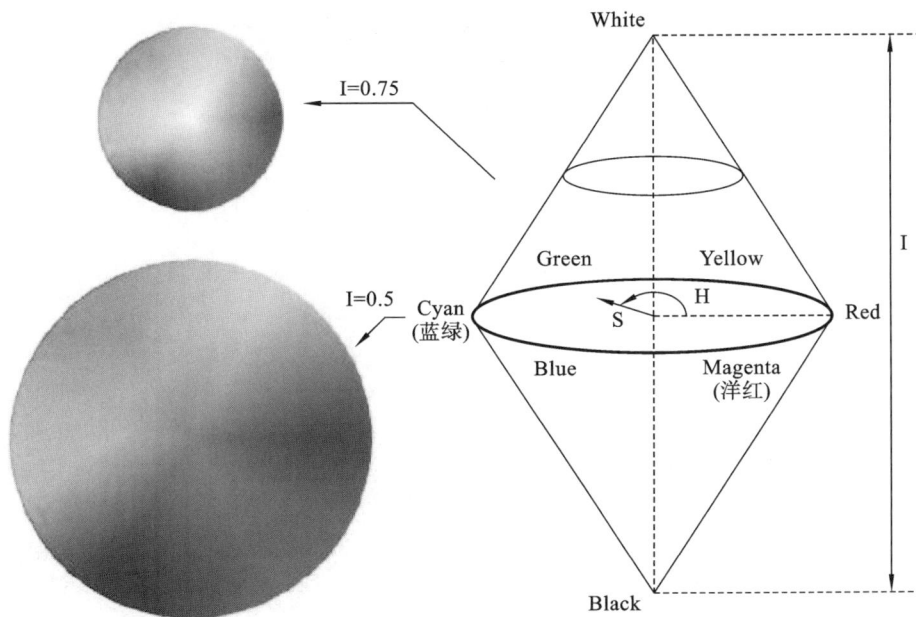

图 3-3 HSI 颜色空间

（4）YUV 颜色空间。

YUV（亦称 YCrCb）是电视系统中常用的颜色模式，即电视中的分量（Component）信号。其中 Y 为亮度信号，表示明亮度，也就是灰度值；而 U 和 V（色差信号）表示的则是色度，作用是描述影像色彩和饱和度，用于指定像素的颜色。亮度是透过 RGB 输入信号来建立的，是将 RGB 信号的特定部分叠加到一起。色度定义了颜色的两个方面：色调与饱和度，分别用 Cr 和 Cb 来表示（见图 3-4）。其中，Cr 反映了 RGB 信号红色部分与 RGB 信号亮度值之间的差异，Cb 反映了 RGB 信号蓝色部分与 RGB 信号亮度值之间的差异。

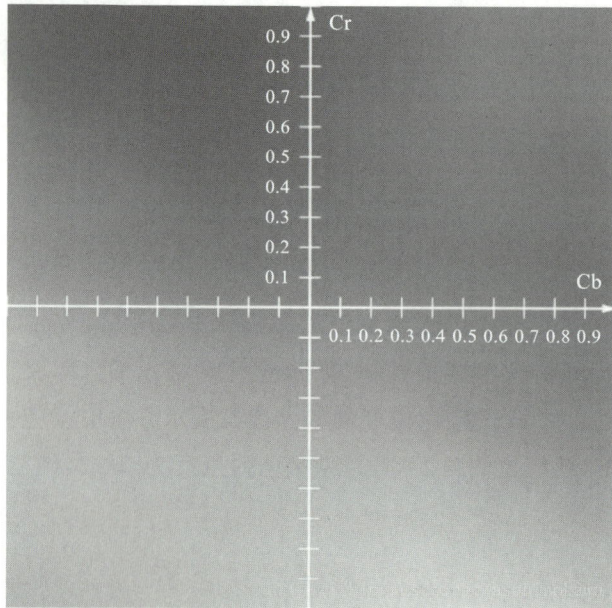

图 3-4　YUV 颜色空间

2. 图像的分类

根据每个像素所代表的信息不同，可将图像分为二值图像、灰度图像、RGB 图像和索引图像等。

1）二值图像

二值图像是取值只有 0 和 1 的图像，0 代表黑色，1 代表白色，反映在图像上就是各个像素点不是黑就是白。

2）灰度图像

灰度图像的数据矩阵归一化的值表示亮度，不同类型取值不同。比如 uint8 类的取值范围是[0,255]，uint16 类的取值范围是[0,65535]，double 类的取值为[0,1]。与二值图像不同的是，灰度图像根据类型的不同，将黑与白分为了很多个梯度，也就是在黑和白之间还有着许多不同的亮度。

3）RGB 图像

RGB 图像即彩色图像，一幅彩色图像可以看成是由 3 幅灰度图像组合形成的。彩色图像中的每个像素由 R（红色）、G（绿色）、B（蓝色）三个分量来表示。

4）索引图像

索引图像有两个分量，数据矩阵和彩色映射矩阵。也就是说，索引图像除了具有一个存放图像的二维矩阵外，多了一个彩色映射矩阵，直接将像素的亮度值映射到彩色值。

3. 图像处理方法

机器视觉系统中，视觉信息的处理技术主要依赖于图像处理方法，它包括图像的增强、平滑、数据编码和传输、边缘锐化、分割、识别等内容。经过这些处理后，输出图像的质量得到了相当程度的改善，既改善了图像的视觉效果，又便于计算机对图像进行分析、处理和识别。

1）图像的增强

图像的增强用于调整图像的对比度，突出图像中的重要细节，改善视觉质量。通常采用灰度直方图修改技术进行图像增强。

图像的灰度直方图是表示一幅图像灰度分布情况的统计特性图表，与对比度紧密相连。

通常，计算机中的一幅二维数字图像可表示为一个矩阵，其矩阵中的元素是位于相应坐标位置的图像灰度值，是离散化的整数，一般取 $0,1,\cdots,255$。这主要是因为计算机中的一个字节所表示的数值范围是 $0\sim255$。另外，人眼也只能分辨 32 个左右的灰度级。所以，用一个字节表示灰度即可。

但是，直方图仅能统计某级灰度像素出现的概率，反映不出该像素在图像中的二维坐标。因此，不同的图像有可能具有相同的直方图。通过灰度直方图的形状，能判断该图像的清晰度和黑白对比度。

如果获得的一幅图像的直方图效果不理想，可以通过直方图均衡化处理技术做适当修改，即把一幅已知灰度概率分布图像中的像素灰度做某种映射变换，使它变成一幅具有均匀灰度概率分布的新图像，达到图像清晰的目的。

2）图像的平滑

图像的平滑处理即图像的去噪声处理，主要是为了去除实际成像过程中，因成像设备和环境所造成的图像失真，提取有用信息。众所周知，实际获得的图像在形成、传输、接收和处理的过程中，不可避免地存在着外部干扰和内部干扰，如光电转换过程中敏感元件灵敏度的不均匀性、数字化过程的量化噪声、传输过程中的误差以及人为因素等，均会使图像变质。因此，去除噪声，恢复原始图像是图像处理中的一个重要内容。

在二十世纪四五十年代发展起来的线性滤波器以其完善的理论基础、数字处理方便、易于采用 FFT 和硬件实现等优点,一直在图像滤波领域占有重要地位,其中以 WIENER 滤波器理论和卡尔曼滤波理论为代表。但是,线性滤波器存在着计算复杂度高,不便于实时处理等缺点。虽然它对高斯噪声有良好的平滑作用,但对脉冲信号干扰和其他形式的噪声干扰抑制效果差,信号边缘模糊。为此,1971 年,著名学者 TUKEY 提出非线性滤波器——中值滤波器,即把局部区域中灰度的中值作为输出灰度,并将其与统计学理论结合起来,使用迭代方法,比较理想地将图像从噪声中恢复,并且能保护图像的轮廓边界,不变模糊。近年来,非线性滤波理论在机器视觉、医学成像、语音处理等领域有了广泛的应用,同时,也反过来促使该理论的研究向纵深方向发展。

3）图像的数据编码和传输

数字图像的数据量是相当庞大的,一幅 512×512 像素的数字图像的数据量为 256 KB,若假设每秒传输 25 帧图像,则传输的信道速率为 52.4Mbit/s。高信道速率意味着高投资,也意味着普及难度的增加。因此,传输过程中的图像数据压缩显得非常重要。图像数据的压缩主要通过图像数据的编码和变换压缩完成。

图像的数据编码一般采用预测编码,即将图像数据的空间变化规律和序列变化规律用一个预测公式表示,如果知道了某一像素的前面各相邻像素值之后,可以用公式预测该像素值。采用预测编码,一般只需传输图像数据的起始值和预测误差,因此可将 8 bit/像素压缩到 2 bit/像素。

变换压缩方法是将整幅图像分成一个个小的数据块(一般取 8×8 或 16×16 像素),再将这些数据块分类、变换、量化,从而构成自适应的变换压缩系统。该方法可将一幅图像的数据压缩到几十比特传输,在接收端变换回去即可。

4）图像的边缘锐化

图像的边缘锐化处理主要是加强图像中的轮廓边缘和细节,形成完整的物体边界,达到将物体从图像中分离出来或将表示同一物体表面的区域检测出来的目的。它是早期视觉理论和算法中的基本问题,也是中期和后期视觉成败的重要因素之一。

5）图像的分割

图像的分割是将图像分成若干部分,每一部分对应某一物体表面,在进行分割时,每一部分的灰度或纹理符合某一种均匀测度度量。其本质是将像素进行分类。分类的依据是像素的灰度值、颜色、频谱特性、空间特性或纹理特性等。图像分割是图像处理技术的基本方法之一,应用于诸如染色体分类、景物理解、机器视觉等方面。

图像的分割主要有两种方法。一是鉴于度量空间的灰度阈值分割法。它是根据图像灰度直方图来决定图像空间域像素的聚类。但它只利用了图像灰度特征,并没有利用图像中的其他有用信息,使得分割结果对噪声十分敏感。二是空间域区域增长分割方法。它是对某种意义上(如灰度级、组织、梯度等)具有相似性质的像素连通集构成分割区域,该方法有很好的分割效果,但缺点是运算复杂,处理速度慢。还有其他的方法,如:边缘追踪法,主要着眼于保持边缘性质,跟踪边缘并形成闭合轮廓,将目标分割出来;锥体图像数据结构法和标记松弛迭代法,是利用像素空间分布关系,将边邻的像素做合理的归并;基于知识的分割方法,则是利用景物的先验信息和统计特性,首先对图像进行初始分割,抽取区域特征,然后利用领域知识推导区域的解释,最后根据解释对区域进行合并。

6)图像的识别

图像的识别实际上可以看作是一个标记过程,即利用识别算法来辨别景物中已分割好的各个物体,给这些物体赋予特定的标记,它是机器视觉系统必须完成的一个任务。按照图像的识别从易到难,可分为三种类型。第一种类型,图像中的像素表达了某一物体的某种特定信息,如遥感图像中的某一像素代表地面某一位置的物的一定光谱波段的反射特性,通过这一像素即可判别出该地物的种类。第二种类型,待识别物是有形的整体,二维图像信息已经足够识别该物体,如文字识别和某些具有稳定可视表面的三维立体识别等,但这种类型不像第一种类型容易表示成特征矢量,在识别过程中,应先将待识别物体正确地从图像背景中分割出来,再设法将建立起来的图像中物体的属性图与假定模型库的属性图进行匹配。第三种类型,通过输入的二维图、要素图、2.5维图等,得出被测物体的三维表示,这里存在着如何将隐含的三维信息提取出来的问题,应该是今后研究的热点。

4. 图像处理技术的应用

机器视觉应用广泛,在安防、制造、教育、出版、医疗、交通、军事等领域均有涉及。在这些机器视觉应用中,图像处理都是不可或缺的,这里简要介绍其中几个方面的应用。

1)自动定位

为了实现中国智能制造这一目标,机器视觉不可或缺。为汽车厂商装配流水线开发的车门限位器自动定位、检测和识别系统,通过智能图像识别方式,自动检测型号与定位,完全代替了人工操作,检测准确率达到100%。此前,每个工位需要4个工人检查、定位16种型号限位器,工人不仅很容易疲劳,还时常出现差错。

2)校对检验、出版印刷

考试试卷上常发现因排版或印刷错误影响学生考试的情况。利用图像处理技术,机器自动对印刷后的试卷和原版试卷进行比对,发现不一致之处,会自动提示并报警,完全替代之前对试卷的人工校验。

和教育考试类似,专业印刷厂由于印刷的图书、报纸杂志,以及承接来自企业产品包装和宣传资料的种类多、数量大,排版和印刷中经常出错。为此,需安排不少专业人员进行校对,耗费大量的资金和时间。利用智能图像处理技术进行校对,既提高了校对准确度,又缩短了校对时间和出版物的交付周期,降低了印刷成本。

3）安防监控

这是当前备受机器视觉关注的一个领域。机器视觉打破了传统视频监控系统的限制，增加了系统的智能性，使得智能视频分析得以逐步实现。以公共场所的视频监控为例，通过运用机器视觉技术，可以实现对可疑人物的自动检测、人脸识别、实时跟踪，必要时还可以实现多摄像机连续跟踪，同时发出告警，并存储现场信息。

4）智能交通

机器视觉在交通领域有着广泛的应用。例如：机器视觉在高速公路上及卡口处，对来往车辆进行车型、牌照等识别，甚至对行驶车辆的违规行为进行识别；在汽车上对驾驶员面部图像进行分析，判断驾驶员是否处于疲劳驾驶状态；在无人驾驶汽车上使用摄像头、激光/毫米波/超声波雷达、GPS 等感知道路环境信息，自动规划和控制车辆的安全行驶。

🔧 任务实施

1. 请查阅相关信息，用自己的语言简单介绍图像的参数和分类。

_____

_____

2. 请查阅资料，用自己的语言描述图像处理的方法和步骤。

_____

_____

3. 请查阅资料，简述图像处理技术在国内市场的主要应用。

_____

_____

4. 有人说："相对于具有很多不同灰度值的图像，二值图更容易被获取、存储和处理"，请判断这样的说法是否正确，并简单陈述理由。

_____

_____

5. 机器视觉系统具有高效率、高度自动化的特点，可以实现很高的分辨率精度与速度，并且与被检测对象无接触，安全可靠。请判断此观点是否正确，并简单陈述理由。

_____

_____

6. 腐蚀是图像分割技术中的一种。请判断此观点是否正确，并简单陈述理由。

_____

_____

任务评价

请根据任务各个环节的完成情况,进行学生自评、学生互评和教师评价,完成表 3-4。

表 3-4　任务评价表

类别	考核内容	分值	评价分数		
			学生自评	学生互评	教师评价
信息获取	图像的概念	10			
	图像的参数	10			
	图像分类	10			
	图像处理方法	10			
	图像处理技术应用	10			
工作实施	能独立完成练习	40			
素养	遵守操作规程,养成科学严谨的工作态度	2			
	根据工作岗位职责,完成小组成员的合理分工	2			
	团队合作中,各成员学会合理表达自己的观点	2			
	严格执行 6S 现场管理	2			
	养成总结训练过程和结果的习惯,为下次训练总结经验	2			

任务二　瓶盖图像的采集与处理

瓶盖图像的
采集与处理

任务描述

图像处理是机器视觉中的核心部分。图像处理的目的可以抽象为提取目标物的特征增强;在完成对目标物增强的同时,抑制非目标物。目标物的特征增强一般采用扩大目标物与背景特征差异的方法来实现。

本任务围绕图像采集与处理,引导读者在完成瓶盖图像采集与处理的工作过程中掌握技能点,培养读者应用图像处理知识解决实际问题的能力。

学习目标

◇ 知识目标

1. 了解图像采集过程。

2. 了解获取高质量图像的方法。

3. 了解常见的图像处理的目的和方法。

◇ 能力目标

1. 能使用工具实现 RGB 转换成 HSV、灰度、HSI、YUV 的颜色空间。

2. 能使用工具对图像进行几何变换,包括平移、旋转、缩小、放大。

3. 能用工具对图像进行二值化和滤波处理。

◇ 素养目标

1. 具有高度的责任心。

2. 具备分析问题、解决问题的职业素养。

项目三
任务二微课

信息获取

1. 图像采集过程

图像采集过程如图 3-5 所示,可以简单描述为在光源提供照明的条件下,相机拍摄目标物体并将其转化为图像信号,传输给图像处理部分。

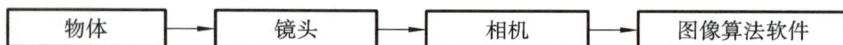

物体 → 镜头 → 相机 → 图像算法软件

图 3-5　图像采集过程

2. 获取高质量图像的方法

对比度和均匀性是评判一幅图像质量好坏的基本准则。对比度是指图像中需要提取的特征和背景的灰度值差值。均匀性是指整幅图像背景的灰度值不要有过大的差异。获取高质量图像需要注意的事项如下:

1) 保持最佳的视野

保持最佳的视野是指让被测物尽可能充满整个视野。如图 3-6 所示,相机分辨率相同的情况下,视野越小,系统精度越高;视野相同的情况下,相机分辨率越高,系统精度越高。

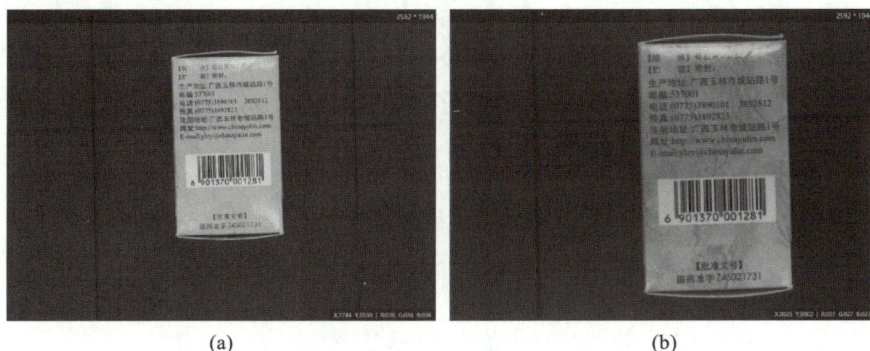

图 3-6　视野对图像的影响

(a)不合适的视野;(b)合适的视野

2) 清晰成像

清晰成像表示被测物清晰地处于相机的焦距内,如图 3-7 所示。

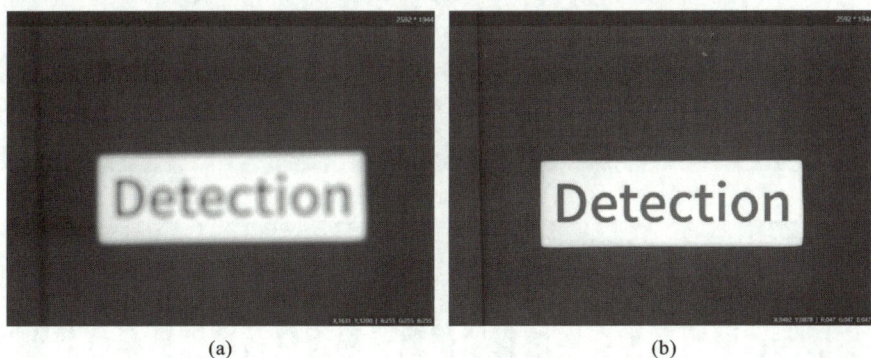

图 3-7　焦距对图像的影响

(a)调焦前;(b)调焦后

当被测物不处于同一焦平面时,需要考虑镜头的景深。缩小光圈可以加大景深,但同时要保证正确曝光需要提高光强。每一款镜头都有相对固定的光圈、最短焦距、景深等。

3) 避免镜头畸变

在定位和高精度的测量中,因镜头畸变而产生的影响极大(见图 3-8)。在安装环境允许的最大距离内,应考虑使用高精度的远光镜头。

4) 保持被测物体在成像中的大小一致

在定位和识别系统中,应控制被测物的目标位置和拍摄角度,以及保持被测物体在成像中的大小一致。

图 3-8 镜头畸变

(a)正常图像；(b)枕形畸变；(c)桶形畸变

5）保持被测物体与其他部分的亮度差异最大化

在拍摄目标时，应选择合适的光源，尽可能地将被测物与其他部分的亮度差异最大化（见图 3-9）。

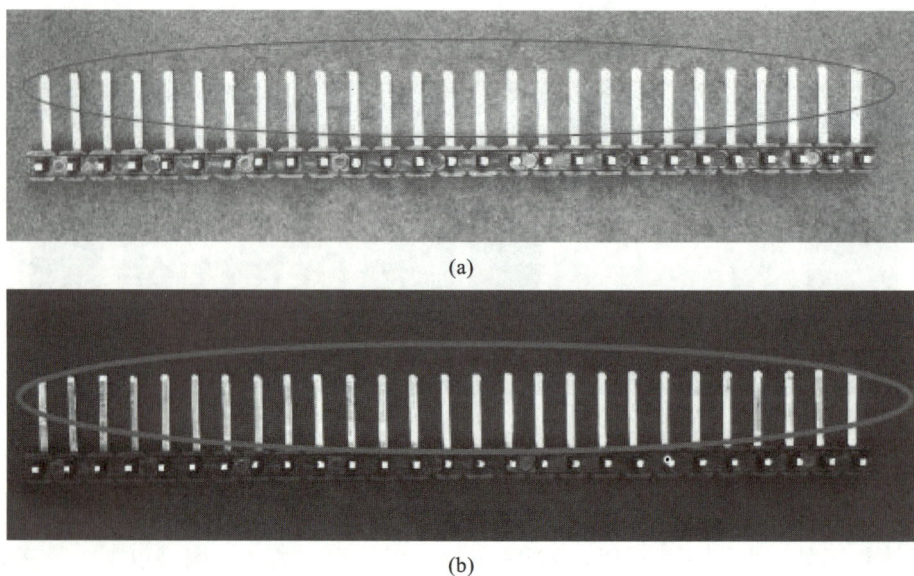

(a)

(b)

图 3-9 亮度差异最大化

(a)黑白不分明；(b)黑白分明

6）恰当的照明与曝光

(1)避免阴影。

如果图像中的待测区域处于阴影之下，图像将不能提供足够的反差，这将严重影响系统检测的精度。

（2）避免过亮。

如果照明过亮，区域内亮部的光线会反射到暗部的区域，造成暗部区域内的细节损失。如果曝光过度，会产生 CCD"溢出"现象。

（3）避免光线变化。

如果照明系统发生明暗变化，会造成图像明暗变化，这将直接影响系统运行的稳定性。

（4）避免外界影响。

注意系统周围环境的影响，如生产线上的照明系统、室外阳光等；可移动的人或物也可能会遮挡系统照明。

3. 图像处理的目的和方法

由于随机干扰，相机输入的原始图像在一般情况下不能在机器视觉系统中直接使用，因此需要对原始图像进行处理。图像处理的作用是突出图像中对机器视觉系统而言需要的特征，减弱不需要的特征，并不考虑图像是否降质。图像处理是为了机器视觉系统进一步的决策做准备。图像处理的方法如下：

1）二值化处理

根据某个阈值，将图像（模拟图像已经转换成了数字图像）中的 256 个灰度级别变成只有黑（0）和白（255）的二值化图像。这样就把图像分成了需要使用和不需要使用的两部分，因此这一方法称为二值化处理（或图像分割）。

在对数字图像的处理过程中，将灰度图像（包括以灰度模式显示的彩色图像）二值化，使得在对图像做进一步处理时，操作更简单，运算和存储的数据量更小，系统处理速度更快。对灰度图像或以灰度模式显示的彩色图像进行二值化处理时，可人工设定阈值，也可以由系统自动求出阈值，从而将图像二值化。比较常用的计算阈值的方法包括双峰法、P 参数法、迭代法和 OTSU（最大类间方差）法等。

2）灰度处理

灰度图像是 RGB 三种颜色的分量相同的图像。彩色图像的三原色（学名三基色）中 RGB 的数量级（0～255）用同一个数值表示，则把彩色图像变为以灰度图像表示，这样可以减少图像数据运算量和存储量。这个 RGB 的数量级就叫灰度值，彩色图像转变为灰度图像的过程就是灰度处理的过程。常用的灰度处理方法有任意分量法、最大值法、平均值法、加权平均值法。

3）图像增强（清晰化处理）

图像在传送和转换过程中，信号会不同程度地受到干扰而衰减，导致图像质量有时达不到机器视觉系统的要求。这时就要对图像附加一些信息或变换数据，有选择性地突出图像中有用的特征或抑制无用的特征，这就是图像增强。比如对比度增强、直方图均衡化、去雾处理等。图像增强和图像还原是有区别的,图像增强是不考虑图像的降质而提高图像的实用性;图像还原是考虑图像的降质而提高图像的真实性。

图像增强的方法有:①直接对图像的像素进行处理的空间域法。②利用某种变换将空间域变为频率域,再将频率域变为空间域(傅里叶变换、小波变换等)的图像的频率法。

4)图像滤波(图像平滑处理)

由于硬件的性能原因以及对图像的某些处理环节,图像在形成、传输、记录过程中会受到多种杂波(噪声)干扰,使图像形成亮点、暗斑,影响了图像的进一步使用。这时就要对杂波进行过滤,称为滤波。图像滤波是图像处理中不可缺少的一步,其处理效果将直接影响后续图像分析的有效性和可靠性。图像滤波的方法有移动平均滤波、高斯滤波、中值滤波、非线性中值滤波等。

5)图像锐化(清晰化处理)

图像锐化也称为边缘增强,起到突出图像的地物边缘、补偿图像的轮廓、使图像更清晰的作用。图像锐化和图像增强一样有空间域处理和频率域处理两种方法。简单的边缘线就能使我们理解要表述的物体,对于图像处理而言,边缘检测也是重要的基本操作之一。

6)图像的腐蚀和膨胀(二值图像平滑处理)

图像的腐蚀和膨胀是图像形态学算法处理的基础。腐蚀的作用是消除目标图像的边界噪声点,使目标缩小(白色区域变小);膨胀的作用是将与目标图像接触的背景点合并,填补空洞,使目标增大(白色区域变大)。两种操作一般配合使用,先腐蚀后膨胀为开运算(清除白色区域外部的白点噪声,使外轮廓清晰,噪声去外白、留内黑);先膨胀后腐蚀为闭运算(清除白色区域内部的黑点噪声,使内轮廓清晰,噪声去内黑、留外白)。为了不破坏区域间的连接性,更常使用面积法去噪声处理。

4. 实施步骤

根据企业的工程经验传承,请参考《KImage 视觉软件使用手册》中的图像源类工具使用说明,完成瓶盖图像的采集与处理,具体实施步骤如下。

步骤一:配置工具组

单击工具窗口左下边的 T 字符号的工具组模块,拖动到工具窗口中配置一个工具组,并单击 T 处将工具组名称命名为瓶盖图像采集,如图 3-10 所示。

步骤二:添加相机

双击图像采集工具组,进入工具组配置界面,单击左边的【相机工具】,拖动到工具组配置窗口,如图 3-11 所示。

图 3-10 工具组名称命名

图 3-11 添加相机

　　双击【相机工具】,可以在【相机选择】列表中选择所需要的相机,选择完相机后点击【应用参数】,然后点击【执行】按钮便可实行单帧采图,如图 3-12 所示。

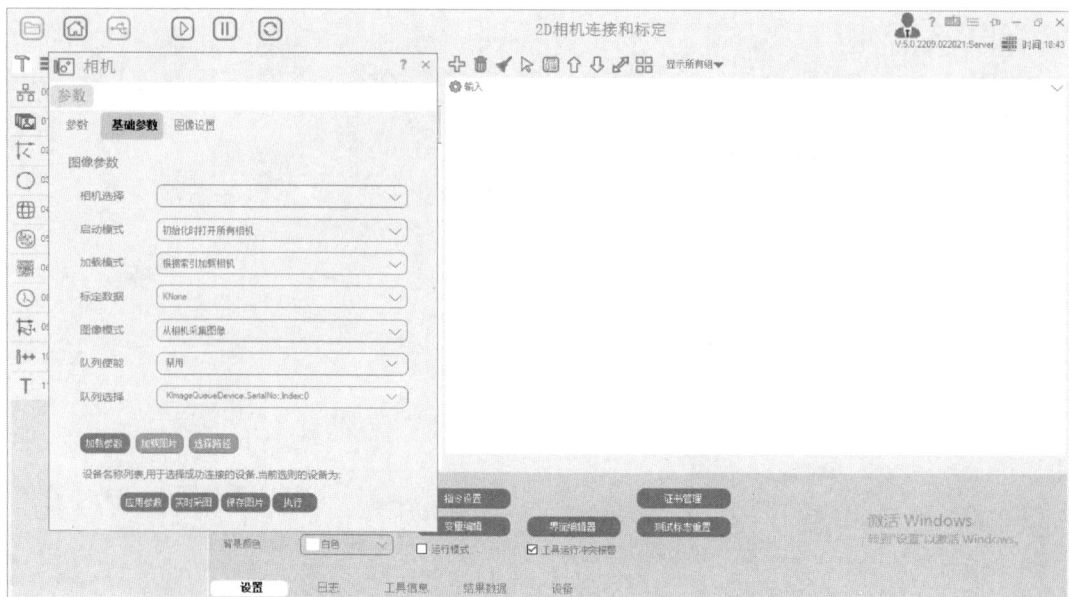

图 3-12　选择相机

如果有多个【相机工具】还可以单击相机图标进行命名，以示区别，如图 3-13、图 3-14 所示。

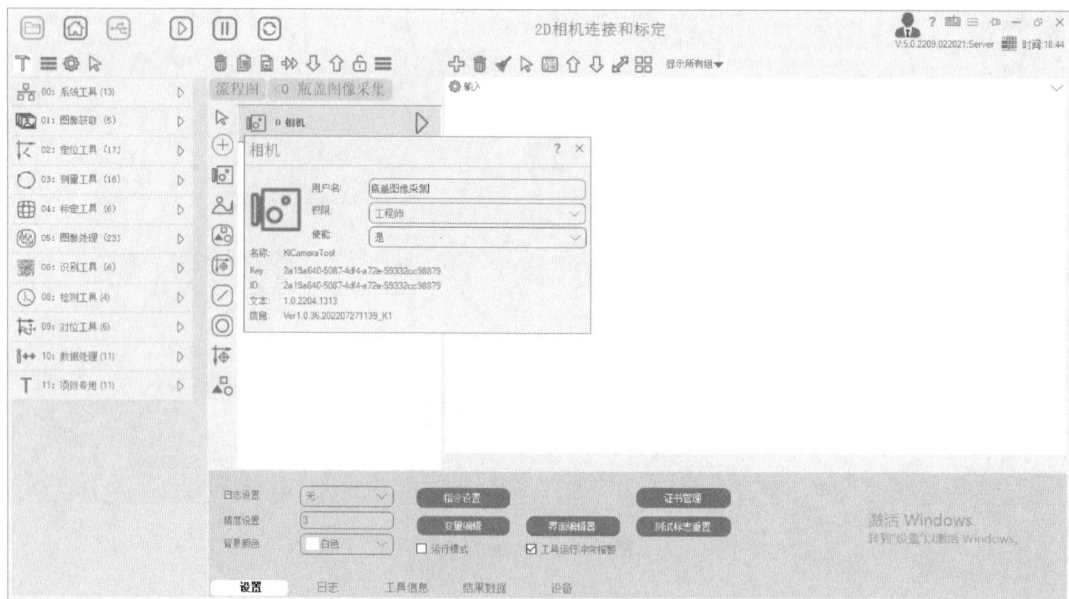

图 3-13　相机命名(1)

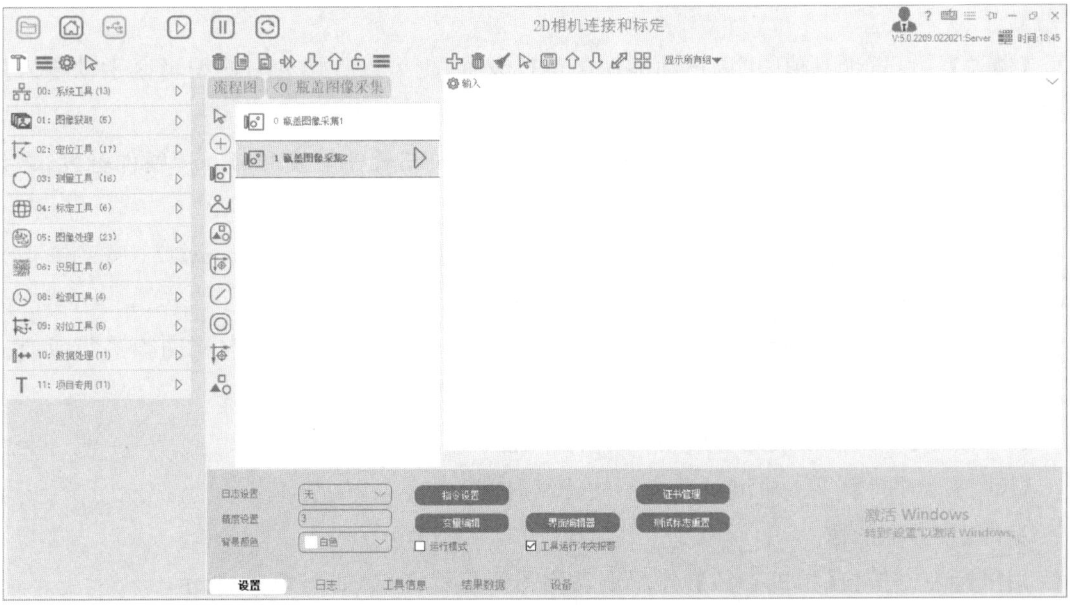

图 3-14　相机命名(2)

步骤三:设置参数

在图 3-15 界面中点击【图像设置】按钮,进入【图像设置】界面,界面说明如下。

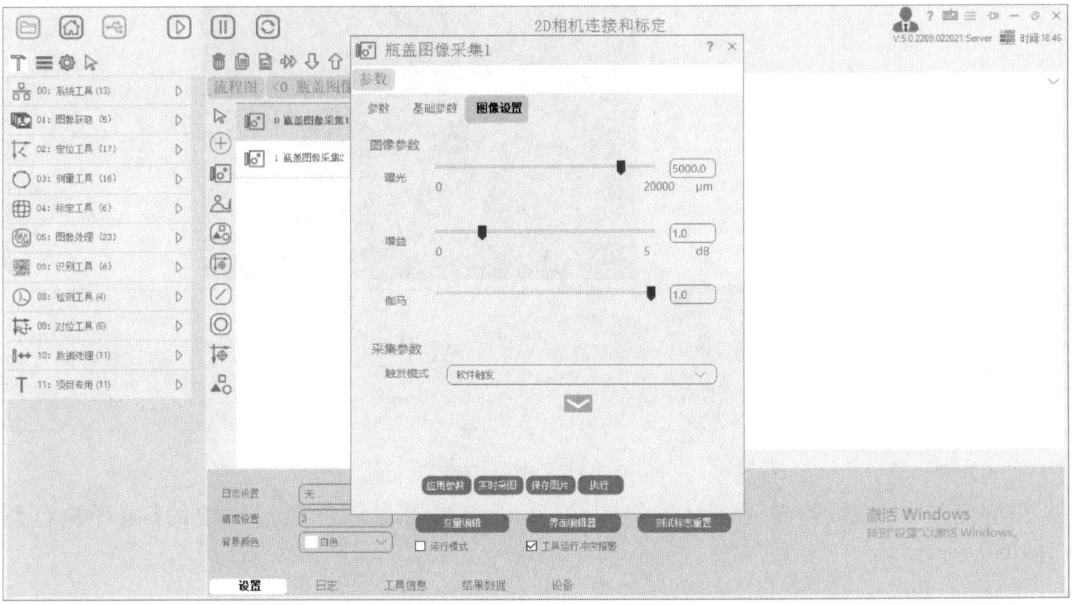

图 3-15　图像设置

【曝光】　设置曝光时间,可以拖动滚动条进行设置,也可以直接在右侧编辑区手动输入曝光时间,单位是毫秒(ms)。

【增益】　设置增益,可以拖动滚动条进行设置,也可以直接在右侧编辑区手动输入增益。

【伽马】 设置伽马值,可以拖动滚动条进行设置,也可以直接在右侧编辑区手动输入伽马值。

【触发模式】 设置相机的触发模式,包含"SoftWare"软件触发和"Line"硬件触发,默认为软件触发。

【镜像】 设置图像镜像,包含:"Off"(不进行图像镜像);"Horizontal"(水平镜像);"Vertical"(垂直镜像);"Diagonal"(垂直+水平镜像)。

【图像反向】 设置图像反向,包含:"Off"(不进行图像反向);"On"(将图像进行垂直+水平镜像)。

【IO 信号】 设置相机是否启用 IO 输出功能。

【IO 持续时间】 IO 输出时高电平的持续时间。

步骤四:绑定图像

用鼠标左键按住【相机工具】,然后拖动到图形显示区域,如图 3-16 所示。

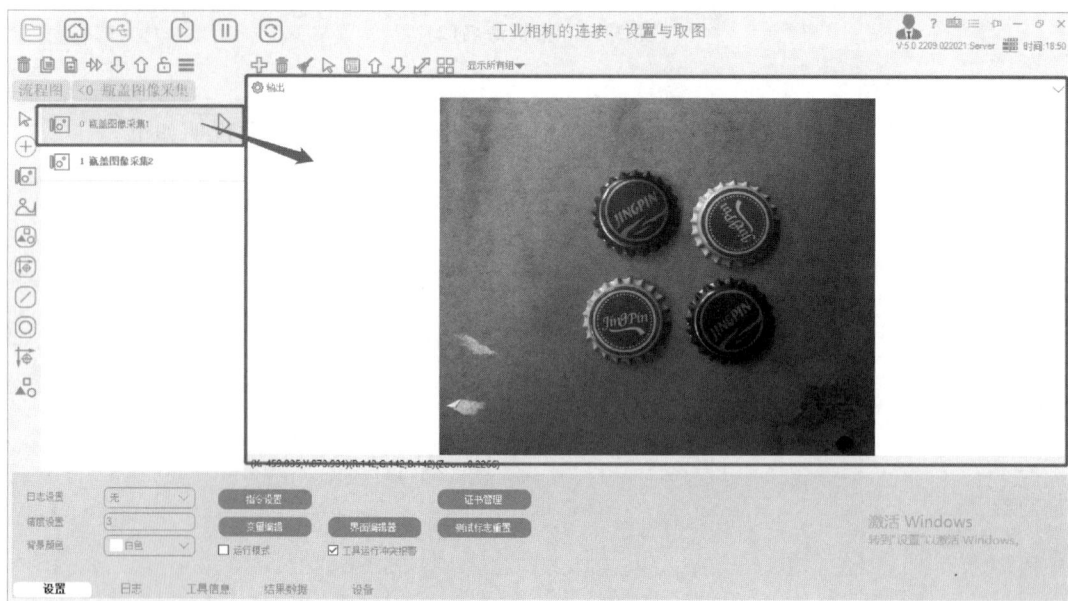

图 3-16　绑定图像

在绑定显示之后,若需要连续采集图像,可以点击平台软件执行栏中的【循环执行】按钮,如图 3-17 所示。

步骤五:图像处理

(1)阈值化处理。

在图像采集工具组中添加图像处理工具【阈值化】,双击进入参数界面,点击【参数】,查看【输入参数】中【输入图像】是否引用【瓶盖图像采集 1.输出参数.输出图像】,如图 3-18 所示。

图 3-17　连续采集图像

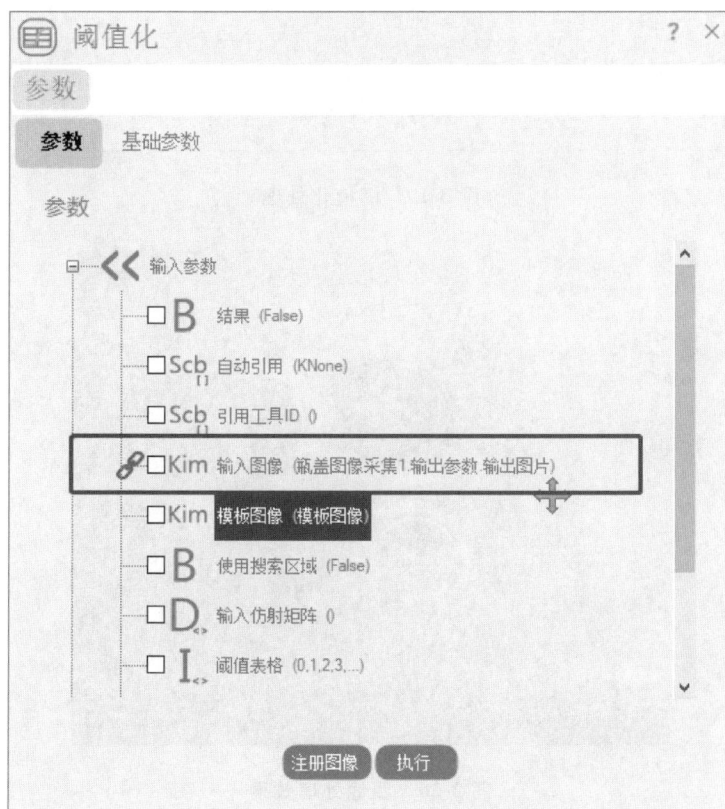

图 3-18　添加图像处理工具【阈值化】

点击【基础参数】,拖动节点进行阈值化处理图像;根据环境不同,拍摄图片不同,调节值域也不相同,需自行调节,如图 3-19 所示;然后点击【执行】,如图 3-20 所示。

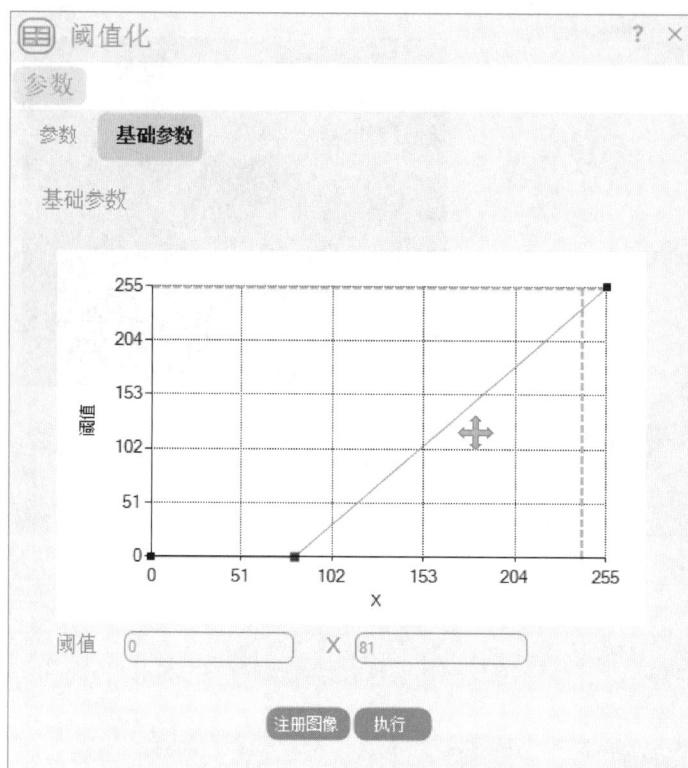

图 3-19 阈值化处理

图 3-20 图像处理效果

(2)图像处理(中值滤波)。

在图像采集工具组中添加图像处理工具【图像处理】,双击进入参数界面,点击【参数】,

查看【输入参数】中的【输入图像】是否引用【阈值化.输出参数.输出图像】,查看【输入参数】中的【模板图像】是否引用【阈值化.输入参数.模板图像】,如图 3-21 所示。

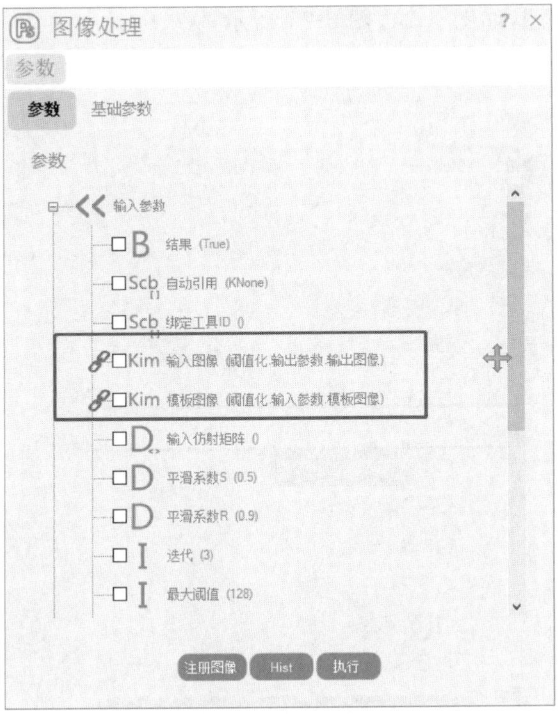

图 3-21　添加图像处理工具【图像处理】

点击【基础参数】,【处理模式】选用【中值滤波】,【全图处理】选用【True】,【内核尺寸】根据图片进行处理,原则上确保图片清晰没有噪点,点击【执行】,如图 3-22 所示。

图 3-22　设置基础参数

工具组中添加定位工具【形状缩放匹配】,双击进入参数界面,点击【参数】,查看【输入参数】中的【输入图像】是否引用【图像处理.输出参数.输出图像】,如图 3-23 所示。点击【基础参数】,点击【注册图像】,拖动 ROI 框,选择特征点进行抓取,设置好 ROI 框,然后点击【创建模板】,最后点击【执行】,如图 3-24、图 3-25 所示。

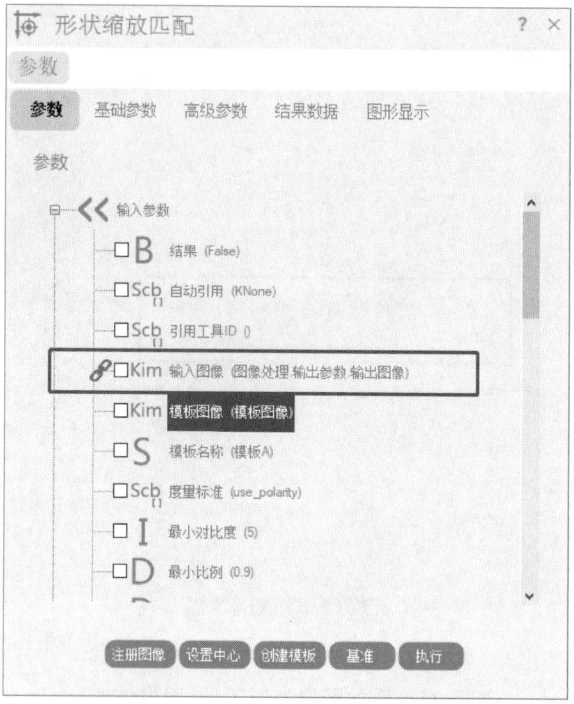

图 3-23　添加定位工具【形状缩放匹配】

图 3-24　形状缩放匹配(1)

图 3-25　形状缩放匹配(2)

注意事项：

(1)在连接相机时,有时候会存在相机 IP 设置正确,相机却打不开的情况,这很可能是因为相机被占用了,所以要检测、刷新后再连接;

(2)曝光时间不要设置得过大,以免造成帧率过低,形成采集卡顿现象;可配合外部光源的使用,减少曝光时间,提升帧率。

任务实施

根据本任务信息获取中的实施步骤,完成图 3-26 中瓶盖的采集与处理,并填写以下内容。

1.如何采集到清晰的图像?

_____

_____

2.如何评估图像清晰度?

_____

_____

3.配置工具组:

_____

4.添加相机:

_____

5.设置参数:

_____

图 3-26

6.绑定图像：

7.阈值化处理：

8.图像处理(中值滤波)：

任务评价

请根据任务各个环节的完成情况,进行学生自评、学生互评和教师评价,完成表 3-5。

表 3-5　任务评价表

类别	考核内容	分值	评价分数		
			学生自评	学生互评	教师评价
获取信息	获取高质量图像的方法	10			
	图像处理的目的和方法	10			
	图像处理与分析的不同	10			

续表

类别	考核内容	分值	评价分数		
			学生自评	学生互评	教师评价
工作实施	熟练使用 KImage 软件中的图像采集	10			
	正确设置相机参数	10			
	合理调整镜头参数和相机曝光时间	10			
	能够进行图像处理	30			
素养	遵守操作规程,养成科学严谨的工作态度	2			
	根据工作岗位职责,完成小组成员的合理分工	2			
	团队合作中,各成员学会合理表达自己的观点	2			
	严格执行 6S 现场管理	2			
	养成总结训练过程和结果的习惯,为下次训练总结经验	2			

任务三　瓶盖图像识别系统的标定与检测

瓶盖图像识别系统的标定与检测

任务描述

机器视觉系统是通过图像摄取装置将被摄目标转换成图像信号,传送给专用的图像处理系统,得到被摄目标的形态信息。根据像素分布、亮度和颜色等信息,图像信号转换成数字信号。相机标定是通过实验和计算求解参数的过程。无论是在图像测量还是在机器视觉应用中,相机参数的标定都是非常关键的环节,其标定结果的精度及算法的稳定性直接影响相机工作的准确性。

本任务围绕图像标定的内容,引导读者在完成瓶盖图像标定的过程中掌握技能点,培养读者在工程实践中能自觉遵守职业道德和规范的素养。

学习目标

◇ 知识目标

1. 了解视觉应用中的各种坐标系及其转换。

2. 了解标定的原理与方法。

◇ 能力目标

1. 能熟练使用 KImage 图像化编程视觉软件。

2. 能利用 KImage 软件实现瓶盖标定。

◇ 素养目标

1. 具有良好遵守操作规范的习惯。

2. 具备顾全大局、团队合作的职业素养。

信息获取

1. 坐标系及其转换关系

在机器视觉应用中,常用的坐标系分别有像素坐标系、图像物理坐标系、相机坐标系、世界坐标系,相机的成像转换过程就是上述四个坐标系间的对应转换。

1) 世界坐标系与相机坐标系

由图 3-27 可以看出从世界坐标系到相机坐标系的转换涉及旋转和平移。绕着不同的坐标系旋转可以得到不同的角度和相应的旋转矩阵。

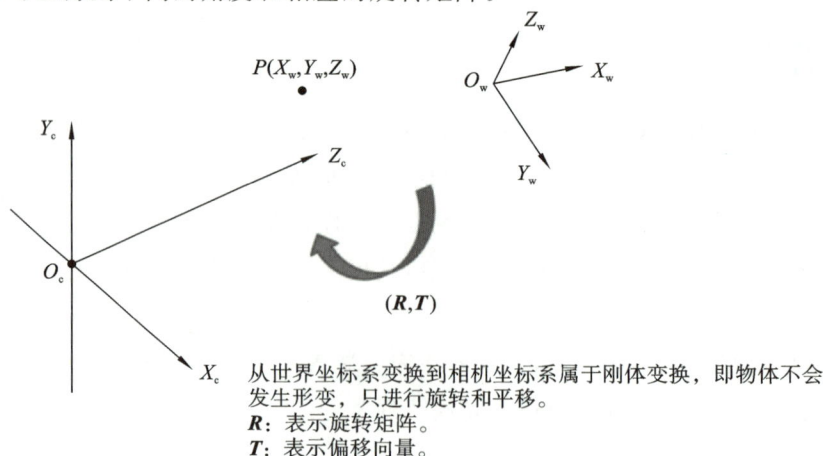

从世界坐标系变换到相机坐标系属于刚体变换,即物体不会发生形变,只进行旋转和平移。
R:表示旋转矩阵。
T:表示偏移向量。

图 3-27 世界坐标系与相机坐标系的关系

那么从世界坐标系到相机坐标系的转换关系如图 3-28 所示,于是可以得到 P 点在相机坐标系中的坐标。

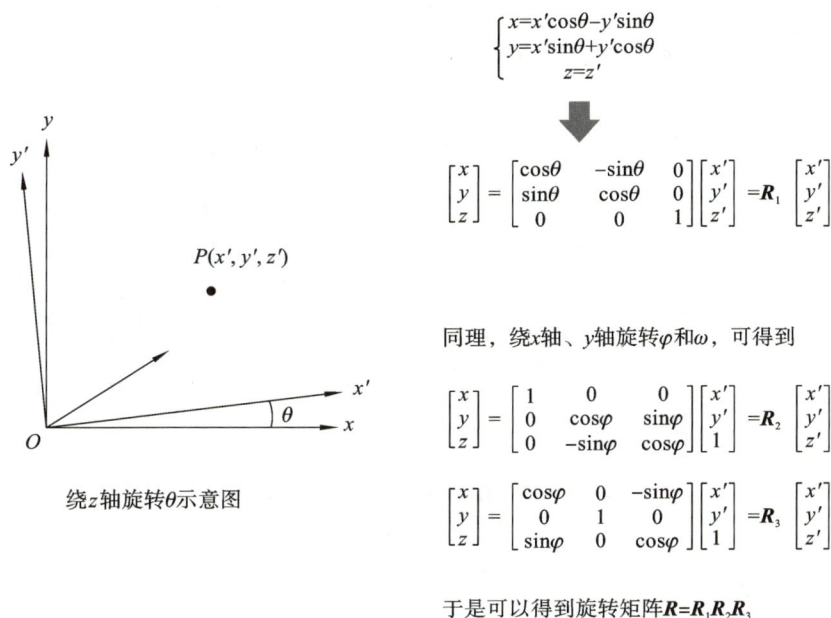

$$\begin{cases} x=x'\cos\theta-y'\sin\theta \\ y=x'\sin\theta+y'\cos\theta \\ z=z' \end{cases}$$

$$\begin{bmatrix} x \\ y \\ z \end{bmatrix} = \begin{bmatrix} \cos\theta & -\sin\theta & 0 \\ \sin\theta & \cos\theta & 0 \\ 0 & 0 & 1 \end{bmatrix} \begin{bmatrix} x' \\ y' \\ z' \end{bmatrix} = \boldsymbol{R}_1 \begin{bmatrix} x' \\ y' \\ z' \end{bmatrix}$$

同理,绕 x 轴、y 轴旋转 φ 和 ω,可得到

$$\begin{bmatrix} x \\ y \\ z \end{bmatrix} = \begin{bmatrix} 1 & 0 & 0 \\ 0 & \cos\varphi & \sin\varphi \\ 0 & -\sin\varphi & \cos\varphi \end{bmatrix} \begin{bmatrix} x' \\ y' \\ z' \end{bmatrix} = \boldsymbol{R}_2 \begin{bmatrix} x' \\ y' \\ z' \end{bmatrix}$$

$$\begin{bmatrix} x \\ y \\ z \end{bmatrix} = \begin{bmatrix} \cos\varphi & 0 & -\sin\varphi \\ 0 & 1 & 0 \\ \sin\varphi & 0 & \cos\varphi \end{bmatrix} \begin{bmatrix} x' \\ y' \\ z' \end{bmatrix} = \boldsymbol{R}_3 \begin{bmatrix} x' \\ y' \\ z' \end{bmatrix}$$

于是可以得到旋转矩阵 $\boldsymbol{R}=\boldsymbol{R}_1\boldsymbol{R}_2\boldsymbol{R}_3$

图 3-28　世界坐标系到相机坐标系的转换

2）相机坐标系与图像坐标系

从相机坐标系到图像坐标系,属于透视投影关系,即从 3D 转换到 2D,如图 3-29 所示。此时投影点 P 的单位还是 mm,并不是 pixel,需要进一步转换到像素坐标系。

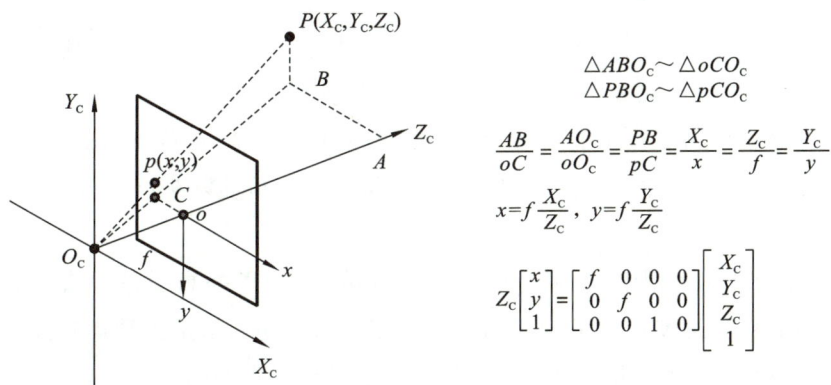

$$\triangle ABO_c \sim \triangle oCO_c$$
$$\triangle PBO_c \sim \triangle pCO_c$$

$$\frac{AB}{oC}=\frac{AO_c}{oO_c}=\frac{PB}{pC}=\frac{X_c}{x}=\frac{Z_c}{f}=\frac{Y_c}{y}$$

$$x=f\frac{X_c}{Z_c}, \quad y=f\frac{Y_c}{Z_c}$$

$$Z_c\begin{bmatrix} x \\ y \\ 1 \end{bmatrix} = \begin{bmatrix} f & 0 & 0 & 0 \\ 0 & f & 0 & 0 \\ 0 & 0 & 1 & 0 \end{bmatrix} \begin{bmatrix} X_c \\ Y_c \\ Z_c \\ 1 \end{bmatrix}$$

图 3-29　相机坐标系与图像坐标系的关系

3）图像坐标系与像素坐标系

图像坐标系和像素坐标系都在成像平面上,只是各自的原点和度量单位不一样。图像

坐标系的原点为相机光轴与成像平面的交点，通常情况下是成像平面的中点或者叫 principal point。图像坐标系的单位是 mm，属于物理单位，而像素坐标系的单位是 pixel，我们平常描述一个像素点都是几行几列。所以这二者之间的转换如图 3-30 所示（其中 $\mathrm{d}x$ 和 $\mathrm{d}y$ 表示每一行和每一列分别代表多少 mm，即 $1\ \text{pixel}=\mathrm{d}x\ \text{mm}$）。

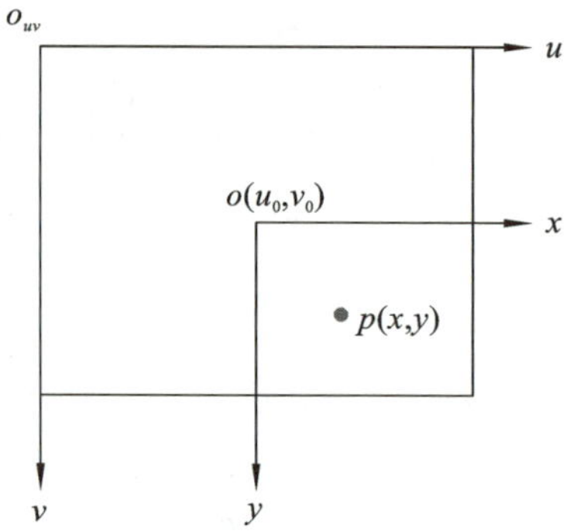

$$\begin{cases} u=\dfrac{x}{\mathrm{d}x}+u_0 \\ v=\dfrac{y}{\mathrm{d}y}+v_0 \end{cases}$$

$$\begin{bmatrix} u \\ v \\ 1 \end{bmatrix}=\begin{bmatrix} \dfrac{1}{\mathrm{d}x} & 0 & u_0 \\ 0 & \dfrac{1}{\mathrm{d}y} & v_0 \\ 0 & 0 & 1 \end{bmatrix}\begin{bmatrix} x \\ y \\ 1 \end{bmatrix}$$

图 3-30　图像坐标系与像素坐标系的关系

2. 标定原理

实际上在进行图像处理之前需要获取到一种相互映射关系，这种相互映射关系是指实际物体上某一点的几何位置与相机得到的图像上对应点之间的相互映射关系。为了获取这样一种相互映射的关系，需要对多个坐标系之间的关系进行分析，从而建立其几何模型。这个从建立几何模型到求解出几何参数的过程称为相机标定。在标定过程中，一般情况下主要关注的有相机的内参、相机的外参和相机的畸变参数。

（1）内参通常仅与内部机构有关，因此通过求解相机的内参，可以实现从相机坐标到像素坐标的转换，从中可以得到摄像机的像素当量，即图像中的一个像素所代表的实际距离，获取到像素当量对于机器视觉应用而言具有重要的意义；

（2）外参包含了仿射变换中需要使用到的旋转和平移信息，这些旋转和平移信息可以用来求解两个不同坐标系上定点的坐标变换关系，同时这也是实际坐标点与对应的像素坐标点之间转换的关键；

（3）在理想的针孔模型中，可以忽略畸变的影响，但为了提高图像生成的速度，在实际应用中都会采用透镜，这便导致了畸变的产生。相机的畸变通常是指径向畸变（由于透镜形状引起的畸变）和切向畸变（由于成像平面与透镜不平行产生的畸变）。

3. 标定方法

（1）传统相机标定法需要使用尺寸已知的标定物，通过建立标定物上坐标已知的点与其图像点之间的对应关系，利用一定的算法获得相机模型的内外参数。标定物可分为三维标定物和平面标定物。三维标定物可由单幅图像进行标定,标定精度较高,但高精密三维标定物的加工和维护较困难。平面标定物比三维标定物制作简单,精度易保证,但标定时必须采用两幅或两幅以上的图像。传统相机标定法在标定过程中始终需要标定物,且标定物的制作精度会影响标定结果。同时有些场合不适合放置标定物也限制了传统相机标定法的应用。

(2)目前出现的自标定方法主要利用的是相机运动的约束。相机的运动约束条件太强,因此在实际中并不适用。利用场景约束是指利用场景中的一些平行或者正交的信息。其中,空间平行线在相机图像平面上的交点被称为消失点,它是射影几何中一个非常重要的特征,所以很多学者研究了基于消失点的相机自标定方法。自标定方法灵活性强,可对相机进行在线标定,但由于它是基于绝对二次曲线或曲面的方法,其算力较差。

(3)基于主动视觉的相机标定法是指已知相机的某些运动信息对相机进行标定。该方法不需要标定物,但需要控制相机做某些特殊运动,利用这种运动的特殊性可以计算出相机的内部参数。基于主动视觉的相机标定法的优点是算法简单,往往能够获得线性解;缺点是系统的成本高、实验设备昂贵、实验条件要求高,而且不适合运动参数未知或无法控制的场合。

4. 实施步骤

根据企业的工程经验传承,请参考《KImage 视觉软件使用手册》中的标定类工具使用说明,完成瓶盖图像的标定与检测,具体实施步骤如下。

步骤一:拍摄标定图片

创建一个瓶盖图像标定工程,如图 3-31 所示。

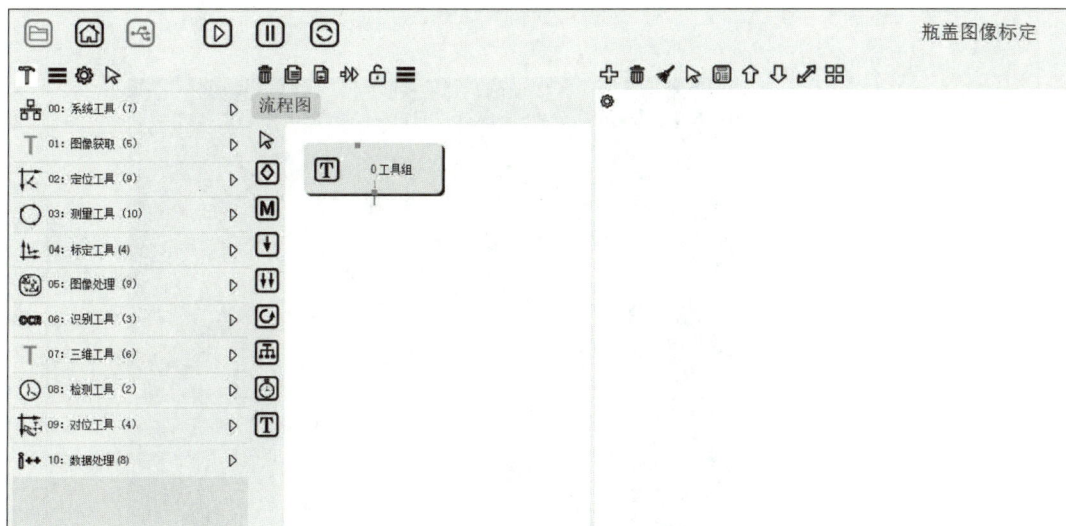

图 3-31　瓶盖图像标定工程

畸变标定采用的是离线标定方式，即需要在标定之前使用相机工具采集一组标定板图片（大于 10 张）。利用焦距为 8mm 的镜头与 2D 黑白相机先拍摄一组照片，存储在文件夹【Image】中，如图 3-32 所示。

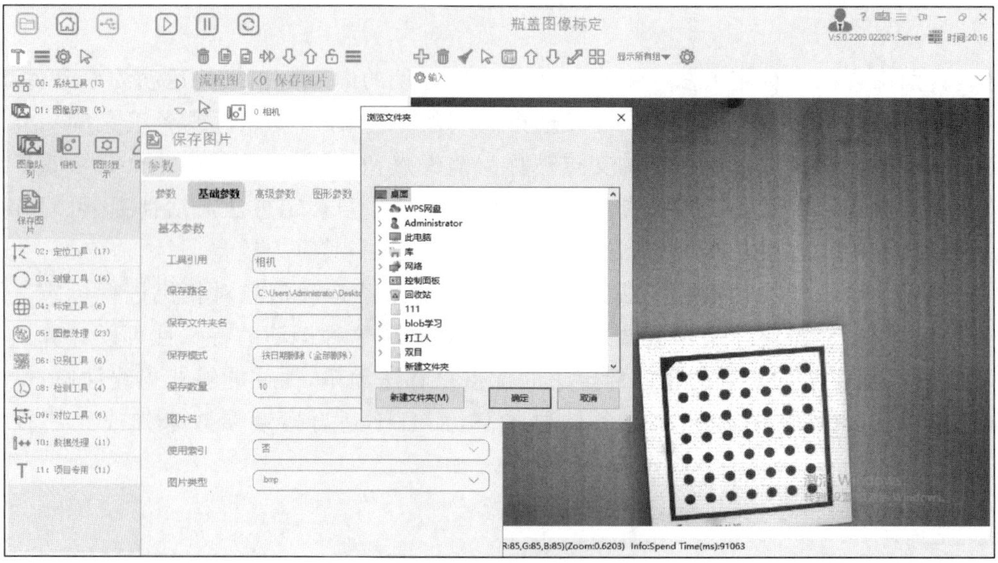

图 3-32　保存图片

步骤二：添加标定工具

在图 3-31 所示界面，双击离线标定工具组，然后选择工具组模块栏中的【畸变标定】，拖动到模块配置区域中，添加【畸变标定】工具，如图 3-33 所示。

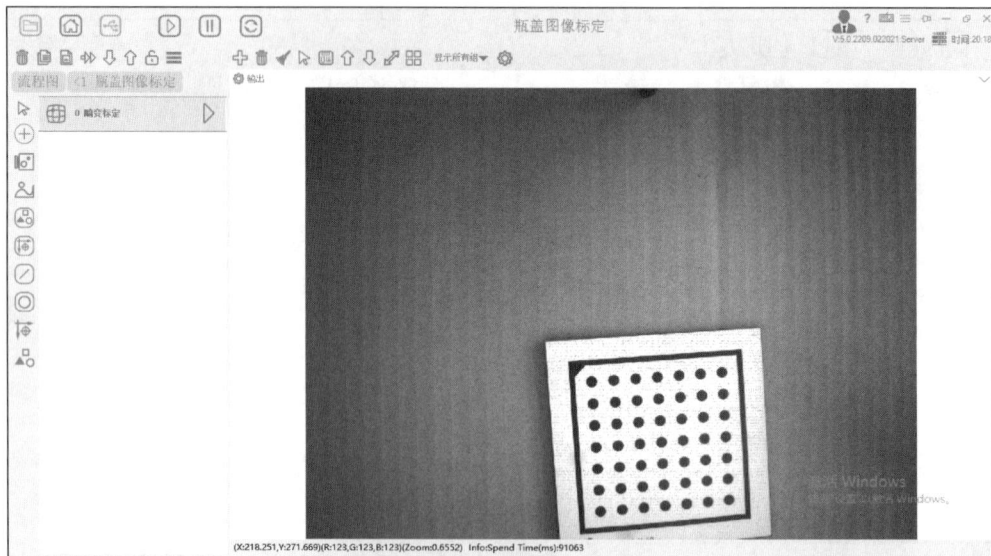

图 3-33　添加畸变标定

步骤三：选择标定图片

双击【畸变标定】工具，点击【图片路径】按钮，选择标定板图片（打开在前面拍摄的标定板图片文件夹【Image】），如图 3-34 所示。

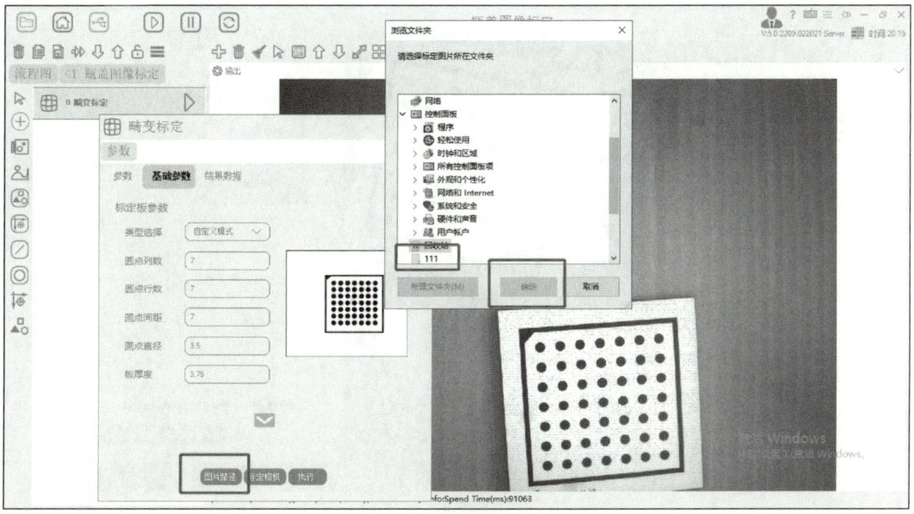

图 3-34　加载标定图片

步骤四：设置标定参数

相机参数需要根据实验相机的型号，查询该相机的像元尺寸、镜头的焦距等信息。在设置标定板参数时，若使用的是标准的标定板，则可以直接根据标定板的型号进行选择；若使用的是非标准的标定板，则【类型选择】参数应选择为"CustomMode"，然后根据具体的标定板信息进行设置。设置完成后点击【标定相机】和【执行】按钮，完成标定，如图 3-35 所示。

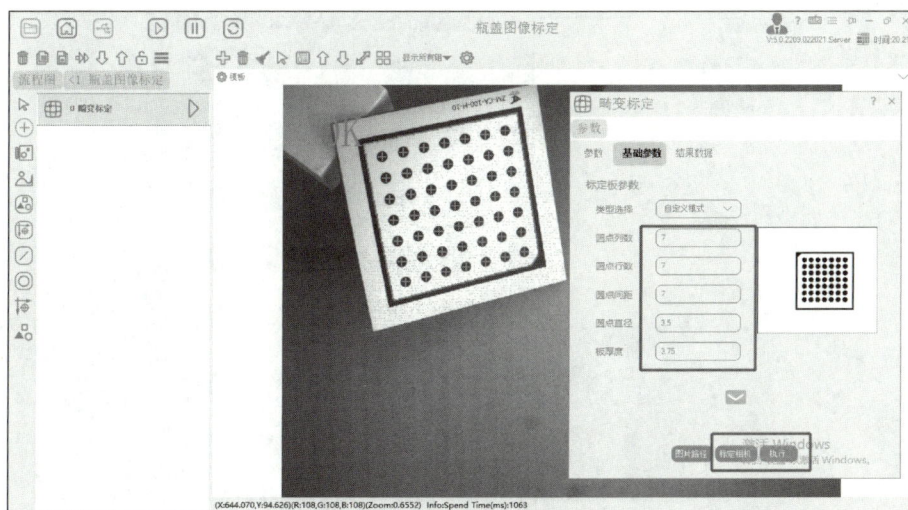

图 3-35　执行标定

在完成标定后,点击【结果数据】,将结果栏中的当量数据与所选硬件的数据进行比对,在允许的误差范围内则标定成功,如图 3-36 所示。

图 3-36　标定结果

步骤五:标定结果的使用

完成离线标定后,可以使用标定结果来校正图像。使用方法是把相机采集到的输出图像作为畸变标定的输入图像,在畸变标定工具里面执行图像校正,畸变标定的输出图像作为定位或者测量等工具的输入图像,进而实现图像校正及应用,如图 3-37 和图 3-38 所示。

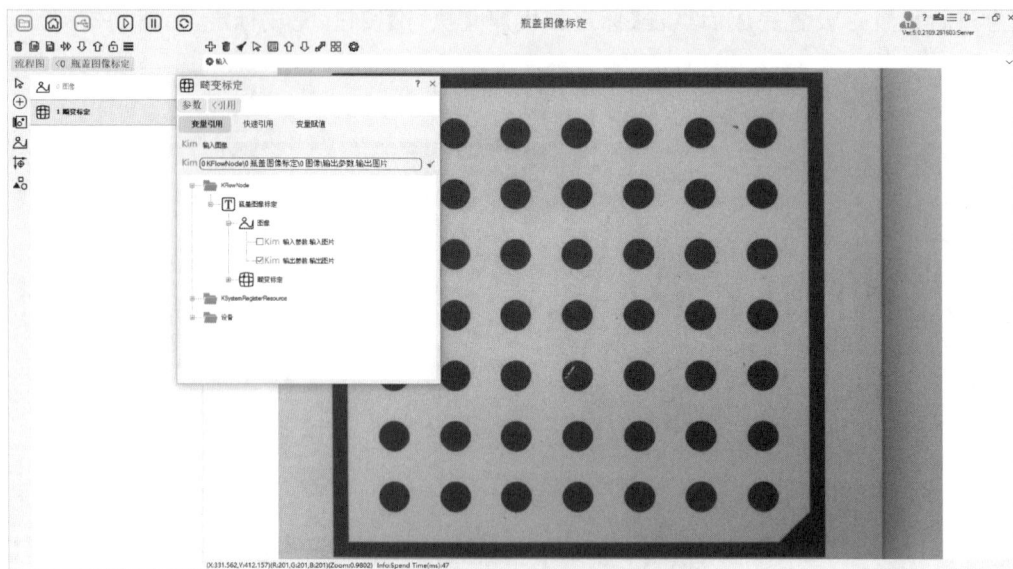

图 3-37　畸变标定引用相机的输出图像

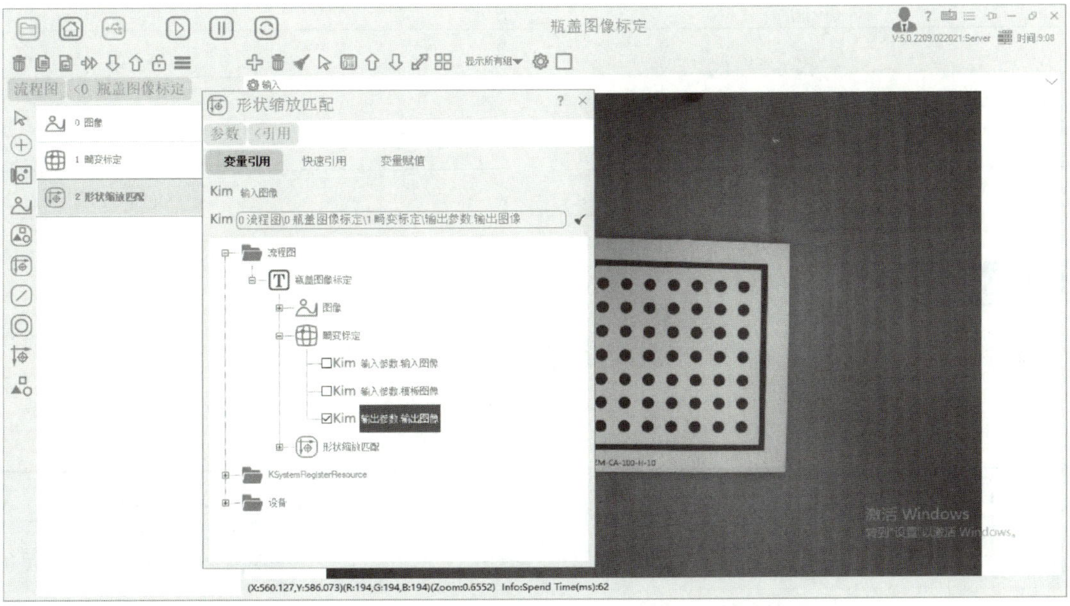

图 3-38　畸变标定的输出图像作为定位工具的输入图像

注意事项：

(1)畸变标定既能获得内参也能获得外参，有些应用场景需要进行九点标定或者 XY 标定，所以也需要掌握九点标定和 XY 标定的方法；

(2)进行标定的图像应尽可能大范围、多角度进行拍摄，照片以 $15 \sim 20$ 张为佳；

(3)在实验过程中要爱护设备，注意实验安全。

任务实施

根据本任务信息获取中的实施步骤，填写完成瓶盖图像标定的相关内容。

1.拍摄标定图片：

_____

_____

2.添加标定工具：

_____

_____

3.选择标定图片：

_____

_____

4.设置标定参数：

_____

_____

5.标定结果的使用：

_____

_____

🔧 **任务评价**

请根据任务各个环节的完成情况，进行学生自评、学生互评和教师评价，完成表 3-6。

表 3-6   任务评价表

类别	考核内容	分值	评价分数		
			学生自评	学生互评	教师评价
信息获取	了解坐标系及其转换关系	10			
	了解标定原理及其方法	10			
任务实施	能够创建图像标定工程	10			
	能够添加标定工具	15			
	能够选择标定图片	15			
	能够设置标定参数	15			
	能够标定结果使用	15			
素养	遵守操作规程，养成科学严谨的工作态度	2			
	根据工作岗位职责，完成小组成员的合理分工	2			
	团队合作中，各成员学会合理表达自己的观点	2			
	严格执行 6S 现场管理	2			
	养成总结训练过程和结果的习惯，为下次训练总结经验	2			

匠人匠心——中国硬科技，挡不住的力量

硬科技独角兽——商汤科技

出生于辽宁省鞍山市的汤晓鸥，在从中国科学技术大学本科毕业的次年，远赴美国深造，一口气拿下了硕士和博士学位。从麻省理工学院博士毕业后，汤晓鸥决定回国加入香港中文大学，并一手创立日后赫赫有名的港中大多媒体实验室。正是在这间实验室，汤晓鸥带出了商汤科技的创始团队。正如徐立所说，"人工智能的竞争是人才的竞争。"商汤科技拥有一支囊括了 40 位教授、250 多名博士和博士生，以及 3593 名科学家和工程师的技术研发团队，占公司全员的三分之二以上，且平均年龄仅为 31 岁。商汤成功 IPO（首次公开募股），只是一个开始。这一次 IPO，对商汤来讲可能只是一小步，却为整个行业划出了一道光。

AI（人工智能）不仅仅是一个赛道，更是一个时代的大的篇章。曾几何时，无 VC（风险投资）不投 AI。数据显示，在 2018 年最高峰时，AI 领域投资总额超过千亿元，投资笔数接近 500 笔。但在烧钱、亏损的质疑下，国内 AI 行业一度迎来沉寂期。如今，如商汤一般的 AI 独角兽正不断涌现："AI 四小龙"之一的云从科技，在 2020 年 12 月申请科创板 IPO 获受理，并于今年 7 月成功过会，目前 IPO 状态更新为提交注册；同样冲刺科创板的旷视科技，也在今年 9 月初过会，同月 30 日提交注册。可以预见，身处硬科技的黄金时代，真正的 AI 企业终于要熬出头了。但打铁还需自身硬，谁都不能在 AI 这场战役中掉以轻心。就在商汤延迟 IPO 之后，美国财政部又宣布将旷视科技、依图科技、云从科技等 8 家中国公司列入非 SDN（特别指定的国家）中国军事综合体清单，限制美国投资者对上述公司投资。

尽管中国 AI 技术起步较晚，但应用环境却有着得天独厚的优势。得益于此，AI 正深度驱动中国经济智能化转型，实现弯道超车。据德勤发布的《中国人工智能产业白皮书》介绍，中国部分关键应用技术已居世界先进水平，其中视频图像识别、语音识别技术全球相对领先，人工智能论文总量、被引用的论文数量和发明专利授权量均在世界第一梯队。《2020 年中国人工智能发展报告》数据也显示，在过去的十年时间里，中国人工智能专利申请的数量为 39 万件，占全球总量的 74.7%，是排名第二的美国的 8.2 倍。

AI 是一场没有硝烟的战役，我们不仅不能输，而且还要遥遥领先。这一场艰难的旅程，也是一场浩浩荡荡的接力赛。"用我百点热，耀出千分光。"商汤集团联合创始人、董事长兼 CEO 徐立博士在上市仪式引用歌曲《男儿当自强》的一句词。今天，商汤科技上市敲钟令人

振奋——当一家中国科技企业艰难穿越一切障碍,毫无疑问会鼓舞更多后来者。中国年轻的硬科技独角兽,正是一股挡不住的力量。

知识链接　　　　　　练习与实践

项目四
包裹的一维码及二维码识别

项目情境

随着人们的生活日益丰富,电商平台为人们提供购物、物流查询功能。全国各地货物商品的运输销售量剧增,从商品的销售、入仓、出货、物流运输、到用户确认等都离不开一维码①/二维码,因为这是它们的"身份证"。在传统的物流企业中,货物通过人工搬运,条码识别来分拣包裹,而这些识别和分拣手段效率不高,无法满足快速包裹分类分拣的需求。机器视觉以其高效和高精度特性,广泛地应用于一维码/二维码、图像识别等方面。本项目将以包裹的一维码/二维码识别为载体,引导读者理解机器视觉识别一维码/二维码和动态二维码的方法、掌握读取一维码/二维码的步骤,培养读者快速读取多个一维码/二维码的技能。

知识图谱

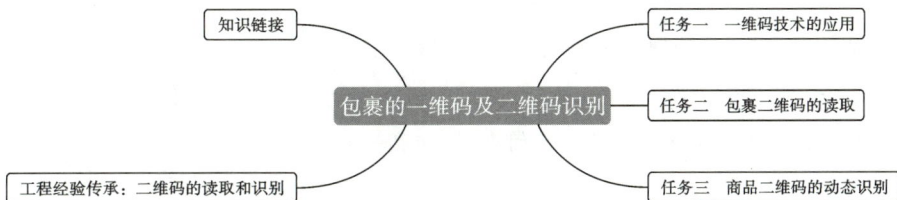

项目分组

根据项目特点,细分每个岗位的职责并确定负责人,形成工作计划,分工合作完成任务,填写表 4-1。

---

① 一维码也称条形码。

表 4-1　项目四分组

班级		组号		指导老师	
组长		学号			
组员	姓名	学号		分工描述	

项目计划

1. 制定项目实施方案

细分本项目每个任务的 1+X 考证培训技能点,如表 4-2 所示。

表 4-2　包裹的一维码及二维码识别的实施方案

步骤	技能点	项目任务
1	能用工具对图像进行二值化处理,实现一维码读取	一维码技术的应用
2	能使用二维码的识别工具,实现二维码读取	包裹二维码的读取
3	(1) 能使用工具对图像进行几何变换,包括平移、旋转、缩小、放大; (2) 使用一维码/二维码的识别工具,从图像中读取字符串信息	商品二维码 的动态识别

2. 列出材料清单

请列出完成本项目所需的工具、耗材和器件清单,如表 4-3 所示,形成良好的职业习惯。

表 4-3　工具、耗材和器件清单

序号	名称	型号与规格	单位	数量
1	待测一维码/二维码样品	一维码/二维码	个	3
2	待测动态二维码样品	商品二维码	个	1

任务一　一维码技术的应用

一维码技术
的应用

任务描述

　　生活中人们购买的每一件物品的包装上一般都会出现一维码和二维码。这是为了方便物品流通运输，让生产管理者知道物品信息和流通运输信息。因此掌握条码制作、识别、信息读取的知识，读者就可以理解机器视觉系统识别条码的结构组成、基本步骤和工作原理。

　　本任务围绕一维码的内容，引导读者学习一维码读取过程中的技能点，培养读者刻苦钻研和团队合作的精神。

学习目标

　　◇　知识目标

　　1.了解一维码的类型和结构组成。

　　2.掌握读取一维码的工作原理。

　　◇　能力目标

　　1.能描述一维码的结构。

　　2.能描述一维码读取的步骤。

　　3.能描述一维码的检测与识别原理。

　　◇　素养目标

　　1.能独立阅读材料查找关于一维码的资料。

　　2.具备刻苦钻研的职业素养。

1. 一维码的特征

　　每种条码都有自己的一套编码规则,规定每个数字或字母由几根线条和几个空白组成。一维码只在水平方向排列,表达信息,竖线的宽度是统一的,其一定的高度通常是为了便于阅读器的对准。一维码的优点是可以减少差错率,提高信息读取的速度;一维码的缺点是所存储数据容量较小,只能容纳 30 个字符左右,而且存储对象单一,只包含字母和数字,空间利用率较低,同时它的持久性不长,条形码遭到损坏后就不能读取信息了。

2. 一维码的类型

　　人们常接触到的一维码类型有:EAN 码、39 码、交叉 25 码、UPC 码、128 码、93 码、ISBN 码、Codabar(库德巴码)等。一维码识别工具目前能识别的码制为 128 码、39 码、EAN 码、UPC 码。其中 39 码目前的可靠性不确定,EAN 码主要在国内应用,UPC 码主要在国外应用,EAN 码和 UPC 码的存储内容长度固定,128 码和 39 码可以存储相对较多的数据。

3. 一维码的结构组成

　　日常商品上的一维码由多条黑色和白色的平行竖线组成,其中起始符的前三条竖线由黑—白—黑组成,中间分隔符的五条竖线由白—黑—白—黑—白组成,最右边的终止符的三条竖线和起始符一样也是由黑—白—黑组成,这样就把一个一维码分为左、右数据区两个部分。剩下的 84（95−3−5−3＝84）条按每 7 条一组分为 12 组,每组对应着一个数字,不同的数字的具体排列方式会因编码方式不同而有所区别,但是它们的排列都遵循着一个规律,右侧数据部分每一组的白色竖线数目都是奇数。这样不论正反方向扫描都可以识别到里面的信息。

　　我国使用的一维码大部分都是 EAN-13 格式,这种一维码从左往右,前三位数字标识来源于国家或地区编码,比如中国内地的编码为 690～699,后面的第 4 ～ 8 位数字代表的是厂商编码,由公司确定,但是位数不固定,紧接着后面的第 9～12 位是商品编码,第 13 位是校验码,如图 4-1 所示。

　　一维码的读取过程如下:

　　(1)当物件上的一维码被扫码枪扫描后,由于光线对一维码上的白线和黑线有不同的反光率,扫码枪射出的红色光线得到不同强度的反射光,然后扫码枪里面的光电传感器根据光的强弱生成电信号,经过滤波放大后转为数字信号 0,1。每个一维码中的每个数字都由 7 条黑色或者白色单位宽度的竖线组成。

起始符　左侧数据区　中间分隔符　右侧数据区　校验码 终止符

6　937147　252044

国家或地区编码　　厂商编码和商品编码　　校验码

图 4-1　一维码结构图

（2）读数时可以从左往右扫描左侧的 7 个数字，根据每个数字的奇偶顺序查找相关编码表中对应的二进制数组合，也就是对应的黑白竖线组合，再扫描右侧的 6 个数字，得到总的 13 个数字。

（3）这 13 个数字里面包含了产品的重要信息，比如厂商和商品信息等。

4. 一维码的检测与识别原理

一维码由不同宽度的黑色竖线和白色（空）竖线组成，并按照特定的编码规则排列，是可以用来表示一组数字、字母信息的图形标识符。下面我们将以 EAN-13 码为例进行学习。

（1）EAN-13 码是 EAN 码的一种，一个一维码一共使用 13 个字符表示信息，EAN 码是模块组合型一维码，是我国主要采取的编码标准。EAN-13 码里面包含商品的名称、型号、生产厂商、所在国家或地区等信息。

（2）每一个黑或白模块的宽度是 0.33 mm。其中黑色的块 C1 表示二进制"1"，另外两个黑色的模块 C3 条表示二进制"11"，白色的模块 C2、C4 都是表示二进制"0"，如图 4-2 所示。

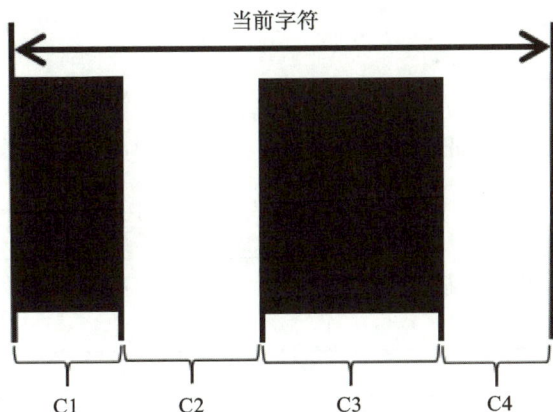

当前字符

C1　C2　C3　C4

图 4-2　一维码的基本组成

（3）某商品的一维码是 692 0152 46102 0。其中：692 表示国家或地区编码；0152 表示厂商编码;46102表示商品编码;0表示校验码,可以用来防伪以及识别校验。该一维码细分如下:除开前置码6,后面7条竖线的顺序是白-白-白-黑-白-黑-黑(白、黑条指的是单位宽度0.33 mm的竖线,我们看到的很宽的黑竖线条实际上是由好几个单位宽度的黑线条组成的,即几个连着的二进制1)。从表4-4中可以看出这是奇性字符9的二进制码。后面的数字按此类推,每7个二进制码构成一位数字。

表 4-4　EAN-13 编码表

字符	二进制表示		
	左侧数据符		右侧数据符
	(奇性)A 组	(偶性)B 组	(奇性)C 组
0	0001101	0100111	1110010
1	0011001	0110011	1100110
2	0010011	0011011	1101100
3	0111101	0100001	1000010
4	0100011	0011101	1011100
5	0110001	0111001	1001110
6	0101111	0000101	1010000
7	0111011	0001001	1000100
8	0110111	0001001	1001000
9	0001011	0010111	1110100
起始符	101		
中间分隔符	01010		
终止符	101		

任务实施

1.请描述商品中的一维码的特征。

_____

_____

2.请说说常用包裹/商品的一维码的类型。

_____

_____

3.请描述一维码的结构。

_____

_____

4.请描述一维码的读取过程。

_____

_____

5.请描述一维码的识别原理。

_____

_____

任务评价

请根据任务的各个环节完成情况,进行学生自评、学生互评和教师评价,完成表 4-5。

表 4-5　任务评价表

类别	考核内容	分值	评价分数		
			学生自评	学生互评	教师评价
获取信息	知道一维码的特点	5			
	了解一维码的类型	5			
	会阐述一维码的读取步骤	10			
	会阐述一维码的工作原理	25			
	能描述一维码的结构组成	25			
工作实施	能独立完成练习	20			
素养	能与组员讨论和查找关于视觉识别一维码资料	10			

任务二　包裹二维码的读取

包裹二维码
的读取

任务描述

当客户从网购平台下单后,货物出仓发货时,快递公司会在货物上粘贴二维码,并扫码识别,将信息录入电脑。由于全国各地的货物较多且需要分类分地分拣,机器视觉系统具有识别图像功能,可以自动识别二维码,读取信息。

　　本任务围绕二维码的相关知识,引导读者在完成包裹二维码识别工作的过程中掌握 ZM-KFL-MV500 机器视觉应用平台二维码工具的使用方法,对图像进行二值化处理,培养读者使用 KImage 视觉软件工具快速读取二维码信息的专业技能。

学习目标

◇ 知识目标

1. 知道二维码的特点和作用。

2. 熟悉二维码测量软件工具的使用。

◇ 能力目标

1. 能够使用 ZM-KFL-MV500 机器视觉应用平台识别二维码。

2. 能够利用 KImage 软件实现二维码的数据信息读取。

◇ 素养目标

根据工作岗位职责,完成小组成员的合理分工,具备团队合作的职业素养。

项目四
任务二微课

信息获取

1. 二维码的特征

　　二维码(two-dimensional code),又称二维条码,是在移动设备上超流行的一种编码方式,它比传统的一维码(条形码)能存储更多的信息,也能表示更多的数据类型。在一个矩形空间通过黑、白像素在矩阵中的不同组合进行编码。在矩形空间的相应元素位置,用黑点表示二进制"1",白点表示二进制"0",黑白点的排列组合确定了矩阵式二维码表示的信息。矩阵式二维码是建立在计算机图像处理技术、组合编码原理等基础上的一种新型图形符号自动识读处理码。

2. 二维码的识别原理

　　(1)二维码的机制就是在二维平面上分布黑白相间的特定的几何图形。它的实质就是计算机的逻辑基础语言,用二进制 0 和 1 进行排列组合,使用若干个与二进制数相对应的几何形体来表示文字数值信息。

　　(2)由于不同颜色的物体,其反射的可见光的波长不同,白色物体能反射各种波长的可见光,黑色物体则吸收各种波长的可见光。所以当摄像头扫描黑白相间的二维码上时,手机利用点运算的阈值理论将采集到的图像变为二值图像,即对图像进行二值化处理,得到二值化图像后,对其进行膨胀运算,然后对膨胀后的图像进行边缘检测得到二维码区域的轮廓。

经过一项灰度值计算公式对图像进行二值化处理,得到一幅标准的二值化图像后,对该图像网格每一个交点上的图像像素取样,并根据阈值确定是深色"1"还是浅色"0",从而得到二维码的原始二进制序列值,然后对这些数据进行纠错和译码,最后根据二维码的逻辑编码规则将这些原始数据转换成数值信息。

3. 二维码的优点

(1)可以高密度编码,改码蕴含的信息容量较大。

(2)编码的内容和范围广。

(3)具有较强的纠错能力和抗干扰能力。

(4)译码准确率高。

(5)容易加密。

(6)成本低,易制作,持久耐用。

4. 二维码的读取过程

(1)寻找定位角点。用扫码枪扫描二维码时,先寻找二维码的3个方形定位角点。该步骤如下:通过扫码,对图片进行平滑滤波、二值化、轮廓寻找,在轮廓中找到面积最接近的3个角点即二维码的定位角点。

(2)判断3个角点的位置。对于所拍图片通过校正、缩放、拉伸、旋转等操作,能判断3个角点围成的三角形的最大角,从而判断出二维码左上角的点,然后根据这个角的两个边的角度差确定另外两个角点的左下和右上位置。

(3)读取信息。根据识别二维码的有效范围,提取其中信息。

5. 实施步骤

根据企业的工程经验传承,请参考《KImage 视觉软件使用手册》中的识别类工具使用说明,依照操作步骤添加二维码检测工具,引用相机工具的输出图像,实现二维码的读取。

使用 KImage 软件,完成某个包裹一维码/二维码的识别,并通过计算机输出结果,具体实施步骤如下。

(1)步骤一　打开 KImage 软件,新建一个项目,并命名为【条码及二维码读取】。如图4-3 所示,点击新建按钮,完成创建。

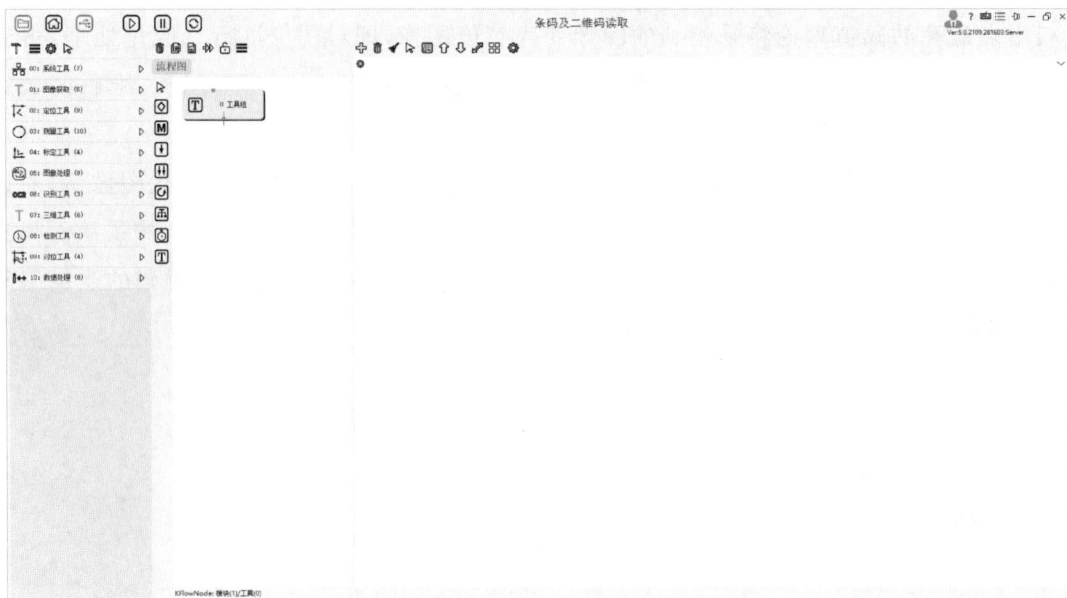

图 4-3　创建条码及二维码读取工程

（2）步骤二　依照前述实验的操作，添加一个相机工具，设置相关参数，采集一张一维码及二维码图片，如图 4-4 所示。

图 4-4　采集一维码及二维码图像

（3）步骤三　添加条码检测工具，引用相机工具的输出图像，选择默认的参数，点击执行按钮可以实现全图条码读取，如图 4-5 所示。

图 4-5　条码读取

（4）步骤四　进入参数界面后设置搜索模式为局部搜索，如果已确定码制可以直接手动选定码制，实现局部区域和选定码制的读取，如图 4-6 所示。

图 4-6　选定区域和选定码制的读取

（5）步骤五　进入【条码及二维码读取】界面,选择二维码读取,如图 4-7 所示。

图 4-7　选择二维码读取

（6）步骤六　读取不同码制的二维码,需要在码类型下拉菜单中选择码制,如图 4-8 所示。

图 4-8　选择码制

（7）步骤七　如果要识别多个二维码，需要设置检测模式和检测数量，这样才可以同时读取多个二维码，如图 4-9 所示。

图 4-9　读取多个二维码

（8）步骤八　识别多个二维码，并输出二维码数据信息，如图 4-10 所示。

图 4-10　显示多个二维码数据

任务实施

请根据本任务信息获取中的实施步骤,识别如图 4-11 所示的某个包裹二维码的信息,并填写以下内容。

图 4-11　某包裹二维码

1.新建工程:

_____

2.采集图像:

_____

3.读取二维码:

_____

4.选择模板相应码制:

_____

5.设置检测模式和检测数量:

_____

6.输出结果:

_____

任务评价

请根据任务各个环节的完成情况,进行学生自评、学生互评和教师评价,完成表 4-6。

表 4-6　任务评价表

类别	考核内容	分值	评价分数		
			学生自评	学生互评	教师评价
理论	熟悉二维码识别原理	15			
	知道使用 KImage 软件读取二维码步骤	15			
工作实施	会使用视觉软件 KImage 软件搜索二维码	15			
	选择相应的二维码码制	15			
	会使用机器视觉系统识别多个二维码	15			
	会使用机器视觉系统识别二维码并输出数据信息	20			
素养	能够查阅技术资料,具备团队合作的职业素养	5			

任务三　商品二维码的动态识别

商品二维码
的动态识别

任务描述

生活中几乎每一件商品上都会出现二维码。这个小小的二维码包含了商品的相关信息,例如价格、成分等。当客户扫描二维码后会获得网页、音乐、红包等信息,这样可达到防伪和推广的效果,因此利用机器视觉系统识别动态二维码,利于商品的流通和销售。

本任务围绕动态二维码的相关知识,引导读者使用二维码识别工具,对图像进行几何变换,包括平移、旋转、缩小、放大,在商品动态二维码识别工作的过程中掌握识别图像信息的字符串技能点,培养读者应用专业知识的能力。

学习目标

◇ 知识目标

1. 理解动态二维码的工作原理。

2. 能描述动态二维码的应用情景。

◇ 能力目标

1. 熟练使用 KImage 软件中的二维码检测工具。

2. 能熟练地使用 KImage 软件读取动态二维码信息。

◇ 素养目标

开阔学生视野,能够将专业知识应用于生活中,具备与时俱进的职业素养。

项目四
任务三微课

信息获取

1. 动态二维码的工作原理

伴随着信息时代的发展,二维码的应用越来越广泛,虽然二维码就能携带很多信息,但随着商品二维码传递信息变得复杂、内容也呈现多样性变化,因此普通静态二维码已无法满足人们所需。二维码最主要分为以下几大类:静态二维码、动态二维码、多链接二维码,其中动态二维码的应用最为广泛。

动态二维码也称之为活码，"活"指的是码的排列角度是变化的，但是二维码是内容不变。活码的优点是随时修改二维码的内容（位置、角度）且二维码图案不变，和静态二维码一样支持存储大量文字、图片、文件、音视、视频等内容，同时生成的图案简单易扫。实际上二维码是按照编码规则把信息编码后得到的字符串，我们扫描后得到的一般是一个网址，在动态二维码出现之前，我们是通过电脑输入网址登录网址，自从有了二维码之后，我们使用手机软件扫描二维码，通过文本的解析、转换，从而得到网址、文字等信息。

2. 动态二维码的应用场景

我们生活中的、医保码、微信的付款码就是一种动态二维码，它每隔几十秒就会自动变换，从而达到支付功能。由于动态二维码的随时更改内容、监测扫描数据、储存信息量大而被广泛应用于各种场合中，下面我们来看看。

1）用于防伪

例如我们买的商品包装外的防伪码，商家可以给商品的二维码上一层涂层，为了辨别真伪，消费者收到商品之后刮开涂层扫码，得到该商品的重要信息，同时表明真伪后即失效，改码内容是变化的。除了防伪，商家还会在商品包装放上二维码来做一些销售活动，比如扫码关注公众号、领红包等宣传活动。

2）用于售票

日常商业活动中用的很多电子票都附有二维码，比如：游乐园门票、疫情时派发的消费券等。当用户扫描这些动态二维码之后，平台会收到他们的数据，同时平台会让二维码失效。

3）用于商业运营

今天的商业活动推广里面，都包含人们用手机扫描二维码这一动作。平台可以检测扫描动态二维码，并生成大数据，这些数据对商家或者企业制定营销策略或者更新现有的运营方案有着重要的参考作用，同时这是衡量销售推广的效果标准。

3. 实施步骤

根据企业的工程经验传承，请参考《KImage 视觉软件使用手册》中的识别类工具使用说明，并依照操作步骤，完成商品二维码的动态识别，具体实施步骤如下。

（1）步骤一　创建一个动态二维码工程。点击工具组的设置按钮，触发源选择相机，触发值设置为 OK，如图 4-12 所示。

（2）步骤二　在工具组里面添加相机工具，设置相机的参数，如图 4-13 所示。

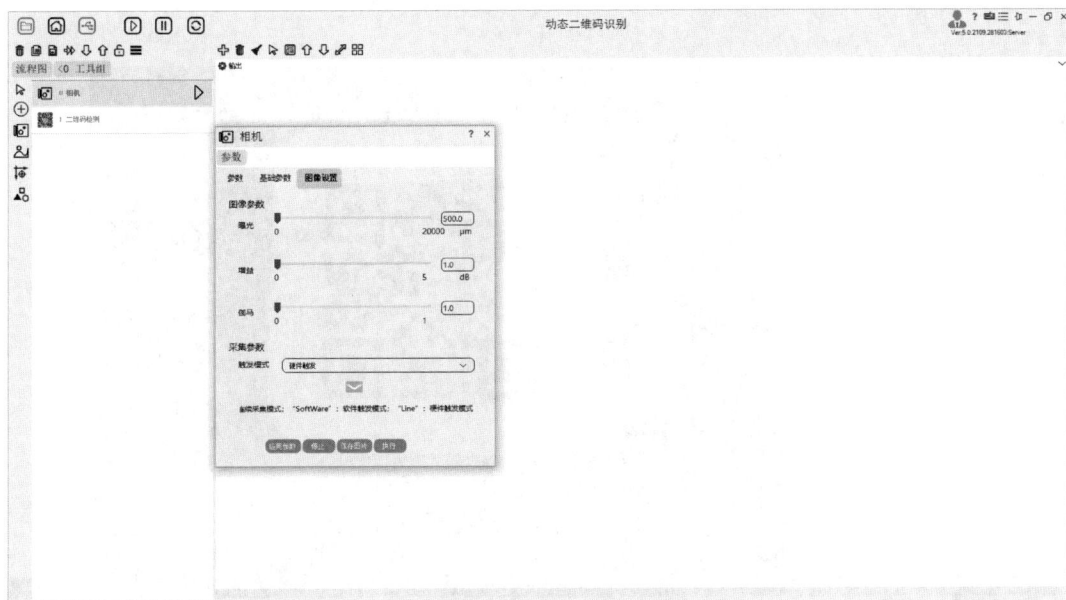

图 4-12　工具组的设置

图 4-13　相机参数设置

（3）步骤三　在工具中添加二维码检测工具，基础参数的设置如图 4-14 所示，图形显示的设置如图 4-15 所示。

图 4-14　二维码检测工具基础参数的设置

图 4-15　二维码检测工具图形显示的设置

（4）步骤四　绑定好对应的 ROI 和输出图像，旋转马达调速旋钮，二维码结果显示如图 4-16 所示。

图 4-16　结果显示

⊛ 任务实施

请根据本任务信息获取中的实施步骤,试读取图 4-17 所示二维码,显示其商品信息,并填写以下内容。

图 4-17　矿泉水二维码

1. 新建工程:

_____

2. 根据触发源选择相机:

_____

3. 设置相机参数:

_____

4. 设置二维码工具参数:

_____

5. 绑定好对应的 ROI 区域和输出图像:

_____

6. 输出结果:

_____

任务评价

请根据任务各个环节的完成情况,进行学生自评、学生互评和教师评价,完成表4-7。

表 4-7 任务评价表

类别	考核内容	分值	评价分数		
			学生自评	学生互评	教师评价
理论	熟悉动态二维码读取的过程	10			
	会使用机器视觉系统获取动态二维码字符串	10			
工作实施	熟练使用 KImage 软件创建动态二维码工程	10			
	模板匹配,定位图像	10			
	会用 KImage 软件调整马达转速、角度	10			
	提取图像 ROI 区域,提高准确率	10			
	会用软件读取动态二维码字符串信息	15			
素养	遵守操作规程,养成严谨科学的工作态度	5			
	根据工作岗位职责,完成小组成员的合理分工	5			
	团队合作中,各成员学会合理表达自己的观点	5			
	严格执行 6S 现场管理	5			
	养成总结训练过程和结果的习惯,为下次训练总结经验	5			

知识拓展

知识链接

练习与实践

项目五
多功能工具的尺寸测量
视觉系统的综合应用

项目情境

在现代制造业自动化生产中,从个性定制的模具到批量生产的标准件,都涉及尺寸检查、丈量和轮廓辨别。在传统的自动化生产中,对于尺寸的测量,常用的测量工具为千分尺、游标卡尺、塞尺等,而这些测量手段测量精度低、速度慢,无法满足大规模的自动化生产需求。机器视觉以其自动化、客观、非接触和高精度,以及工业现场环境下的靠谱性等特性,正广泛地应用于机器零件的尺寸测量等方面。本项目将以多功能刀具的尺寸测量为载体,引导读者理解机器视觉系统尺寸测量的方法、掌握机器视觉系统尺寸测量的步骤,培养读者测量复杂零件轮廓的技能。

知识图谱

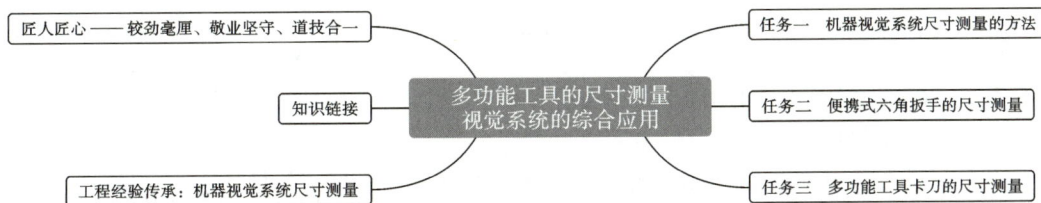

项目分组

根据项目特点,细分每个岗位的职责并确定负责人,形成工作计划,分工合作完成任务,填写表5-1。

表 5-1　项目五分组

班级		组号		指导老师	
组长		学号			
组员	姓名	学号		分工描述	

项目计划

1. 制定项目实施方案

细分本项目每个任务的 1+X 考证培训技能点，如表 5-2 所示。

表 5-2　多功能工具的尺寸测量视觉系统的综合应用的实施方案

步骤	技能点	项目任务
1	能根据检测对象和要求，使用机器视觉编程软件选择特征匹配定位工具，创建视觉定位检测方案	机器视觉系统尺寸测量的方法
2	（1）能选择合适的标定板，使用标定板标定方法对视觉系统进行标定； （2）能调用视觉编程软件的标定工具，并在软件中选取标定板上的特征点； （3）能正确使用视觉编程软件的标定工具，将标定板的特征点正确呈现	便携式六角扳手的尺寸测量

步骤	技能点	项目任务
3	（1）能使用线线、点线、点点测量等工具，完成点、线、圆等对象的尺寸测量； （2）能明确规定工程的输出结果，包括状态信号、判定结果、测量值	多功能工具卡刀的尺寸测量

2. 列出材料清单

请列出完成本项目所需的工具、耗材和器件清单，如表 5-3 所示，形成良好的职业习惯。

表 5-3　工具、耗材和器件清单

序号	名称	型号与规格	单位	数量
1	待测尺寸工件	便携式六角扳手	个	1
2	待测轮廓工件	多功能工具卡刀	个	1

任务一　机器视觉系统尺寸测量的方法

机器视觉系统尺寸测量的方法

➡ 任务描述

当一种零件量产后，一般都以抽检方式来确定此批次零件的合格率。机器视觉系统具有测量功能，能够自动测量产品的外观尺寸，比如外形轮廓尺寸、孔径、高度、面积等的测量。尺寸测量无论是在产品的生产过程中，还是产品生产完成后的质量检验中都是必不可少的环节。读者需要知道机器视觉系统尺寸测量的基础算法和测量过程。

本任务围绕机器视觉系统尺寸测量的相关知识，引导读者在学习机器视觉系统尺寸测量的过程中，根据检测的对象和要求，掌握使用机器视觉编程软件创建视觉定位检测方案的技能点，培养读者应用机器视觉系统进行尺寸测量的技能。

◇ 知识目标

1.了解机器视觉系统测量零件尺寸的工作流程。

2.了解常见的尺寸测量算法。

◇ 能力目标

1.能描述机器视觉系统测量零件尺寸的工作流程。

2.能根据检测对象和要求创建视觉定位检测方案,选择特征匹配定位工具。

◇ 素养目标

具有小组讨论和查找关于视觉测量算法资料的习惯和团队合作的职业素养。

信息获取

1.机器视觉系统的尺寸测量特点

基于机器视觉系统的尺寸测量属于非接触式的测量,具有检测精度高、速度快、成本低、安装简便等优点,可以检测零件的各种尺寸,如长度、角度、圆弧等尺寸。

机器视觉系统的尺寸测量有如下特点。

(1)效率更高　人工检测效率较低,机器视觉系统检测速度要快得多,每分钟能够对数百个甚至数千个元件进行测量,而且能够 24 小时不间断地工作。

(2)准确性更高　人眼有物理条件的限制,人也会受到主观性、身体精力等因素的影响,准确性有时不能得到保证。机器不受主观因素影响,只要参数设置没有差异,具有相同配置的多台机器就可以保证相同的精度。

(3)总体成本更低　机器比人工测量更有效,从长远来看,机器视觉系统测量的成本更低。

(4)信息集成　机器视觉系统测量可以通过多站测量方法一次测量多个技术参数,例如,可一次测量产品的轮廓、尺寸、外观缺陷和高度。

(5)数字化统计管理　可在得到测量数据后生成报告,而无须逐个手动添加。

(6)可适用于危险的检测环境　机器可以在恶劣、危险的环境中,以及在人类视觉难以满足需求的场合很好地完成检测工作。

(7)不会对产品造成接触损伤　机器视觉系统在测量工件的过程中,不需要接触工件,不会对工件造成接触损伤。人工测量会对工件进行接触测量,容易产生接触损伤。

(8)更客观稳定　机器检测结果相较于人工检测结果更加客观、可靠、稳定。

(9)避免二次污染　人工操作有时会带来不确定的污染源,从而污染工件。

(10)维护简单　对操作者的技术要求低,有使用寿命长等优点。

总体来说,机器视觉系统测量对比人工测量具有客观性、非接触性和高精度等特点。特别是在工业生产领域中,在重复和机械性的工作中具有强大的应用价值,对企业来说不仅确保了产品质量的稳定性而且还提高了产品的竞争力。

2. 机器视觉系统测量工件尺寸的流程

机器视觉系统的测量流程大致可分为图像采集、图像定位、特征提取、尺寸计算以及结果输出,如图 5-1 所示。

图像采集　→　图像定位　→　特征提取　→　尺寸计算　→　结果输出

图 5-1　测量流程

(1)步骤一　图像采集。

采集的方式有离线和在线两种方式,离线即事先拍摄好存储在文件夹中的图像,而在线采集就是连接相机进行实时图像采集。图像的格式为 BMP 或 JPG 格式。

(2)步骤二　图像定位。

利用模板匹配,对需要定位的模板进行创建,将所测量的产品进行模板定位。

(3)步骤三　特征提取。

提取所需要测量的图形特征,比如点、线、圆、椭圆等,为测量做准备。

(4)步骤四　尺寸计算。

依据提取的图形特征,比如点、线、圆、椭圆等,计算它们之间的位置信息。

(5)步骤五　结果输出。

因为测量是在图像上进行的,输出的结果以像素为单位,如需输出世界坐标系下的真值,则图像坐标系需转换为世界坐标系。

3. 使用背光源的注意事项

背光源是一种平面光源,LED 灯珠分布于光源底部,发出的光经过导光板后形成均匀背光。我们看到的物体实际是物体反射的光。机器视觉也是一样的原理,但是机器视觉能够看见的光比人类的要更加广泛,因此背光源从可见的红、绿、蓝等可见光到红外、紫外等不可见光理论上都适用。背光源在视觉检测中常用来检测产品轮廓。

将背光源放置在检测物下方,向镜头方向打光,检测物由于不透光在镜头中呈现暗色阴影,因此边缘的缺陷会非常清晰,如图 5-2 所示。

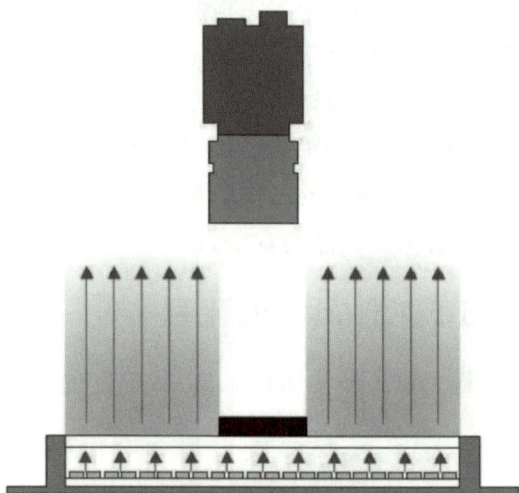

图 5-2　背光源照明

4. 机器视觉系统提取机械零件轮廓特征的算法

提取轮廓特征一般首选背光,因为背光的照射方式是从下往上,相机成像时被物体挡住的部分呈黑色,反之呈白色,形成鲜明对比。常用的轮廓提取方法是基于边缘检测的轮廓检测方法。基于边缘检测的轮廓检测方法主要定义了亮度、颜色等特征的突变,通过标识图像中亮度变化明显的像素点来完成边缘检测。边缘检测通常将图像与微分算子卷积,常借助于 Sobel 算子、Roberts 算子、Prewitt 算子、Laplacian 算子和 Canny 算子等来提取工件的轮廓特征。

5. 机器视觉系统测量机械零件尺寸的过程

(1)测量机械零件尺寸首先应选择合适光源。

(2)使零件轮廓有鲜明的对比,通过 Canny 边缘检测提取目标轮廓。

(3)使用模板匹配定位目标位置。

📌 任务实施

1.请描述机器视觉系统尺寸测量的特点。

_____

_____

2.请说明机器视觉系统测量工件尺寸的流程。

_____

_____

3. 怎样使用背光源才能得到清晰的检测物轮廓?

_____

_____

任务评价

请根据任务各个环节的完成情况,进行学生自评、学生互评和教师评价,完成表5-4。

表 5-4　任务评价表

类别	考核内容	分值	评价分数		
			学生自评	学生互评	教师评价
获取信息	知道机器视觉系统尺寸测量的优点	5			
	熟悉机器视觉系统尺寸测量的流程	5			
	会阐述机器视觉系统提取机械零件的轮廓特征	10			
	会阐述机器视觉系统测量机械零件的尺寸过程	25			
	光源的设置和使用	25			
工作实施	能独立完成练习	20			
素养	能与组员讨论和查找关于机器视觉测量的算法资料	10			

任务二　便携式六角扳手的尺寸测量

便携式六角扳手的尺寸测量

任务描述

随着我国工业的发展,机械零部件所需要的螺母也是越来越精细和多样化。上海市某机械制造企业发明了一种既能扳 M3 至 M20 的各种外六角螺栓,又能扳 M5 至 M16 的各种内六角螺钉的便携式六角扳手。由于该扳手精度要求高,它包含多种六角插孔尺寸,因此需要用机器视觉系统精确测量各个六角插孔尺寸。

本任务围绕测量标定知识,引导读者在完成便携式六角扳手尺寸测量工作的过程中掌握机器视觉编程软件的标定工具使用的技能点,培养读者使用机器视觉系统测量六角扳手尺寸的技能。

学习目标

◇ 知识目标

1.掌握尺寸测量软件的使用方法。

2.理解目标定位技术的方法。

◇ 能力目标

1.会使用视觉系统 KImage 软件中的定位类和尺寸测量工具。

2.会使用视觉系统 KImage 软件中的九点标定工具,呈现特征点,进行尺寸测量并输出结果。

◇ 素养目标

具有根据问题查阅技术资料和良好分析问题的职业素养。

项目五
任务二微课

信息获取

1. 机器视觉系统中的目标定位技术

机器视觉自动定位技术的基本原理是通过机器设备自带的 CCD 将采集到的实物图像传输到 PLC(可编程逻辑控制器)图像处理系统,通过图像处理系统计算出偏移位置及角度,然后反馈给外部平台运动控制器,通过精密伺服驱动完成位置纠偏功能。

2. 标定器件图像的九点标定步骤

在机器视觉系统中,相机拍照获取的图片所在的坐标系为像素坐标系,而机械手所在的坐标系为空间坐标系,所以九点标定的意义在于获取像素坐标系和空间坐标系相互之间的位置关系。在实际场景中,相机检测到目标在图像中的像素位置后,通过标定好的坐标转换矩阵将相机的像素坐标变换到机械手的空间坐标系中,然后根据机械手的空间坐标系计算出各个电机的运动轨迹,从而控制机械手到达指定位置。

3. 实施步骤

根据企业的工程经验传承,请参考《KImage 视觉软件使用手册》中的测量类和定位类工具使用说明，完成便携式六角扳手尺寸测量，并实现计算机通信，输出结果，具体实施步骤如下。

（1）步骤一　打开 KImage 软件，新建一个项目，并命名为"机械零件尺寸测量综合"，点击新建按钮，完成创建，如图 5-3 所示。

图 5-3　创建工程

（2）步骤二　依照前述实验的操作，添加一个相机工具，设置好相关参数，采集一张机械零件的图片，使用背光源让零件的成像轮廓清晰可见，如图 5-4 所示。

图 5-4　采集图像

（3）步骤三　添加形状匹配工具，注册模板图像，框选模板区域，创建模板，实现定位跟随的功能，如图 5-5 所示。

图 5-5　定位跟随

（4）步骤四　添加找圆工具，注册模板图像，设置参数，实现找圆功能，如图 5-6 所示。

图 5-6　找圆

（5）步骤五　添加找线工具，注册模板图像，设置参数，实现找线功能，如图 5-7 所示。

图 5-7 找线

（6）步骤六 添加点线距离工具，引用之前的点和线坐标，实现计算点线距离的功能，如图 5-8 所示。

图 5-8 点线距离

（7）步骤七 图 5-8 所示的距离是像素坐标下的距离，如果需要转换成世界坐标系下的真值，则需要进行九点标定或者 XY 标定，标定出每个像素的当量，添加一个离线的标定工具组,用于九点标定,如图 5-9 所示。

图 5-9 添加九点标定

(8)步骤八 在九点标定工具组里面添加相机工具用来采集标定图像,如图 5-10 所示。

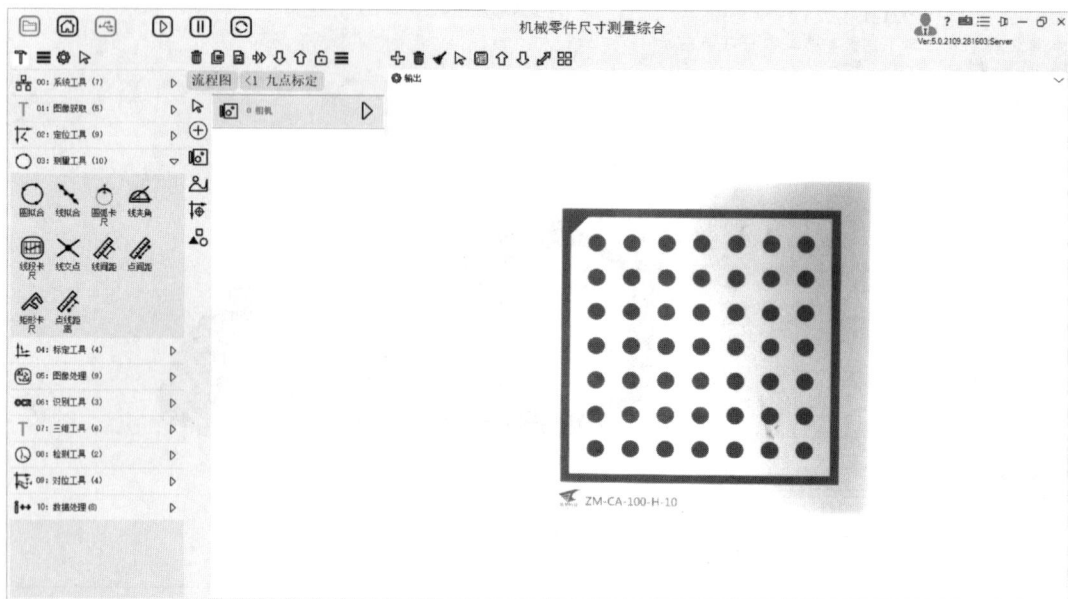

图 5-10 采集标定图像

(9)步骤九 分别找到九个圆的圆心,理论上三个点以上都可以实现标定,因为三个不共线的点确定一个平面,如图 5-11 所示。

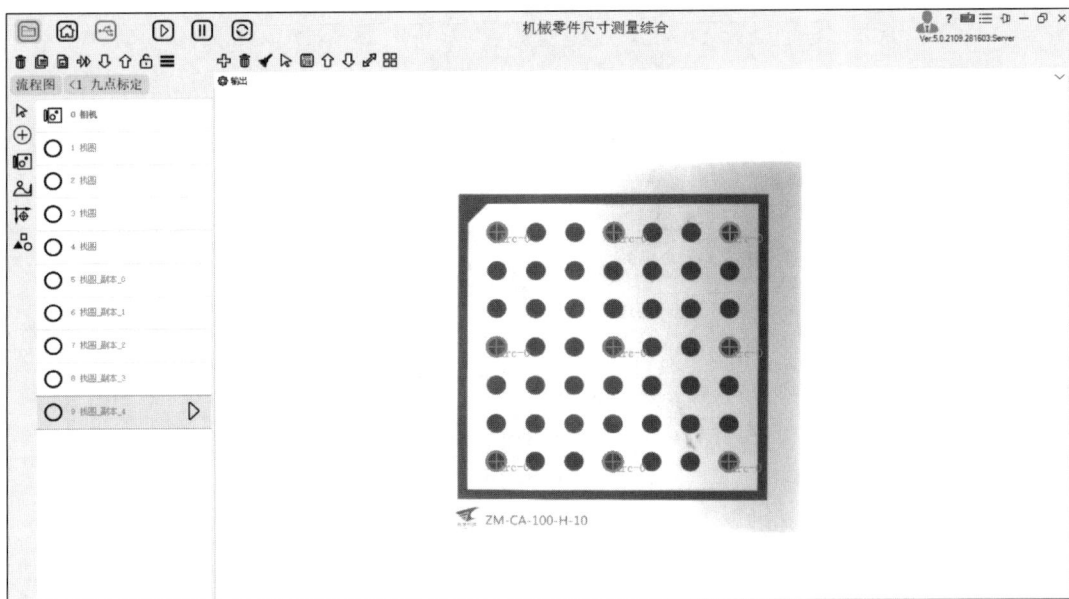

图 5-11　图像上的九点

（10）步骤十　添加 N 点标定工具，把九个圆心的坐标更新到左侧的像素坐标系中，右侧的坐标可以手动输入，假设原点在左上角圆心，相邻两圆心之间的距离为 100mm，输入完整后，点击执行，实现九点标定，如图 5-12 所示。

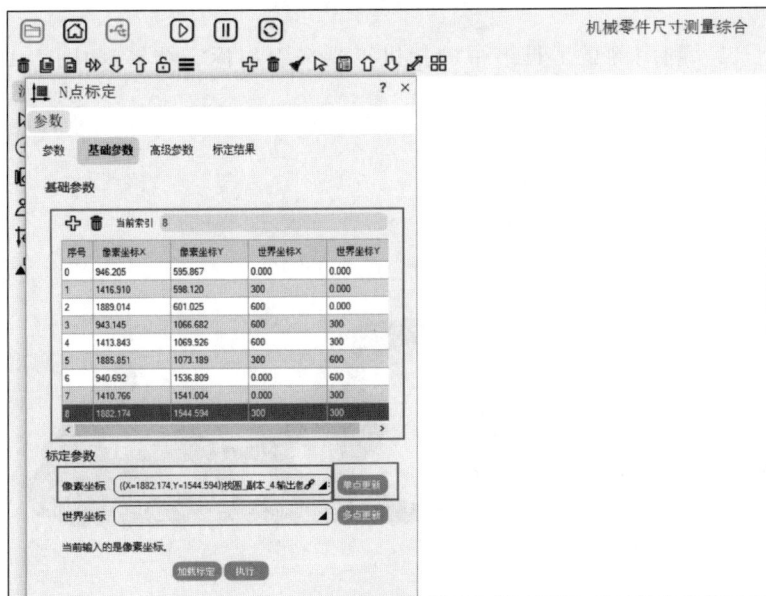

图 5-12　九点标定

（11）步骤十一　N 点标定工具中，可以查看 X、Y 方向的像素当量，理论上这两个值很接近才正确，如图 5-13 所示。

图 5-13　查看标定结果

（12）步骤十二　利用测量工具组中的相机工具来引用标定结果，如图 5-14 所示。

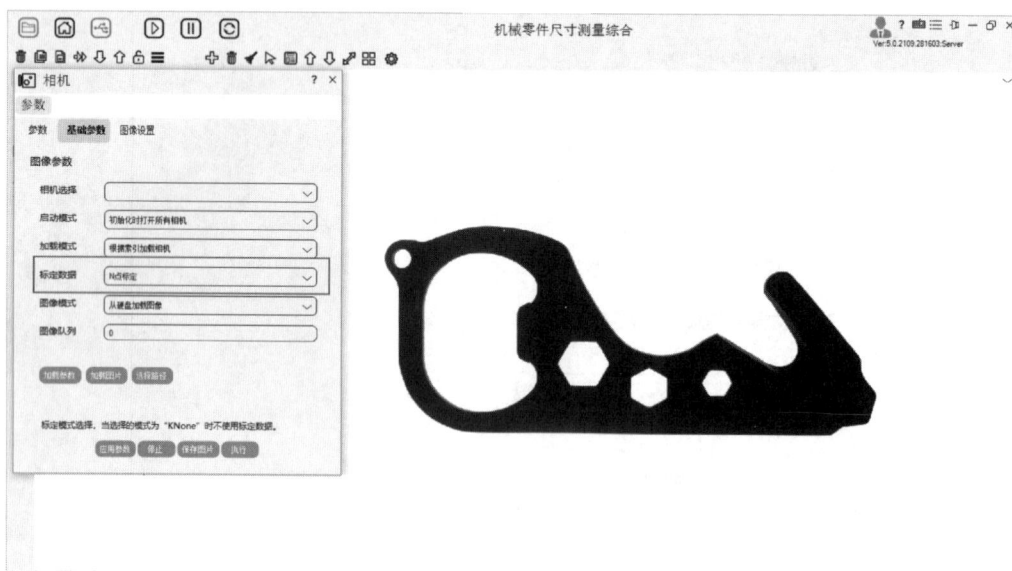

图 5-14　引用标定结果

（13）步骤十三　再次执行点线距离，发现结果变化了，但变化不大，因为像素当量接近1，如图 5-15 所示。

图 5-15　数据转换输出

任务实施

请根据本任务信息获取中的实施步骤，试测量如图 5-16 所示六角扳手其中一个六边形的中心到底线的距离，并填写以下内容。

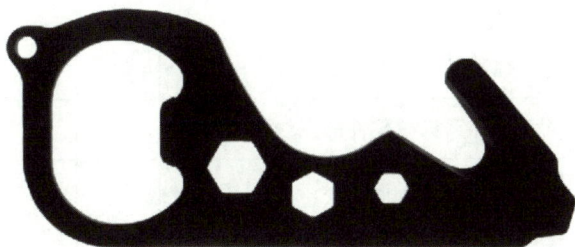

图 5-16　六角扳手

1.新建工程：

_____

2.采集图像：

_____

3.形状匹配定位：

_____

4.找线、找点、找距离：

_____

5.区域判断：

_____

6.测量结果：

_____

7.判断是否合格：

_____

任务评价

请根据任务各个环节的完成情况，进行学生自评、学生互评和教师评价，完成表5-5。

表 5-5　任务评价表

类别	考核内容	分值	评价分数		
			学生自评	学生互评	教师评价
理论	熟悉尺寸测量软件的使用方法	10			
	知道目标定位技术的方法	10			
工作实施	会使用机器视觉系统提取机械零件的轮廓特征	10			
	会使用 KImage 软件中的尺寸测量工具	10			
	会使用九点标定工具	10			
	会使用机器视觉系统测量机械零件的尺寸	10			
	会使用机器视觉系统计算机械零件的点线距离	15			
	会使用机器视觉系统测量六角扳手六边形中心到底边的距离	20			
素养	能够查阅技术资料，具备良好分析问题的职业素养	5			

任务三　多功能工具卡刀的尺寸测量

多功能工具
卡刀的尺寸
测量

任务描述

　　由于组合工具不方便携带，人们常会使用多功能工具。本任务介绍的这款工具卡刀最突出的特点是它只有一般的信用卡大小，连同皮套在内，厚度大约是信用卡厚度的两倍，可以和信用卡一起放在钱包里，具有开瓶器、尺子、起钉器、方向识别器、扳手、钥匙环等功能。合格的工具卡刀的各个功能区的尺寸要求精确，因此可以利用机器视觉系统测量各个功能区域的轮廓和计算距离。

　　本任务围绕快速特征匹配的相关知识，引导读者在完成多功能工具卡刀的尺寸测量的过程中掌握测量工具使用和特征匹配技能点，培养读者使用机器视觉系统测量卡刀尺寸的技能。

学习目标

◇　知识目标

1. 熟练掌握尺寸测量工具的使用方法。

2. 掌握尺寸测量的特征提取方法和步骤。

◇　能力目标

项目五
任务三微课

1. 熟练使用 KImage 软件中的线线、点线、点点测量等工具，完成点、线、圆等对象尺寸的测量。

2. 会使用 ZM-KFL-MV500 机器视觉应用平台获取测量值。

◇　素养目标

读者能够根据现有知识独立完成任务，具备分析问题、解决问题的职业素养。

1. 轮廓检测的作用

轮廓检测指在包含目标和背景的数字图像中,忽略背景和目标内部的纹理以及噪声干扰的影响,采用一定的技术和方法来实现目标轮廓提取的过程。它是目标检测、形状分析、目标识别和目标跟踪等技术的重要基础。

2. 图像纹理的特征提取特点

纹理是一种反映图像中同质现象的视觉特征,它体现了物体表面的具有缓慢变化或者周期性变化的表面结构组织排列属性。纹理具有三大标志:

(1)某种局部序列性不断重复;

(2)非随机排列;

(3)纹理区域内大致为均匀的统一体。

基于灰度共生矩阵的纹理分析法是分析纹理特征的一种有效方法,该方法研究了图像纹理中灰度级的空间依赖关系。它对灰度的分布特性是通过对灰度值不同的像素分布来表示的,同时这些像素对空间位置关系和分布特性也产生了影响。此方法以像素对的方向和距离为变化量建立共生矩阵,再从此矩阵中提取可以表征图像内容的统计量(能量、熵、惯性矩、相关量)作为纹理特征。这样的过程在满足检索准确度的情况下,降低了计算量。

3. 实施步骤

根据企业的工程经验传承,请参考《KImage 视觉软件使用手册》中的测量类和定位类工具使用说明,并依照操作步骤,完成便携式多功能工具刀尺寸测量系统的系统联调,判断工具刀是否合格,生成结果,具体实施步骤如下:

(1)步骤一 打开 KImage 软件,新建一个项目,并命名为机械零件尺寸测量综合(见图 5-17),点击新建按钮,完成创建,并将工具组改名为机械零件测量。

(2)步骤二 依照前述实验的操作,在工具组中添加一个相机工具,设置好相关参数,选择标定数据,采集一张机械零件的图片时,背光源能让零件的成像轮廓清晰可见,如图 5-18 所示。

(3)步骤三 添加现状匹配工具,点击注册图像,用出现的 ROI 框选中需要注意的地方,点击创建模板、执行,这一步是为零件做定位,做定位可以避免零件翻转或者位置变换后测量不准确的问题,框选的位置需要是所有待测零件的共同点,具体操作如图 5-19 所示。

图 5-17　创建工程

图 5-18　采图

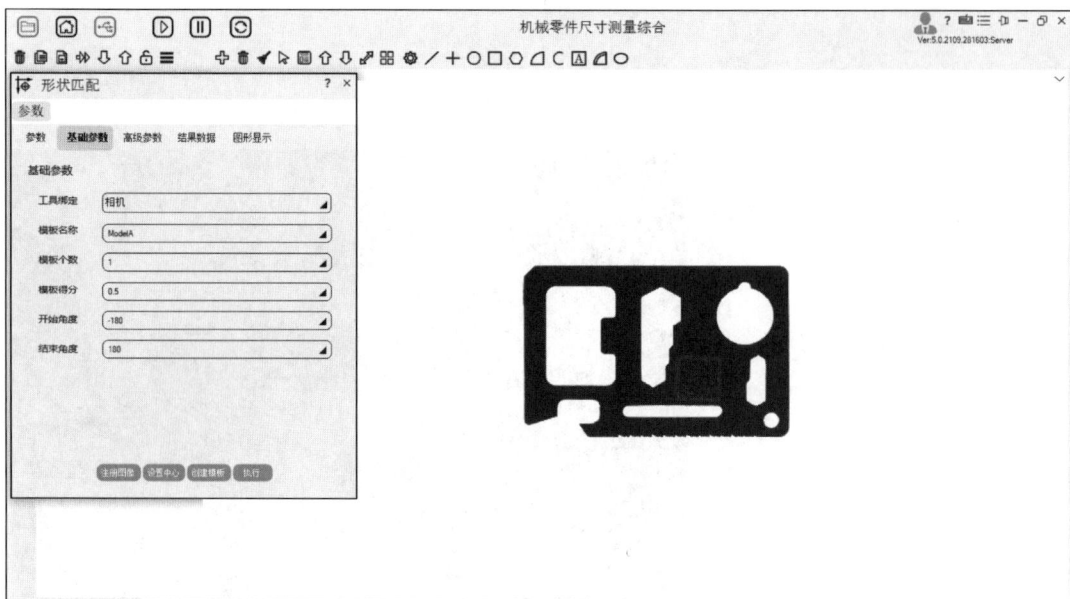

图 5-19 现状匹配定位

（4）步骤四 添加找线工具，点击注册图像，用出现的 ROI 框选中图 5-20 所示位置，点击执行。

图 5-20 找线

（5）步骤五 添加边缘点工具，点击注册图像，用出现的 ROI 框选中图 5-21 所示位置，点击执行。

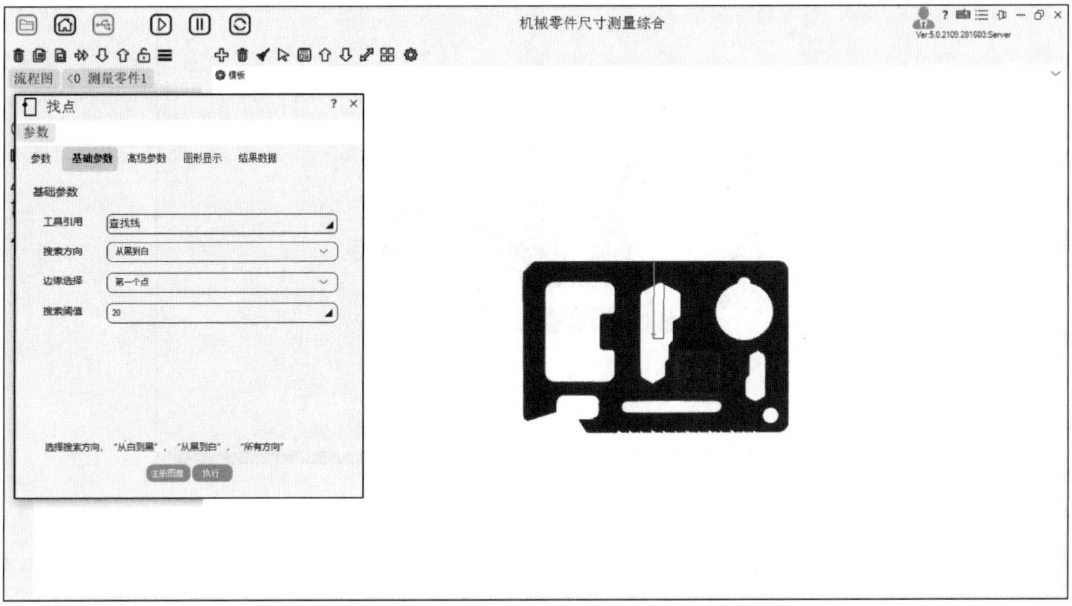

图 5-21　找点

（6）步骤六　添加点线距离工具，将找点工具中输出参数的边缘点集与找线工具中输出参数的线坐标分别拖至点线距离的端点坐标与直线坐标，如图 5-22 所示，点击执行获得的测量显示效果如图 5-23 所示。

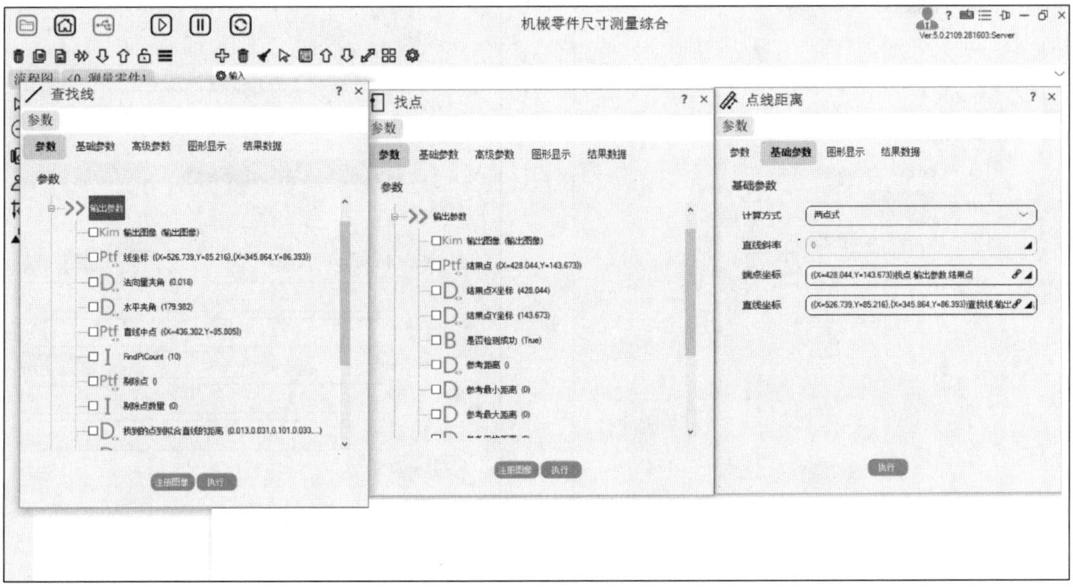

图 5-22　点线距离的引用

图 5-23　测量显示

（7）步骤七　由于零件该位置的准确数据为 11.5mm，且合格零件的误差在±0.5mm 以内，所以打开点线距离工具的输出参数，点击距离，然后点击变量设置，如图 5-24 所示。进入变量设置后，进行区间判断，将 11 填入最小值，12 填入最大值，返回点击执行即可，如图 5-25 所示。

图 5-24　变量设置

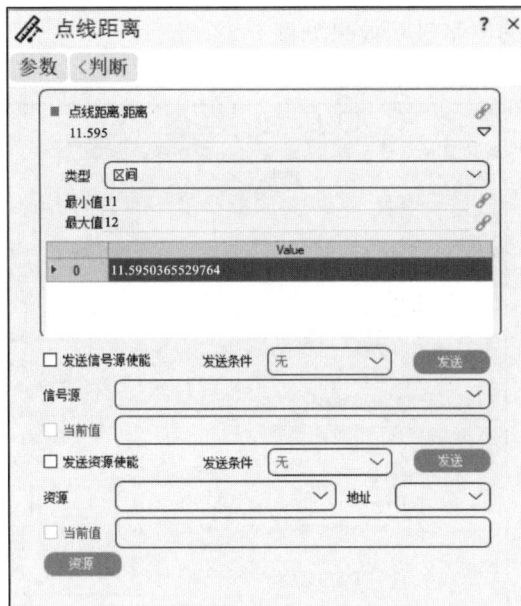

图 5-25　区间判断

（8）步骤八　复制机械零件测量工具组，转动转盘，使相机能拍到其他零件，点击执行，出现如图 5-26 所示测量结果。

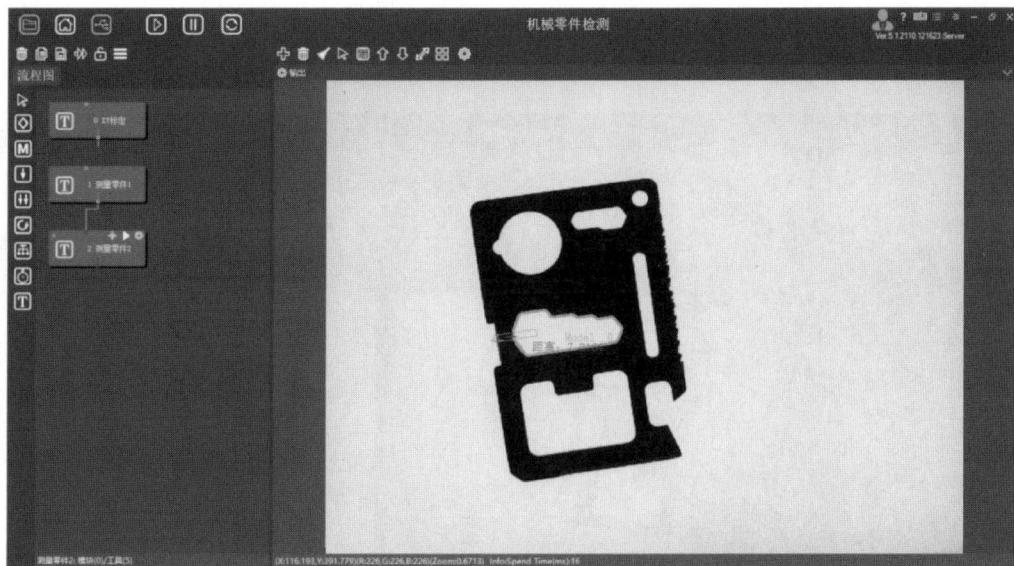

图 5-26　测量结果

（9）步骤九　点击如图 5-27 所示的添加按钮，则会出现两个窗口，分别将两个工件拖入两个窗口中，如图 5-28 所示。

图 5-27　添加按钮

图 5-28　拖拽显示 1

（10）步骤十　分别将两个工具组中点线距离工具的输出参数的距离拖入两个显示区域中，如图 5-29 所示。

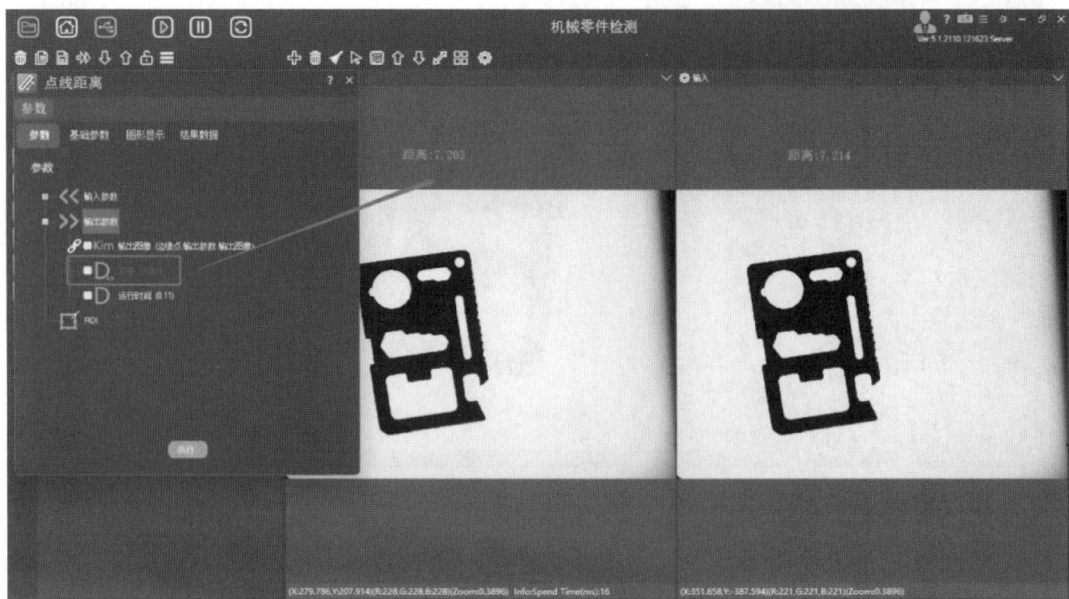

图 5-29　拖拽显示 2

（11）步骤十一　执行后的显示如图 5-30 所示，从图 5-30 中可以判断第一个零件为合格零件，第二个零件为不合格零件。

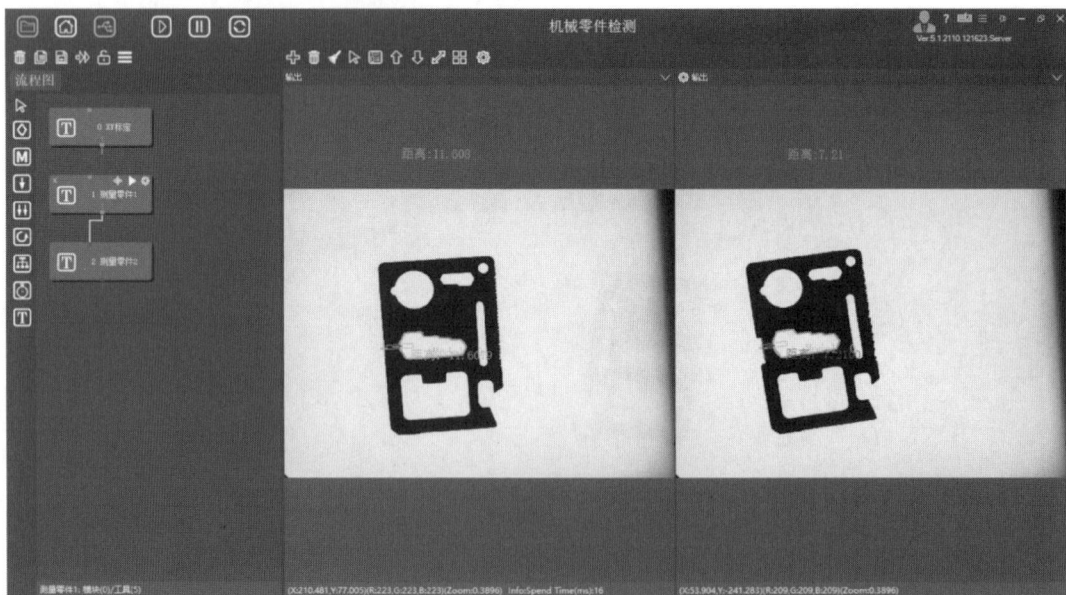

图 5-30　判断零件是否合格

📌 **任务实施**

请根据本任务信息获取中的实施步骤，试判断如图 5-31 所示的工具刀瓶起区域到直尺的距离是否合格，并填写以下内容。

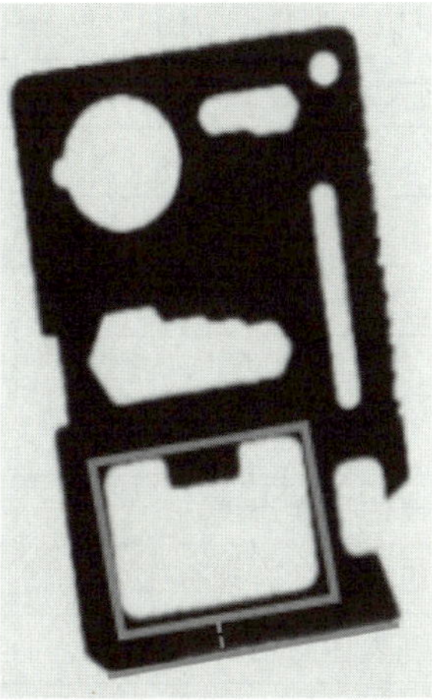

图 5-31　测量工具刀瓶起区域到直尺的距离

1. 新建工程：

_____

2. 采集图像：

_____

3. 形状匹配定位：

_____

4. 找线、找点、找距离：

_____

5. 区域判断：

_____

6. 测量结果：

_____

7. 判断是否合格：

_____

🔁 **任务评价**

请根据任务各个环节的完成情况，进行学生自评、学生互评和教师评价，完成表 5-6。

表 5-6　任务评价表

类别	考核内容	分值	评价分数		
			学生自评	学生互评	教师评价
理论	熟悉机器视觉系统尺寸测量的过程	10			
	会使用机器视觉系统测量多功能工具卡刀的尺寸	10			
工作实施	熟练使用 KImage 软件中的尺寸测量工具	10			
	模板匹配,定位图像	10			
	提取图像特征	10			
	会用软件定位并计算尺寸	10			
	能熟练地使用机器视觉系统测量机械零件尺寸	15			
素养	遵守操作规程,养成科学严谨的工作态度	5			
	根据工作岗位职责,完成小组成员的合理分工	5			
	团队合作中,各成员学会合理表达自己的观点	5			
	严格执行"6S"现场管理	5			
	养成总结训练过程和结果的习惯,为下次训练总结经验	5			

知识拓展

匠人匠心——较劲毫厘、敬业坚守、道技合一

匠人匠心周建民的故事

　　周建民,中国兵器淮海工业集团有限公司十四分厂工具钳工、中国兵器首席技师、"三晋工匠"年度人物、全国劳动模范。周建民能够不借助任何机器设备,全凭手感就能感知头发丝六十分之一的精微。"我的工作就是跟毫厘较劲。"周建民说。

　　一次,公司生产调度找到周建民,说有个重点项目的量具部件太薄,让他想想办法。周建民发现这个量具加工部件较薄、间隙脆弱,数控切削很容易导致变形,就提出用纯手工加工,并把重点放在解决变形上。"这对手的力度感和稳定性要求很高,稍不准确就会导致量具变形报废。"周建民说。既要保证尺寸、对称度,又要把握一丝一毫的细节变化。周建民凭借多年练就的力度感和稳定度,开始尝试对量具进行手工研磨。两天后,加工出的量具一次性通过精密检测,周建民松了一口气。几百万元的高精密进口设备干不了的活,就这样被他用双手"拿下"了。

　　进厂至今,周建民共完成 1.6 万余套专用量具,没有出现一次质量问题,成为山西省荣获中国质量奖个人提名奖的第一人。现在,追求极致已经融入周建民的血液中,成了一种工作习惯。正是这种对极致的追求,让他创造了精度达到头发丝六十分之一的"周氏精度"。参加工作 40 年来,他一共完成 1.5 万余项专用量规生产制造任务,工艺创新项目 1100 余项,累计为公司创造价值 3100 余万元,获得实用新型专利 13 项,发表论文 15 篇。周建民技能大师工作室被人社部授予全国首批 50 个、山西省第一个国家级技能大师工作室,周建民也被誉为"为导弹制造标准的人"。

课程思政

知识链接

练习与实践

项目六
芯片 LOGO 缺陷检测
机器视觉系统的应用

项目情境

　　航天航空、汽车交通、农业生产、芯片制造……现代社会工业制造无处不在。而在加工生产中,产品的合格率无法做到 100%,我们需要对产品的安全、性能和外观缺陷等进行检查。工业缺陷检测旨在发现工业生产制品的外观瑕疵,是生产中保障产品质量、维持生产稳定的重要环节之一。人工筛查的成本高、效率低,难以覆盖大规模的质检需求。随着工业成像、计算机视觉和深度学习等技术的不断发展,产品缺陷检测逐渐从人工检测走向机器视觉检测。机器视觉缺陷检测不仅可以用于检测半导体、纺织物、金属等工业制品,而且具有高精度与高效率。因此,机器视觉缺陷检测已成为智能制造领域重要的基础研究与技术之一,并被广泛应用于生产控制、无人质检、智能巡检和异常溯源等场景。本项目针对自动化生产中的无人质检场景,引导读者理解机器视觉缺陷检测的相关概念、掌握机器视觉检测产品缺陷的步骤,培养读者使用机器视觉系统在工业生产过程中挑拣出不良品的技能。

知识图谱

项目分组

根据项目特点,细分每个岗位的职责并确定负责人,形成工作计划,分工合作完成任务,填写表 6-1 。

表 6-1　项目六分组

班级				组号		指导老师	
组长				学号			
组员		姓名		学号		分工描述	

项目计划

1. 制定项目实施方案

细分本项目每个任务的 1＋X 考证培训技能点,如表 6-2 所示。

表 6-2　芯片 LOGO 缺陷检测机器视觉系统的应用的实施方案

步骤	技能点	项目任务
1	理解形状匹配的原理,并能根据检测要求在特征匹配工具中创建待检测对象模板	缺陷检测技术的应用
2	(1)能依据系统检测需求,正确摘录出良品和不良品; (2)能依据系统检测需求,正确配置合适的外观检查运行参数	芯片 LOGO 漏印的缺陷检测
3	(1)能实现机器视觉在外设系统中对对象进行识别、分类; (2)能根据实际应用场景,正确配置合适的判定阈值	芯片 LOGO 重印的缺陷检测

2.列出材料清单

请列出完成本项目所需的工具、耗材和器件清单,如表 6-3 所示,形成良好的职业习惯。

表 6-3　工具、耗材和器件清单

序号	名称	型号与规格	单位	数量
1	待测定位工件	钩子图案物块	个	1
2	待测缺陷工件	印有 LOGO 的产品	个	1

任务一　缺陷检测技术的应用

缺陷检测
技术的应用

任务描述

不管是"工业 4.0"还是"中国制造 2025",智能制造都是实现以上战略目标的载体,而机器视觉作为智能制造的一部分,不可或缺。在半导体、PCB(印制电路板)、汽车装配等加工制造产品中,产品外观与性能有千丝万缕的联系。机器视觉缺陷检测是阻止不合格产品流入市场的最佳手段。利用机器视觉技术进行缺陷检测具有效率高、成本低的特点,是智能制造未来发展的主要方向之一。

本任务围绕芯片 LOGO 缺陷检测的知识,学习缺陷检测系统的组成以及缺陷检测的方法,理解机器视觉缺陷检测中形状匹配的原理和准则,培养产品安全和质量意识。

学习目标

◇ 知识目标

1.了解芯片 LOGO 缺陷检测的现状。

2.掌握缺陷检测的机外触发模式采图原理。

3.了解缺陷检测的形状匹配原理。

◇ 能力目标

1.能描述视觉缺陷检测系统的组成。

2.能描述视觉缺陷检测的方法和原理。

◇ 素养目标

1.树立学生产品安全和质量至上的意识,养成做事一丝不苟的精神。

2.培养学生乐于分享交流、互助共进的精神。

信息获取

1. 芯片 LOGO 缺陷检测技术的应用与现状

随着中国经济和科技的飞速发展,中国在表面缺陷检测技术方面取得了一定的成就。如大恒图像研发出一种应用于金属表面缺陷检测的系统,该系统安装在金属产品生产线上,对生产线上的每个表面缺陷及外形进行实时在线检测。该系统使用了独特的照明光源,并采用了智能化的算法设计及分析算法,可以对划伤、结石等表面缺陷进行检测和分类。该系统对钢轨表面的缺陷检测采用了一种动态的阈值分割算法和缺陷区域提取算法,该算法可对钢轨表面掉块、表面裂痕的典型缺陷图像进行处理,可以准确提取缺陷位置区域,标定缺陷所在位置,并统计缺陷的特征。基于机器视觉的铁芯表面缺陷检测方法对工业生产线上的铁芯实现了实时在线智能检测,该方法首先采用高斯滤波对图像进行预处理,然后利用 Sobel 算子对图像进行分割,最后结合形态学和区域填充技术填充缺陷区域,利用连通区域面积分析法去除伪缺陷。例如,太阳能电池的缺陷判别算法,利用形态学凸性分析、轮廓分析以及模板匹配等技术,实现了对太阳能电池边缘类缺陷的检测。为了解决涂布生产的缺陷问题,可将卷积神经网络引入涂布的缺陷检测系统中,利用 Caffe 框架构建了深度学习模型,并采用逐一分析法确定训练网络参数,将涂布样本输入模型中进行训练,自动完成缺陷的特征提取。

网片缺陷实时检测系统首先利用 CCD 工业相机对网片图像进行采集,并对图像进行去噪处理,然后通过提取缺陷的特征点对网片各缺陷类型进行预测,最后根据缺陷区域的灰度共生矩阵获得缺陷特征参数,并利用 BP(逆向传播)神经网络进行分类。

木材缺陷检测系统首先对采集到的木材图像进行预处理,然后使用卷积神经网络对图像实现深层的算法设计,提取木材的缺陷轮廓,最后通过优化卷积神经网络的收敛速度,完善对木材缺陷的提取。该方法具有较高的精度和良好的鲁棒性。

从上述的工业应用实例中我们可以知道,随着机器视觉技术的不断发展,缺陷检测方法也不断取得突破，并应用到越来越多的领域中。

缺陷检测技术常用于玻璃划痕检测、印刷电路板检测、钢板表面自动探伤、瓶身外观缺陷检测、瓶肩部缺陷检测、瓶口检测、新能源动力电池表面缺陷检测、电子元器件识别、磁性材料外观缺陷检测、产品包装上的条码和字符识别等。

2. 芯片 LOGO 缺陷检测系统的组成

机器视觉缺陷检测系统通常由硬件系统和软件系统两个部分组成：硬件系统主要通过图像采集装置完成图像的采集；软件系统主要完成对图像的处理和分析，提取图像的特征信息，并根据特征信息对产品表面进行缺陷识别、分类。芯片 LOGO 缺陷检测系统的组成如图 6-1 所示。

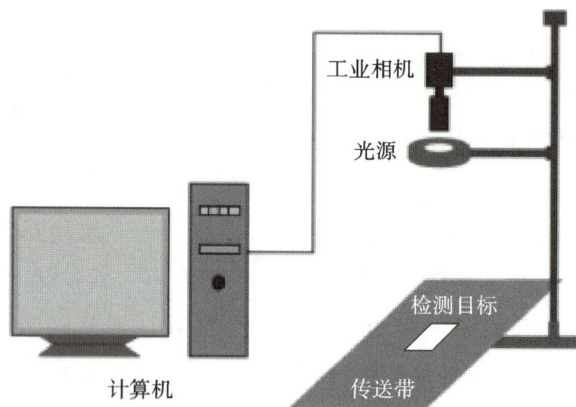

图 6-1　芯片 LOGO 缺陷检测系统的组成

图像采集装置一般包括计算机、工业相机、工业镜头和光源。工业相机是缺陷检测系统中不可或缺的一部分，其功能是通过成像传感器将透镜产生的光学图像转换成相应的模拟或数字信号，并通过工业相机与计算机的接口将信息传送到上位机进行处理。工业相机的成像质量决定着后续图像处理的难易程度及处理结果的准确性，因此工业相机的选择对缺陷检测系统至关重要。工业镜头的选型是整个缺陷检测系统中非常关键的环节，其选型的差别决定了图像质量，甚至可能影响缺陷检测系统的最终结果。工业镜头选型时应考虑工作距离、景深、焦距等问题。光源作为缺陷检测系统的首要辅助装置，用来获得对比度较高的图像。一个合适的光源对系统的检测至关重要，直接影响到图像输入的质量。选择光源时应充分考虑光源的均匀性、光谱特性、对比度、照射角度及照明方式等因素。

3. 芯片 LOGO 缺陷检测方法

目前，基于机器视觉的表面缺陷检测方法主要分为基于图像处理的缺陷检测方法和基于机器学习的缺陷检测方法。

1）基于图像处理的缺陷检测方法

基于图像处理的缺陷检测主要分为图像预处理和缺陷检测两个部分:图像预处理包括图像去噪和图像分割等算法,是缺陷检测的前期工作;缺陷检测主要利用图像特征提取或模板匹配算法完成对缺陷的检测。

2）基于机器学习的缺陷检测方法

在基于机器学习的缺陷检测中通常使用支持向量机(support vector machine,SVM)或决策树(decision tree)对样本缺陷进行分类。SVM 是 1995 年 Vapnik 等根据统计学习理论提出的一种二分类模型,其模型定义为在特征空间上间隔最大的线性分类器,基本思想是在正确划分训练数据集的同时分离出间隔最大的超平面。SVM 采用结构风险最小化原理,通过将数据样本上特征点所在的低维输入空间映射到高维特征空间,达到线性或线性近似分类的目的。

4. 工业相机外触发模式采图原理

工业相机是一种用于机器视觉的成像装置,该装置包括传感器芯片及各种功能电子器件。工业相机采集模式分为内触发模式与外触发模式,本实验采用外触发模式,即相机通过外部信号采集图像。外部信号可以是软件信号,也可以是硬件信号,故又可分为软件触发和硬件触发。

软件触发:触发信号由软件发出,也可以利用相机 SDK(软件工具开发包)提供的 API 接口进行触发。

硬件触发:外部设备通过相机的 I/O 接口与相机连接,触发脉冲信号由外部设备给到相机进行采图。

5. 缺陷检测中的形状匹配原理

形状匹配就是在形状描述的基础上,依据一定的判定准则,计算两个形状的相似度或者非相似度。两个形状之间的匹配结果用一个数值表示,这一数值称为形状相似度。形状相似度越大,表示两个形状越相似。形状非相似度也称为形状距离。与形状相似度相反,形状距离越小,两个形状越相似。

6. 形状匹配度量准则

采用形状上下文(shape context,SC)对获得的区域形状进行描述,若两个形状上的任一特征点 p 和 q,对应的形状上下文分别为 h_p 和 h_q,则两者之间的匹配代价为

$$C(p,q) = X^2(h_p,h_q) = \frac{1}{2}\sum^{K}\frac{[h_p(K) - h_q(K)]^2}{h_p(K)} + h_q(K)$$

式中:K 为形状上下文描述子的总扇区数,$K=S\times T$;$h_p(K)$ 与 $h_q(K)$ 为点 p 和点 q 的归一化形状上下文,计算公式如下:

$$h_p(K) = \frac{h_p(K)}{\sum_{K=1}^{n} h_p(K)} \tag{6-1}$$

对于由点集表示的图像区域轮廓 P 和目标形状模板 Q,$P=\{p_i,i=1,2,\cdots,N_p\}$,$Q=\{q_j,j=1,2,\cdots,N_q\}$,则形状 P 和形状 Q 之间的匹配代价矩阵 $\boldsymbol{C}(P,Q)$ 为

$$\boldsymbol{C}(P,Q) = \begin{bmatrix} C(p_1,q_1) & C(p_1,q_2) & \cdots & C(p_1,q_n) \\ C(p_2,q_1) & C(p_2,q_2) & \cdots & C(p_2,q_n) \\ \vdots & \vdots & & \vdots \\ C(p_n,q_1) & C(p_n,q_2) & \cdots & C(p_n,q_n) \end{bmatrix} \tag{6-2}$$

形状之间的相似度可以转化为求形状 P 和形状 Q 之间的最小匹配代价问题。同时考虑轮廓点的顺序信息,使用动态规划解决形状匹配问题。

任务实施

1.请查阅信息获取知识点 1,介绍一下芯片 LOGO 缺陷检测技术。

2.请查阅信息获取知识点 1,说说视觉缺陷检测技术的现状。

3.请查阅信息获取知识点 2,描述芯片 LOGO 缺陷检测系统的组成。

4.请查阅信息获取知识点 3,谈谈芯片 LOGO 缺陷检测方法。

5.请查阅信息获取知识点 4,介绍一下相机外触发模式。

6.请查阅信息获取知识点 5 和 6,描述缺陷检测中的形状匹配原理与准则。

任务评价

请根据任务各个环节的完成情况,进行学生自评、学生互评和教师评价,完成表 6-4。

表 6-4 任务评价表

类别	考核内容	分值	评价分数		
			学生自评	学生互评	教师评价
信息获取	了解芯片 LOGO 缺陷检测技术的现状	10			
	掌握缺陷检测中工业相机外触发模式采图原理	10			
	掌握缺陷检测中的视觉测量系统形状匹配原理	10			
	能描述视觉缺陷检测系统组成	20			
	能描述视觉缺陷检测系统的检测方法和原理	20			
工作实施	能独立完成练习	20			
素养	能够查阅技术资料,具备分享互助的职业素养	10			

任务二 芯片 LOGO 漏印的缺陷检测

芯片 LOGO
漏印的
缺陷检测

任务描述

随着现代技术的发展,产品 LOGO、产品包装等已经实现了自动印刷,但在产品的大批量印刷中难免会出现各种缺陷。打印时常存在漏印、错印、污点、错位等一系列缺陷。其中,漏印是生产中最常见也是最容易处理的一种产品缺陷。采用人工观察的方法从密密麻麻的产品中筛选出漏印缺陷,容易造成视觉疲劳,而且检测效率低。我们可以利用机器视觉检测设备对印后的产品进行漏印筛查,从而快速有效地将漏印的产品分拣出来。

本任务以产品 LOGO 漏印缺陷为中心展开学习,理解图像灰度变换、图像边缘检测的原理与算法,掌握机器视觉检测漏印的步骤与方法,培养读者芯片 LOGO 漏印检测的应用技能。

项目六
任务二微课

信息获取

1.图像灰度变换和直方图

灰度变换是指根据某种目标条件,按一定变换关系逐点改变源图像中每一个像素灰度值的方法,目的是改善画质,使图像的显示效果更好。图像的灰度变换处理是图像增强处理技术中的一种非常基础、直接的空间域图像处理方法,也是图像数字化软件和图像显示软件的一个重要组成部分。

直方图反映了图像灰度分布规律。它描述了每个灰度级具有的像元个数,但不包含这些像元在图像中的位置信息。任何一幅特定的图像都有唯一的直方图与之对应,但不同的图像可以有相同的直方图,而且每幅图像都可绘出其灰度直方图。根据直方图的形态可以大致推断图像质量。由于图像包含有大量的像元,其像元灰度值的分布应符合概率统计分布规律。

2.机器视觉的边缘检测以及 Canny 边缘检测算法

边缘检测的原理是检测出图像中所有灰度值变化较大的点,将这些点连接起来就构成了若干线条,这些线条就称为图像的边缘。

Canny 边缘检测算法包含两个步骤:①高斯滤波,同时计算灰度差值信息,即梯度信息和方向;②检测边界信息时,不是用简单的单阈值方法,而是用非极大值抑制法排除了不是边界点的信息,同时进一步用双阈值法提取出强边界和弱边界,为最后进行边界连接提供有用的边界点信息。

3. 缺陷检测的原理

待检测物品的缺陷表现在图像上，即缺陷处与标准图像中灰度值的差异。将缺陷图像的灰度值同标准图像进行比较，判断其差值是否超出预先设定的阈值范围，就能判断出待测物品有无缺陷。

常见的印刷品质量检测主要包括几何缺陷检测和颜色缺陷检测。印刷检测流程中的缺陷检测的原理如图 6-2 所示。

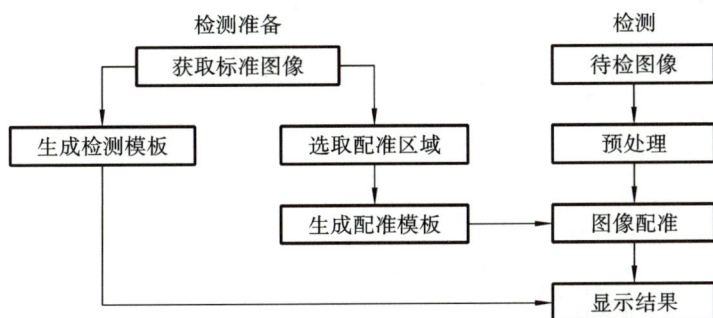

图 6-2　缺陷检测的原理

4. 芯片 LOGO 漏印的缺陷检测步骤

芯片 LOGO 漏印的缺陷检测的具体操作步骤如下。

1）步骤一：添加工具组

单击工具窗口左侧的 T 字符号的工具组模块，拖动到工具窗口中配置一个工具组，并单击 T 处将工具组名称改为采集图像，如图 6-3 所示。

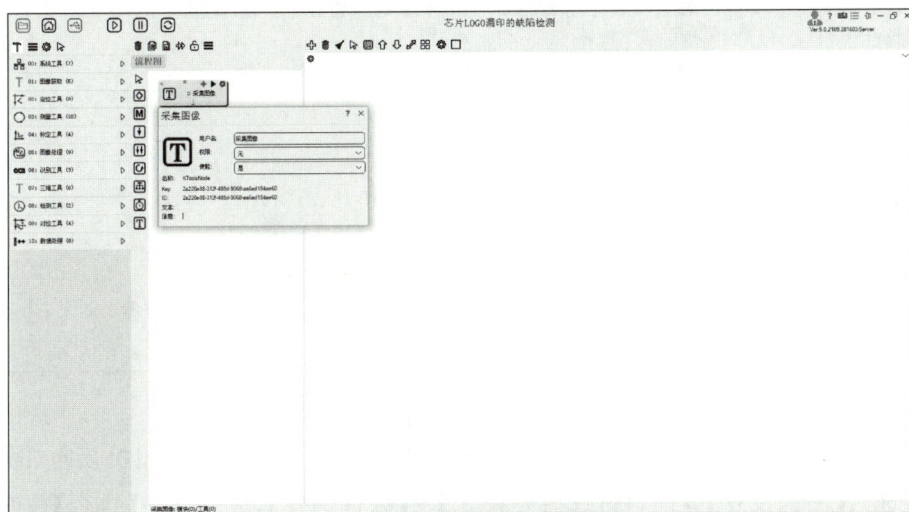

图 6-3　创建采集图像工具组

2）步骤二：配置工具组参数

用右键点击工具组模块,进入参数界面,修改触发源,选择相对应采图的相机型号,【触发值】设置为【OK】,如图 6-4 所示。

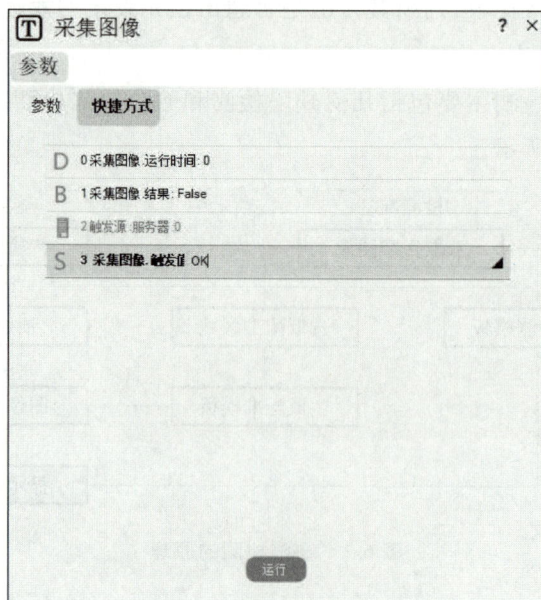

图 6-4　配置采集图像参数

3）步骤三：相机设置

双击图像采集工具组,进入工具组配置界面,单击左侧的【相机工具】,拖动到工具组配置窗口,如图 6-5 所示。

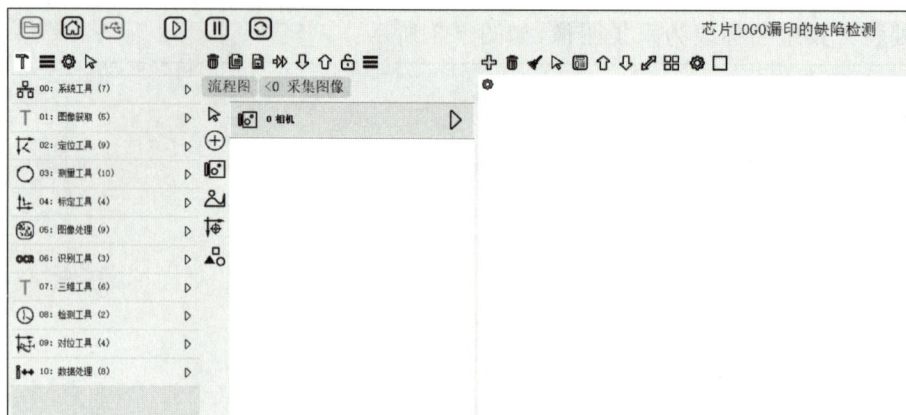

图 6-5　配置界面

双击【相机工具】,在【相机选择】列表中选择所需要的相机,选择相机后点击【应用参数】,然后进入【图像设置】界面,修改【触发模式】为【硬件触发】,最后点击【执行】按钮便可实行单帧采图,如图 6-6 所示。

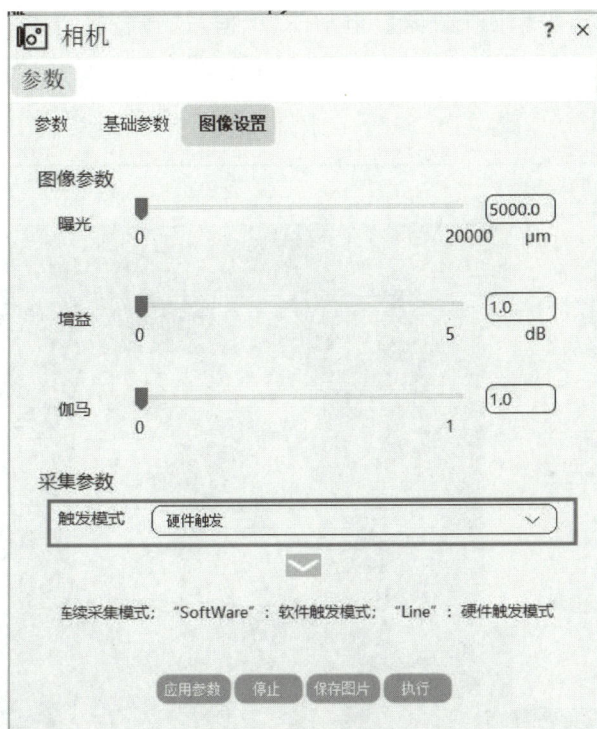

图 6-6　设置参数

4）步骤四：形状匹配

在工具组中添加定位工具【形状匹配】，双击进入参数界面，点击【参数】，查看【输入参数】中【输入图像】是否引用【相机. 输出参数. 输出图像】，如图 6-7 所示。

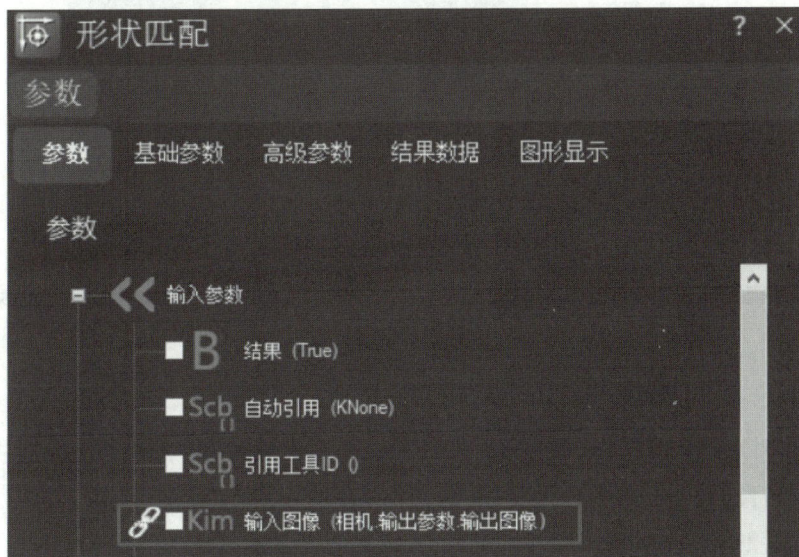

图 6-7　形状匹配界面

点击【基础参数】,点击【注册图像】,拖动 ROI 框,选择特征点进行抓取,设置【屏蔽区域】去除不必要的特征点,设置好 ROI 框后点击【创建模板】,最后点击【执行】,如图 6-8、图 6-9所示。

图 6-8　形状匹配参数(1)

图 6-9　形状匹配参数(2)

5)步骤五:缺陷检测(漏印检测)

在工具组中添加检测工具【缺陷检测】,双击进入参数界面,点击【参数】,查看【输入参数】中的【输入图像】是否引用【形状匹配.输出参数.输出图像】,查看【输入参数】中的【模板图像】是否引用【形状匹配.输入参数.模板图像】,查看【输入参数】中的【仿射矩阵()】,如图 6-10 所示。

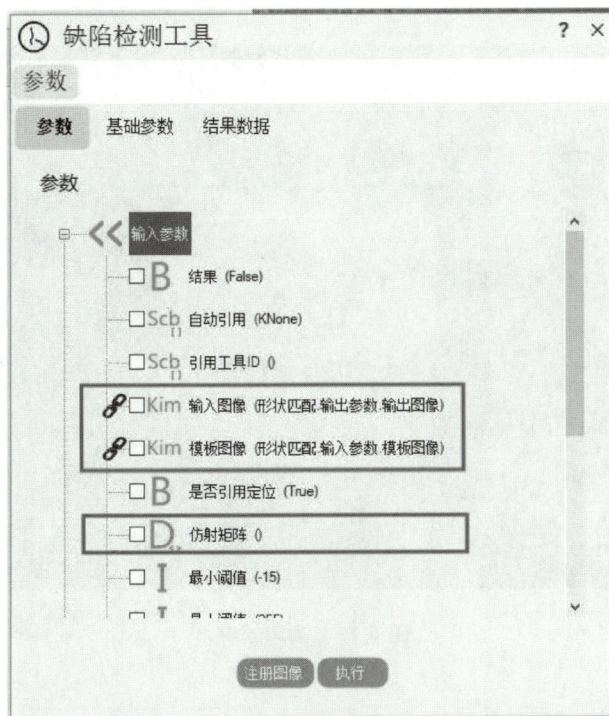

图 6-10　缺陷检测(漏印检测)工具界面

6)步骤六:设置漏印检测参数

点击【基础参数】,点击【注册图像】,拖动 ROI 框,选择特征点并进行抓取,设置【屏蔽区域】去除不必要的特征点,设置好 ROI 框后修改【检测模式】、【最小阈值】、【最大阈值】、【最小面积】、【最大面积】,最后点击【执行】,如图 6-11、图 6-12 所示。

图 6-11　漏印检测参数设置

图 6-12　漏印检测

任务实施

　　根据企业的工程经验传承，请参考《KImage 视觉软件使用手册》中的检测识别类工具使用说明，并根据芯片 LOGO 漏印的缺陷检测步骤，完成图 6-13 所示产品 LOGO 漏印检测，并填写以下内容。

图 6-13　产品 LOGO 漏印

1. 新建工程：

2. 采集图像:

3. 相机设置:

4. 阈值化处理:

5. 中值滤波:

6. 测量结果:

7. 判断产品是否有缺陷:

任务评价

请根据任务各个环节的完成情况,进行学生自评、学生互评和教师评价,完成表 6-5。

表 6-5　任务评价表

类别	考核内容	分值	评价分数		
			学生自评	学生互评	教师评价
理论	了解边缘检测以及 Canny 边缘检测算法	10			
	知道产品缺陷检测的原理和流程	10			
工作实施	会使用视觉系统提取机械零件的轮廓特征	10			
	会使用 KImage 软件中的采图测量工具	10			
	会准确设定相机的图像尺寸	10			
	会使用机器视觉软件对产品进行形状匹配	10			
	会合理设置机器视觉软件的各项参数	15			
	会使用机器视觉系统对产品图像进行漏印检测	20			
素养	能够查阅技术资料,具备获取有用信息的职业素养	5			

任务三　芯片 LOGO 重印的缺陷检测

芯片 LOGO
重印的
缺陷检测

➡ 任务描述

　　表面缺陷检测是机器视觉设备最常用的功能。它可以检测产品表面的一些信息,如表面是否有刮痕、损坏、油性灰尘,注塑件是否有角缺失等情况,是否有印刷错误或遗漏。

　　本任务以芯片 LOGO 重印缺陷检测为中心展开学习,使读者了解图像形状匹配原理、BLOB 分析与算法等相关知识,同时掌握使用机器视觉分拣出重印缺陷产品的能力,培养读者芯片 LOGO 重印检测的应用技能。

⧗ 学习目标

◇　知识目标

1.了解缺陷检测中的图像变换、图像锐化、区域分割等的含义。

2.了解缺陷检测中形状匹配的应用。

3.了解 BLOB 分析的功能与原理。

项目六
任务三微课

◇　能力目标

1.能够准确设定缺陷检测中的参数值,达到检测目标产品的目的。

2.能够操作机器视觉对产品 LOGO 进行重印检测。

◇　素养目标

1.培养学生对产品追求至善至美、精益求精的精神。

2.具有从网络资源中搜索获取信息、学习新知识的素养。

📈 信息获取

1.图像的变换与校正

　　图像校正是对失真图像所做的复原性处理。图像失真包括:成像系统的像差、畸变、带宽有限等造成的图像失真;成像器件拍摄姿态和扫描非线性引起的图像几何失真;运动模糊、辐射失真、引入噪声等造成的图像失真。

2. 图像锐化

图像锐化是补偿图像的轮廓,增强图像边缘及灰度跳变的图像处理技术,分为空间域处理和频域处理两类。图像锐化能够突出图像上物体的边缘、轮廓,或某些线性目标要素的特征,使图像变得清晰。这种滤波方法增强了地物边缘与周围像元之间的反差,因此也被称为边缘增强。

3. 区域分割

区域分割是模式识别问题中的概念。一个典型的模式识别系统一般包括数据获取、预处理、区域分割、特征提取、模式分类、训练学习等几个部分。其中,区域分割是指将待分析的数据进行区域划分,将其中感兴趣的数据片段提取出来做进一步处理,将其他的数据抛弃。区域分割的主要目的是减少后续待处理的数据量。

4. 目标定位技术灰度匹配

最经典的灰度匹配法是归一化的灰度匹配法,其基本原理是把一个实时图像的灰度矩阵与参考图像的所有可能的窗口灰度阵列,按某种相似性度量方法进行搜索比较的匹配方法。

5. BLOB 分析的主要功能

BLOB(二进制大对象)分析是对前景/背景分离后的二值图像进行连通域提取和标记。标记完成的每一个 BLOB 都代表一个前景目标,然后就可以计算 BLOB 的一些相关特征。其优点在于通过 BLOB 提取,可以获得相关区域的信息,但是速度较慢,分析难度大。

6. BLOB 的其他基础及结果

BLOB 算法的核心思想,就是在一块区域内,将出现"灰度突变"的范围找出来,确定其形状和面积等。例如"卷积算法"的矩阵设定为 2×4 的矩阵,扫描从左向右、从上至下进行。矩阵每移动一步,算法将计算矩阵中的前半部分(列 1 及列 2)灰度值总和与后半部分(列 3 及列 4)灰度值总和之差。假如矩阵中的图像颜色相同,也就是说矩阵中的 8 个像素的灰度值接近的话,那么,这个矩阵前半部分与后半部分灰度值总和之差应该是趋近于 0 的。程序一步步运行,矩阵前半部分与后半部分的灰度值总和之差一直趋近于 0。如果矩阵扫描到了一块前景的边缘,这时矩阵的前半部分与后半部分的灰度值总和之差突变了,灰度值不再接近,则得到一个 BLOB。当算法扫描完成时,系统就记录了发生这种突变情况的所有点的坐标,之后再对这些边缘点进行一系列的分析,便可得到这个 BLOB 的形状和面积等信息。

7. 芯片 LOGO 重印的缺陷检测步骤

1) 步骤一至步骤四与芯片 LOGO 漏印的缺陷检测步骤相同

2) 步骤五：缺陷检测（重印检测）

在工具组中添加检测工具【缺陷检测】，双击进入参数界面，点击【参数】，查看【输入参数】中的【输入图像】是否引用【形状匹配.输出参数.输出图像】，查看【输入参数】中的【模板图像】是否引用【形状匹配.输入参数.模板图像】，查看【输入参数】中的【仿射矩阵】是否引用【形状匹配.输出参数.输出仿射矩阵】，如图 6-14 所示。

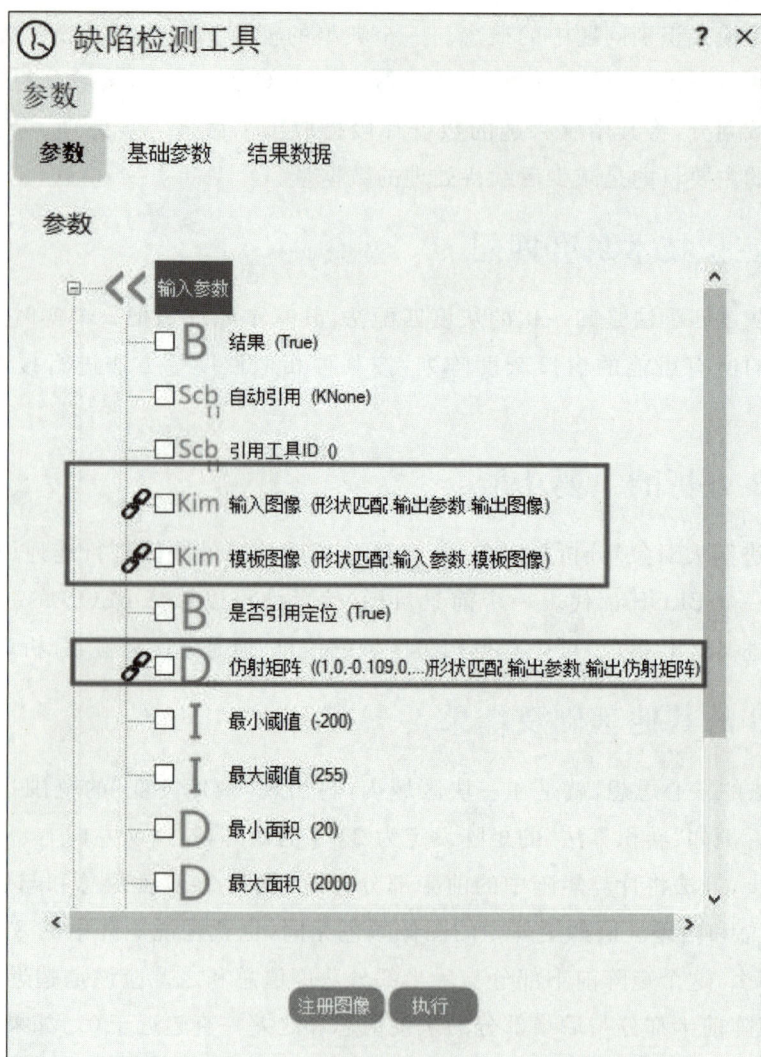

图 6-14　缺陷检测（重印检测）工具界面

3）步骤六：设置重印检测参数

点击【基础参数】，点击【注册图像】，拖动 ROI 框，选择特征点并进行抓取，设置【屏蔽区域】去除不必要的特征点，设置好 ROI 框后修改【检测模式】、【最小阈值】、【最大阈值】、【最小面积】、【最大面积】，最后点击【执行】，如图 6-15 所示。

图 6-15　重印检测参数

任务实施

根据企业的工程经验传承，请参考《KImage 视觉软件使用手册》中的检测识别类工具使用说明，并根据芯片 LOGO 重印的缺陷检测步骤，完成图 6-16 所示产品 LOGO 重印检测，并填写以下内容。

1. 新建工程：

_____

2. 采集图像：

_____

3. 相机设置：

_____

4. 阈值化处理：

_____

5. 中值滤波：

_____

图 6-16　产品 LOGO 重印

6. 测量结果：

_____

7. 判断产品是否有缺陷：

_____

任务评价

请根据任务各个环节的完成情况，进行学生自评、学生互评和教师评价，完成表 6-6。

表 6-6　任务评价表

类别	考核内容	分值	评价分数		
			学生自评	学生互评	教师评价
理论	了解 BLOB 分析的主要功能与原理	10			
	知道图像变换、校正、分割、锐化及形状匹配等概念	10			
工作实施	会使用视觉系统提取机械零件的轮廓特征	10			
	会使用 KImage 软件中的采图测量工具	10			
	会准确设定相机的图像尺寸	10			
	会使用机器视觉软件对产品进行形状匹配	10			
	会合理设置机器视觉软件的各项参数	15			
	会使用机器视觉系统对产品图像进行重印检测	20			
素养	能够查阅技术资料，具备获取有用信息的职业素养	5			

知识拓展

匠人匠心——细节决定成败

美国一段航天航空领域的故事

任何企业都无法做到生产 100％合格的产品,生产的产品都有一定的良品率。而通过机器视觉技术筛选掉不合格的产品,是保证企业产品质量的重要一环,防止不合格产品流入市场造成更严重的影响。

常言道:细节决定成败。尤其在高端装备领域,任何一个细微的差错都有可能让整个项目毁于一旦,甚至让国家辛苦培养出来的宝贵人才献出生命。

20 世纪 80 年代,美国"哥伦比亚号"航天飞机正式入役,载重可达 29.5 吨,外形酷似三角翼飞机,起飞重量为 2 千吨左右。2003 年 2 月 1 日,"哥伦比亚号"在重返大气层阶段与控制中心失去了联系,不久后在得克萨斯州上空爆炸解体,机上 7 名航天员全部罹难。那么,这次惨烈的航天事故究竟是怎么发生的呢?

调查显示,"哥伦比亚号"航天飞机出事的原因,是 2003 年 1 月 16 日发射升空时,燃料箱泡沫绝缘物料脱落,撞击航天飞机左翼,造成机体表面隔热保护层出现大面积破损,最终在回航时因超高温空气入侵而彻底解体。令人震惊的是,当年"哥伦比亚号"航天飞机机翼受损后不久,NASA 的高级工程师们就已经及时发现了这一情况,然而对于隔热保护层受损,他们却无能为力,最终导致事故的发生。

细节决定成败。一处缺陷导致航空史上最严重的一次空难,这也说明对于越高端重大的项目,细节越重要。

知识链接　　　　练习与实践

项目七
定位引导装配机器视觉系统的应用

项目情境

　　随着科学与信息技术的快速发展,电子产品已经广泛应用于人们生产与生活的各个方面,伴随着 5G 时代的来临,其功能愈发丰富多样。在电子产品的生产过程中,零部件的装配工序是一个重要环节,该环节组装工序复杂、装配精度要求高、装配难度大,需要装配的零件体积小且种类繁多,所花费的时间长。目前,传统的装配方式主要为人工装配,存在速度慢、效率低、资源浪费、产品质量不一致等问题,不能满足日渐烦琐的装配工艺要求。随着机器视觉技术的快速发展,视觉引导技术广泛应用于工业机器人装配、上下料、码垛和工件分拣等生产环节中。本项目将以手机芯片的自动装配为例讲解,引导读者理解机器视觉引导技术的概念、掌握手机外壳和芯片中心定位的具体步骤,培养读者机器视觉系统与机器人联调的技能。

知识图谱

匠人匠心——致敬实干兴邦的中国建设者

知识链接

工程经验传承:手机底壳和芯片的识别定位

定位引导装配机器视觉系统的应用

任务一　机器视觉定位引导技术的应用

任务二　手机底壳及芯片的中心定位

任务三　手机定位引导装配系统联调

项目分组

根据项目特点,细分每个岗位的职责并确定负责人,形成工作计划,同学们分工合作完成任务,填写表 7-1。

表 7-1　项目七分组

班级		组号		指导老师	
组长		学号			
组员	姓名	学号		分工描述	

项目计划

1. 制定项目实施方案

细分本项目每个任务的 1＋X 考证培训技能点,如表 7-2 所示。

表 7-2　定位引导装配机器视觉系统的应用的实施方案

步骤	技能点	项目任务
1	能够描述手机定位引导装配的工作原理和工作流程	机器视觉定位引导技术的应用
2	(1)能够使用 KImage 软件中的形状匹配、边缘提取和斑点分析等工具; (2)能用工具对图像进行滤波处理; (3)能根据检测任务要求的准确率,优化模板匹配参数; (4)能够进行手机底壳和芯片中心区域的定位操作	手机底壳及芯片的中心定位

续表

步骤	技能点	项目任务
3	(1)能在机器人标定工具中填入图像坐标点对应的机器人坐标,并生成标定文件,确定相机坐标系与机器人坐标系的转换关系; (2)能正确连接视觉系统与机器人系统的 I/O 信号线,通过机器人触发相机拍照; (3)能根据用户手册正确配置软件参数,实现视觉系统与机器人的正常通信,以及视觉系统和机器人之间的数据交换与控制; (4)能根据自动化生产线流程,实现输送系统、机器人系统与视觉系统自动运行的功能调试; (5)能在视觉系统中建立 TCP 通信的服务端或客户端; (6)能实现机器视觉在外设系统中对对象进行检测并输出检测结果的功能; (7)能实现机器视觉和机器人联动,根据分类、测量、检测结果进行定位抓取	手机定位引导装配系统联调

2. 列出材料清单

请列出完成本项目所需的工具、耗材和器件清单,如表 7-3 所示,形成良好的职业习惯。

表 7-3　工具、耗材和器件清单

序号	名称	型号与规格	单位	数量
1	待装配手机		个	1
2	待装配芯片		个	1

任务一　机器视觉定位引导技术的应用

机器视觉
定位引导
技术的应用

→ 任务描述

智能制造产业与智能装备行业的高速发展,促使传统制造业不断改进,机器人组成的自动化生产线已经发展成自动化装备制造的主流。目前,在工业机器人领域,机器视觉技术已经大规模引入自动化生产线中,主要用于目标和机器人末端位姿的测量以及对机器人末端位姿的控制,其广泛应用于码垛、焊接、喷涂、搬运、装配等作业中,代替传统人工劳动,大幅提升了生产线的柔性制造水平。机器视觉结合机器人的应用不但提高了行业企业手机装配准确率和装配速度,节省了劳动力,而且进一步提高了手机装配柔性。

本任务从了解机器视觉定位引导技术基本概念出发,引导读者理解定位引导装配系统的工作原理、熟悉常见的定位算法,描述了手机定位引导装配系统的工作流程,培养读者勇于探索、勤于思考的职业素养。

学习目标

◇ 知识目标
1. 理解视觉引导技术的基本概念和应用场景。
2. 掌握定位引导装配系统的工作原理和工作流程。
3. 了解常见的定位算法。

◇ 能力目标
1. 能够描述定位引导装配系统的工作原理。
2. 能够描述手机定位引导装配系统的工作流程。

◇ 素养目标
1. 具备举一反三的思维习惯,养成勤于思考、勇于表达的素养。
2. 具备积极沟通的协作能力,养成团队合作、善于沟通的素养。
3. 具备实际现场的管理能力,养成"8S"综合素养。

信息获取

1. 机器视觉引导技术的概念

机器视觉引导技术是机器视觉发展过程中的一个重要分支技术,视觉系统需要快速准确地找到目标对象并确认其位置,而视觉引导技术便是给机器人装上"眼睛",利用相机实时获取的目标对象的位姿信息引导机器人自动完成既定工作。视觉引导技术主要包括目标对象的识别和定位、相机标定技术和手眼标定技术。

2. 视觉引导技术的常见应用领域

随着国内工业技术的不断进步和企业的不断发展,人们对机器人的智能性要求也不断提高，为了使机器人能够更加灵活地应对复杂的操作流程，视觉引导技术被引入机器人系统之中，使得自动化生产线布局发生巨大改变。视觉引导技术常常应用于物流搬运和分拣、柔性制造、视觉检测等领域。

在物流搬运和分拣领域中，物流工件的种类繁多、位置不定、形状不一，而传统机器人只能对标准化产品进行相应操作，应用场景极其有限。基于视觉引导技术的搬运和分拣机器人则可以自如应对工件和环境的变化，操作精度高，使物流搬运和分拣系统的生产效率显著提升。

在制造业中，自动化生产线配备了大量的工业机器人，代替人工对工件进行抓取、搬运、旋转、装配、放置等作业，并按既定程序执行设定动作，但当工件位姿、形状、颜色等特征出现偏差，或者工作环境发生变化时，将导致整个生产线停产。基于视觉引导技术的工业机器人系统不仅能够实现工件的实时定位识别，而且当工件位姿发生改变时，机器人能实现动作的智能调整，使生产线的正常运行率显著提升。

在视觉检测领域中，基于视觉引导技术的机器人可以完成对目标工件的特征检测、几何尺寸测量、缺陷检测、自动计数、运动轨迹跟踪等任务，其动作速度快、抗噪声能力强、定位精度高。在汽车、印刷、装备制造等行业，工业机器人视觉检测系统成为较常见的应用。

3.基于视觉引导技术的定位装配的工作原理

基于视觉引导技术的定位装配是指系统能够根据待装配对象的摆放位置实时调整抓取和装配点，实现对工业对象的精确定位和智能装配。在定位引导装配系统中，视觉模块需要快速、准确地找到待装配部件并确认其位置，而视觉引导技术便是给机器人以位置指引，利用相机实时获取的待装配部件位姿信息，引导机器人自动完成抓取与装配工作。

4.常用的视觉定位算法

在机器视觉领域中，有许多目标定位算法，通常根据具体任务要求和待检测目标特点选用适合的定位算法。在工业领域中，常用的视觉定位算法主要有模板匹配和边界跟踪。

1）模板匹配

（1）模板匹配定义及其常见的方法。

模板匹配是指在一幅大图像中搜寻目标图像的过程。已知在大图像中有要找的目标，且该目标同模板具有相同的尺寸、方向和图像元素，那么通过一定的算法便可在大图像中找到目标，并确定其坐标位置。常见的模板匹配方法有基于形状的模板匹配、基于灰度的模板匹配、基于相关性的模板匹配、基于组件的模板匹配等。

（2）基于形状的模板匹配。

①基本概念。

基于形状的模板匹配也称为基于边缘方向梯度的匹配,是一种最常用也是最前沿的模板匹配算法。

②基本原理。

基于形状的模板匹配算法以物体边缘的梯度相关性作为匹配标准,原理是提取 ROI 框中的边缘特征,结合灰度信息创建模板,根据模板的大小和清晰度的要求生成多层级的图像金字塔模型,并在图像金字塔模型中,自上而下逐层搜索模板图像,直到搜索到最底层或者得到确定的匹配结果为止。

③应用场合。

基于形状的模板匹配算法使用边缘特征定位物体,对很多干扰因素不敏感,如光照和图像的灰度变化,该方法支持局部边缘缺失、杂乱场景、噪声、失焦和轻微形变的模型,甚至可以支持多个模板同步进行搜索,但在搜索过程中,如果目标图像发生较大旋转或缩放,则会影响搜索的结果,因此其不适用于缩放比较大的情况,定位对象内部的灰度值可以有变化,但对象边缘轮廓必须清晰、平滑。

④实现流程。

基于形状的模板匹配算法的实现主要包含两部分的内容。一是形状模板的创建。首先,对模板图像进行边缘提取,获取模板图像的边界点;其次,获取模板图像上每个点的 X 方向梯度和 Y 方向梯度;然后,根据 X、Y 梯度结合边界点位置信息,获得每个边界点的梯度方向和梯度大小;最后,计算模板边缘点的重心。二是在待匹配的图像中进行形状匹配。首先,对待匹配的图像进行边缘提取,得到其边界点信息;其次,求取待匹配图像中每个点的 X 方向梯度和 Y 方向梯度,为计算待匹配图像上每一点的梯度方向和大小做准备;最后,将模板在待匹配的图像上从左至右、从上往下依次计算匹配分值,如果匹配分值超过给定阈值,则代表匹配成功,并输出此时模板在图像的位置信息、旋转信息和缩放信息。

2）边界跟踪

边界跟踪是一种常见的轮廓提取方法,其目的是找到图像中灰阶差较大的位置,从图像中的一个边界点出发,根据判别准则搜索下一个边界点,以此得到目标边界。

(1) 边界跟踪准则。

自目标图像的左下角开始逐点扫描,当遇到边缘时则跟踪,直至后续点回到起始点(对于闭合线),或者后续点再没有新的后续点(对于非闭合线)为止。如果图像轮廓为非闭合线,在跟踪一侧后,需要从起始点开始朝相反方向跟踪到另一个尾点;如果不止一个后续点,则按照上述连接准则选择距离最近的点为后续点,另一次要的后续点作为新的边缘跟踪起始点另行跟踪;一条线跟踪完毕后,接着扫描下一个未跟踪点,直到所有边缘都跟踪完毕。

（2）基本思路。

图像中心像素可以跟踪的方向有 8 个，对每个方向制定方向编号及偏移量，选取图像的最左下方的像素点作为起始点；当找到起始点时，把该点记录下来，判断该点是否为目标点，如果是目标点则把该点作为跟踪的起始点，逆时针旋转 90°，作为新的跟踪方向，继续跟踪该新方向上的点；如果不是目标点，则顺时针旋转 45°，直至找到目标点为止。找到目标点后，在当前跟踪方向的基础上，逆时针旋转 90°作为新的跟踪方向，用同样的方法跟踪下一个边界点，直至回到起始点为止。

（3）注意事项。

①确定边界的起始点尤其重要。对某些图像来说，选择不同的起始点会导致不同的结果。

②确定合适边界判别准则和搜索准则。判别准则用于判断一个点是否为边界点，搜索准则用于指导如何搜索下一个边界点。

③确定搜索的终止条件。

5. 手机定位引导装配系统的基本构成

一个典型的手机定位引导装配系统包括光源、镜头、相机（CCD 相机或 CMOS 相机）、视觉软件系统、PLC、I/O 控制器、电源、执行机构。

6. 手机定位引导装配系统的基本工作流程

在手机底壳与手机芯片装配过程中，采用两个相机分别对手机底壳和手机芯片进行识别定位。首先，机器人预先抓取待装配手机底壳，将其送至相机 1 前拍照以确定位姿，计算出待装配手机底壳的当前位姿与指定装配工位位姿的差值，补偿到机器人运动指令中，从而将手机底壳精确放置在装配工位；其次，机器人上的相机 2 通过识别定位取料工位的手机芯片，获取其有关位置信息并反馈至机器人，机器人准确抓取芯片并将其装入手机底壳芯片槽，从而完成装配工作。为了便于理解，对单个手机芯片装配流程进行分析，该流程可分为以下五步：

第一，机器人预先抓取手机至相机 1 视野；

第二，机器人获取手机底壳的当前位姿与指定装配工位位姿的差值；

第三，确认手机芯片的定位并抓取；

第四，纠正机器人抓取手机芯片的位置坐标误差；

第五，机器人将手机芯片装入手机底壳芯片槽。

手机定位引导装配系统的具体工作流程如图 7-1 所示。

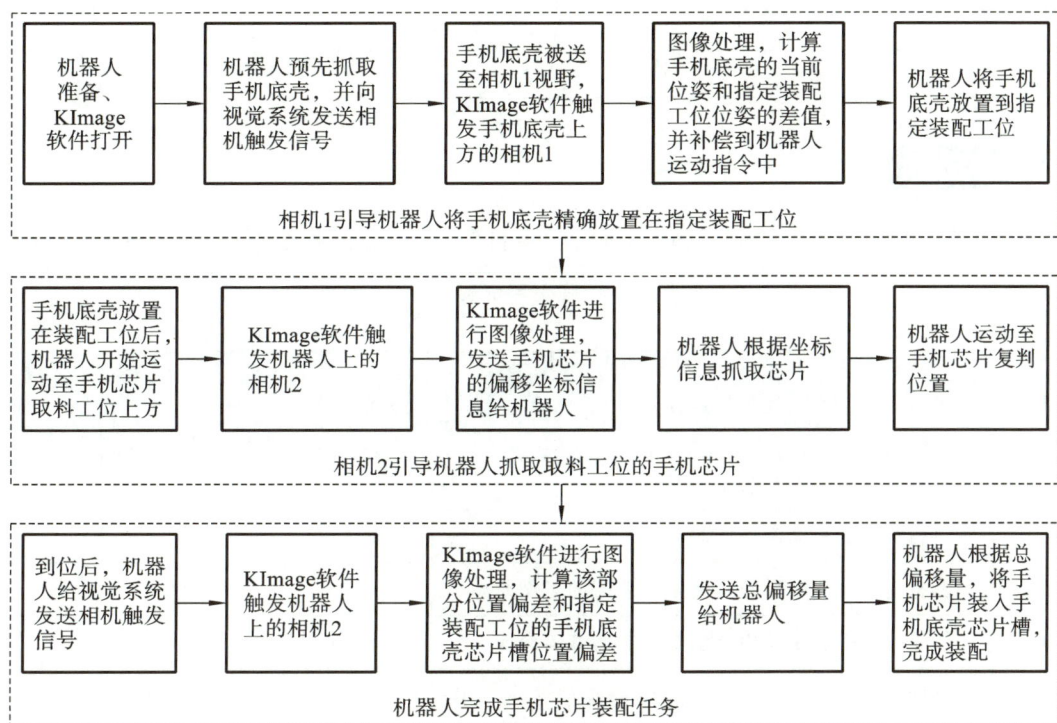

图 7-1　手机定位引导装配系统的工作流程图

任务实施

　　请根据本任务的内容,描述手机定位引导装配系统的基本工作流程。

1.第一步:

_____

_____

2.第二步:

_____

_____

3.第三步:

_____

_____

4.第四步:

_____

_____

5.第五步：

_____

_____

任务评价

请根据任务各个环节的完成情况，进行学生自评、学生互评和教师评价，完成表7-4。

表7-4　任务评价表

类别	考核内容	分值	评价分数		
			学生自评	学生互评	教师评价
获取信息	了解机器视觉引导技术的基本概念	5			
	熟悉常用的视觉定位算法	5			
	熟悉基于视觉引导技术的定位装配的工作原理	10			
	能够阐述手机定位引导装配系统的基本构成	25			
	能够阐述手机定位引导装配系统的基本工作流程	25			
任务实施	能独立完成练习	20			
素养	能与组员讨论和查找关于视觉定位引导装配的资料	10			

任务二　手机底壳及芯片的中心定位

手机底壳及芯片的中心定位

任务描述

人们是否产生过这样的疑问：在手机生产过程中，手机芯片装配工序是由人工完成的还是由自动化系统完成的？调查发现：手机前端的高精度贴片和后端的装配以及搬运环节已经使用机器人来完成，但手机生产的中间环节仍由人工完成，整个生产线的自动化程度不超过 30％。国家统计局数据显示：2020 年全国手机产量约达 15 亿台，2021 年约达 17.6 亿台，同比增长 17.3％ 。同时，据最新数据统计，仅 2022 年 6 月当期的手机产量就达到 1.36 亿台，日产量高达 453.3 万台。在如此大批量的生产需求之下，对手机底壳及芯片进行中心定位，是提高手机生产效率的重要环节。

本任务将从手机定位引导装配软件出发，促使读者熟悉形状匹配、边缘提取和斑点分析算法，培养读者灵活运用 KImage 软件工具进行手机底壳及芯片中心定位的技能。

学习目标

◇ 知识目标

1. 理解手机底壳及芯片的识别定位流程和图像分割流程。

2. 掌握手机底壳及芯片边缘轮廓的提取步骤。

3. 了解芯片槽及手机芯片中心区域定位步骤。

◇ 能力目标

1. 能够使用 KImage 软件中的形状匹配工具。

2. 能够使用 KImage 软件中的边缘提取工具。

3. 能够使用 KImage 软件中的斑点分析工具。

4. 能够进行手机底壳和芯片中心区域定位的操作。

◇ 素养目标

1. 具备举一反三的思维习惯，养成勤于思考、勇于表达的素养。

2. 具备接受和学习新技术的能力，养成勤于学习、勇于创新的素养。

3. 具备实际现场管理能力，养成"8S"综合素养。

项目七
任务二微课

信息获取

1. 手机底壳及手机芯片的识别定位

在手机定位引导装配系统中，视觉系统是整个装配系统最关键的部分，能引导机器人进行精准作业。而在视觉系统中，视觉定位算法是决定视觉系统正确且稳定运行的重要因素，装配系统的视觉定位算法流程如图 7-2 所示。

首先，进行图像采集。在本任务中，相机在实时采集手机底壳和芯片图像时，容易受到相机内部结构噪声、采集环境噪声、光照强度等影响，出现采集到的图像干扰过多、背景与目标物对比度低、待检测目标边缘信息不明显等情况。为了提高获取的图像质量，应合理选取

图 7-2　视觉定位算法流程

视觉系统的硬件设备,比如相机、镜头、光源和光源控制器等。

其次,进行图像预处理。为了消除图像中的噪声,增强目标物有关信息的可检测性,增加后续图像分割、待装配目标边缘轮廓提取和目标识别定位的可靠性,常用的图像预处理方法包括图像去噪、增强和显著性检测。本任务的图像预处理分为三步:第一步,图像去噪,主要采用中值滤波对手机底壳及芯片图像噪声进行处理;第二步,图像增强,为了突出感兴趣区域(ROI),去除干扰信息,采用空域增强中的伽马变换对图像进一步处理;第三步,图像显著性检测,为了准确提取手机底壳和芯片的特征信息,采用基于亮度对比(LC)的算法进行显著性检测。

下面介绍手机定位引导装配系统软件的操作步骤。使用 KImage 软件,完成手机底壳及手机芯片的识别定位,实现系统通信并输出结果,具体步骤如下。

步骤一:新建项目。打开 KImage 软件,新建一个项目,并命名为【手机底壳和芯片的识别定位】,点击【新建】按钮,完成创建,如图 7-3 所示。

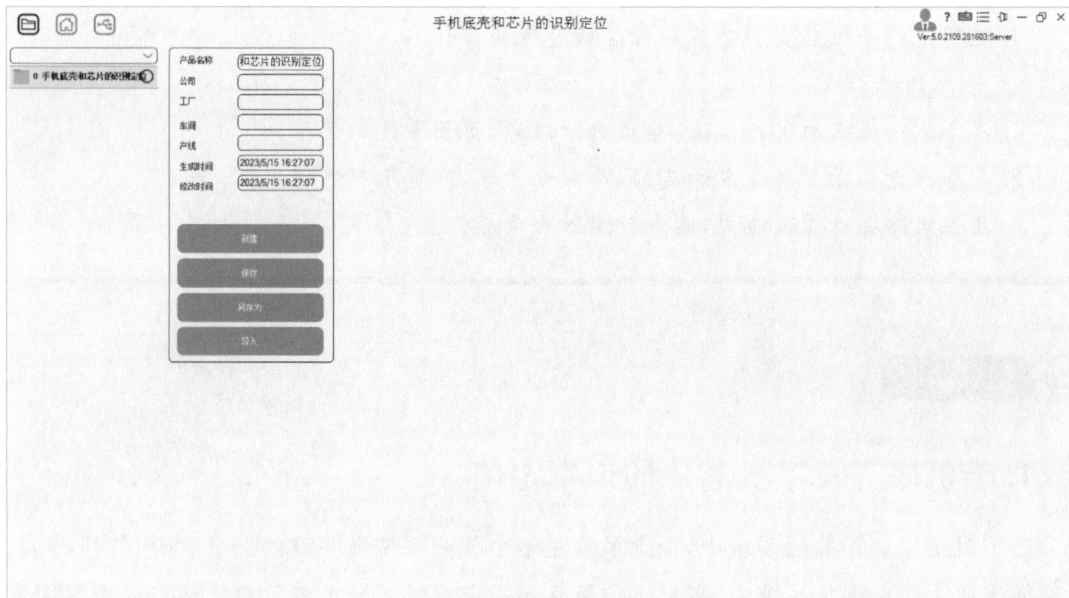

图 7-3　新建项目

步骤二:手机外壳搬运。依照前述操作流程,添加新工具组,重命名为【手机外壳搬运及定位】,在工具组中添加一个【机器人控制】工具,连接机器人后,首先使机器人回零或到达初始位,后示教机器人到达手机外壳固定位置并记录点位,将手机外壳搬运至固定相机 1 正下方后将机器人移开。相关设置如图 7-4 所示。

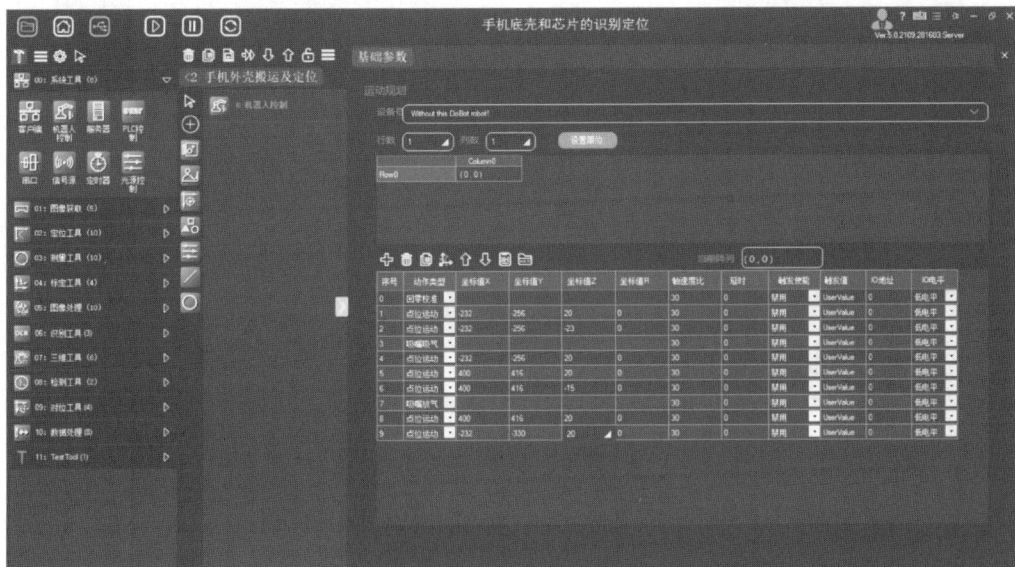

图 7-4　手机外壳搬运

步骤三:图像采集。添加【相机】工具,选择固定相机 1 进行拍照,【标定数据】选择【固定相机 N 点标定】,并选择合适的【曝光】和【增益】,点击【执行】,成像如图 7-5 所示。

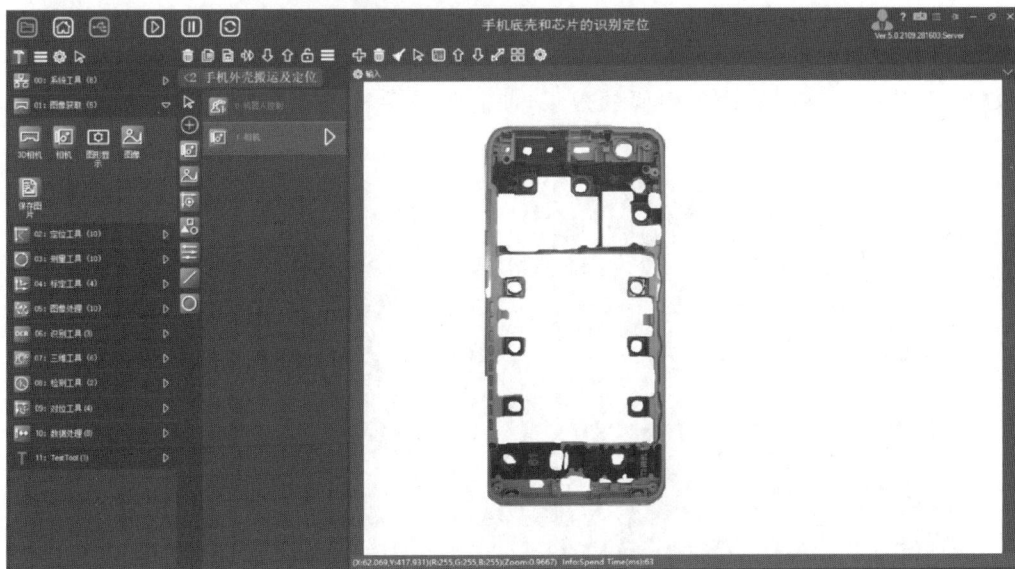

图 7-5　图像采集

步骤四:图像预处理。首先通过图像处理工具中的中值滤波去除图像噪点,添加图像处理工具,识别模式选择【中值滤波】,【掩码半径】调整为 2,点击【执行】,如图 7-6 所示。

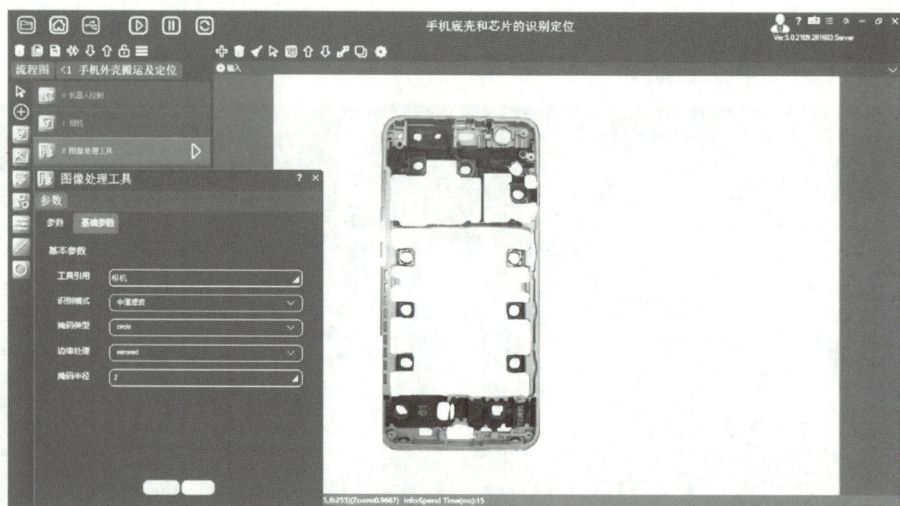

图 7-6　中值滤波

2. 手机底壳芯片槽和芯片所在区域的图像分割

为了给待装配目标检测提供形状和结构特征,对手机底壳芯片槽及芯片所在区域进行图像分割,这是视觉定位算法的核心。图像分割效果直接影响后续待装配手机底壳和芯片的中心定位精度,从而影响系统的装配成功率。本项目采用基于遗传算法的直方图熵分割方法对手机底壳和手机芯片所在区域的图像进行分割,以突出装配目标的表面特征,提高后续目标边缘轮廓的提取质量。

图像分割的操作流程为:添加通道分离工具进行图像分割,启用阈值设置,根据手机与芯片的 RGB 值来调整阈值达到想要的效果,使芯片与手机外壳的特征更加突出,如图 7-7 所示。

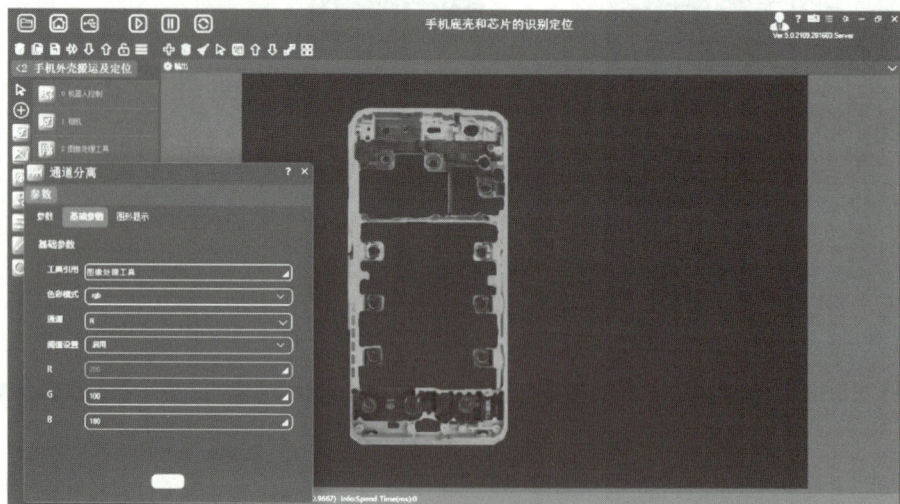

图 7-7　图像分割

3. 手机底壳及手机芯片边缘轮廓的提取

手机底壳芯片槽区域、取料工位的手机芯片以及复制处的手机芯片在图像中的形状特征多表现为不规则多边形,对阈值分割后的物体进行边缘轮廓特征提取与筛选,以完成待装配目标的进一步识别与定位,找出待装配目标矩形度最高的轮廓,从而实现对目标的中心定位。

为了找到图像中灰阶差比较大的位置,将图像中物体的边界提取出来并在图中用封闭的曲线进行描绘,常见的轮廓提取方法有轮廓提取法、边界跟踪法、区域增长法和区域分割法。本任务采用边界跟踪法进行目标的边缘轮廓提取。

目标边缘轮廓提取的操作流程为:添加斑点分析工具,自动引用的图像为图像分割的输入图像,所以需要进行更改,点击【参数】【输入参数】【输入图片】【添加引用】,选择【通道分离】,勾选【输出参数.输出图像】,如图 7-8 所示。点击【注册图像】,框选需要识别的部分,通过面积来筛选出想要的物体,如图 7-9 所示。

图 7-8　更换输入图像

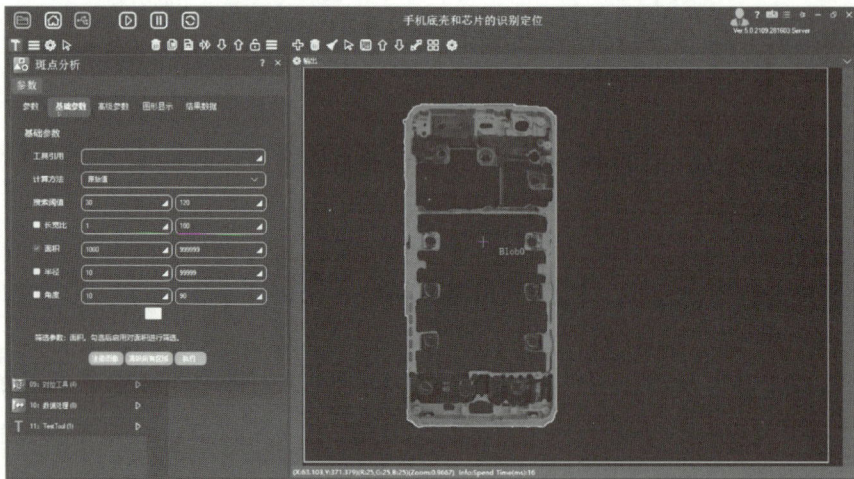

图 7-9　斑点分析

4. 手机底壳芯片槽及手机芯片中心区域定位

中心定位是对目标的边缘点进行拟合,得到目标的中心点坐标的一个过程。由于手机底壳和手机芯片大多为塑料材质,边缘易存在较多毛刺或缺陷,致使边缘点特征提取产生一定的困难,出现边缘点缺失的现象。为了提高目标边缘的中心拟合精度,本任务基于 RANSAC 思想,利用目标边缘与线段,使用满足条件的多条线段去估计一个凸多边形,对手机芯片槽和芯片的目标边缘轮廓进一步处理,以定位图像中矩形目标的边框,提高定位精度和准确性。

步骤一:手机底壳芯片槽中心定位。软件操作流程为:添加形状匹配工具,点击注册图像使用 ROI 框选芯片槽后,依次点击【设置中心】【创建模板】【执行】按钮,对芯片槽进行定位,如图 7-10 所示。

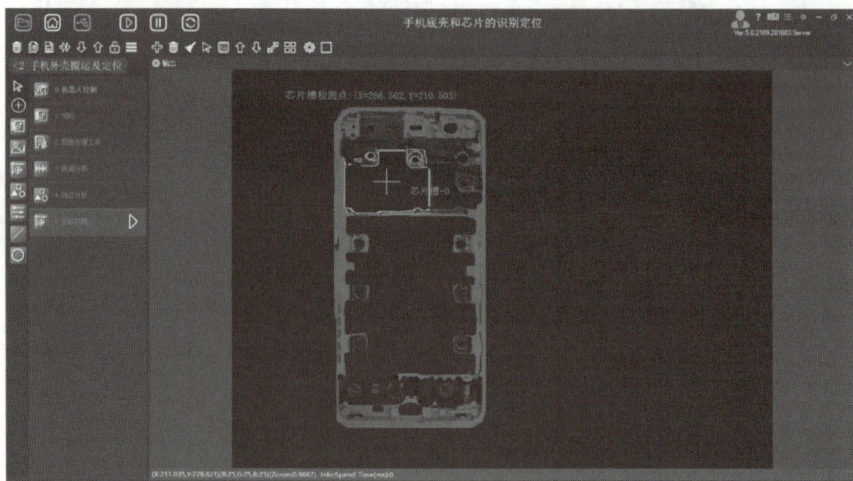

图 7-10　芯片槽定位

步骤二:移动至拍照位。软件操作流程为:新建【工具组】,改名为【芯片定位】,添加【机器人控制】工具,将机器人手动移动至芯片上方,记录当前点位,如图 7-11 所示。

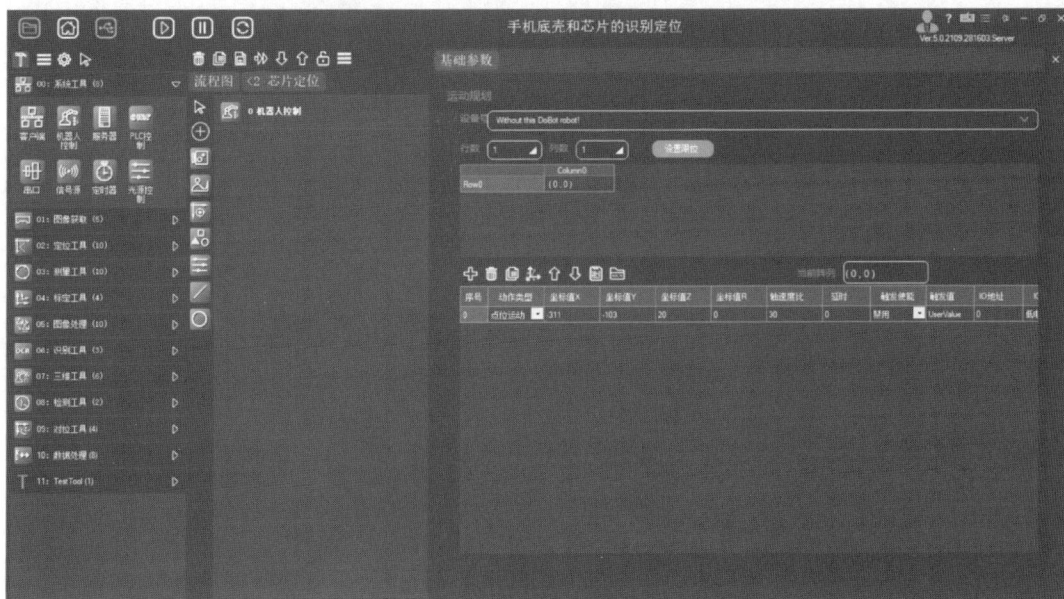

图 7-11　移动至芯片上方

步骤三:图像采集。添加相机,在【相机选择】中选择机器人上的相机,【标定数据】选择【机器人相机 N 点标定】,工具实际情况调整【曝光】与【增益】,点击执行,如图 7-12 所示。

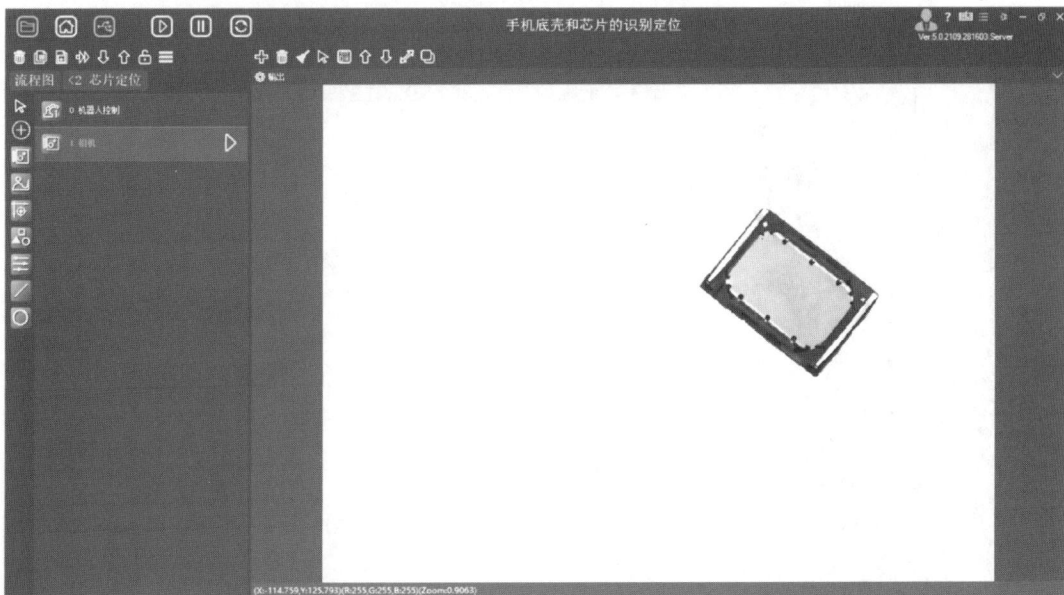

图 7-12　图像采集

步骤四:图像预处理。去除噪点。添加【图像处理】工具,选择【中值滤波】,【掩码半径】调整为 2,点击执行,如图 7-13 所示。

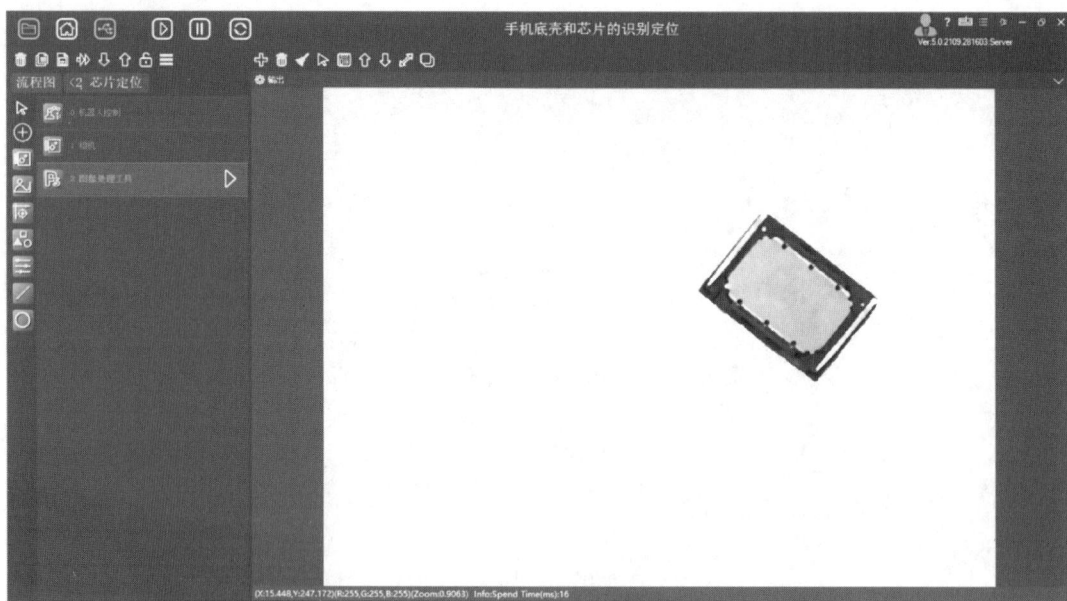

图 7-13　中值滤波

步骤五:手机芯片中心定位。添加形状匹配工具,点击【注册图像】,使用出现的 ROI 框选芯片,依次点击【设置中心】【创建模板】【执行】按钮,实现手机芯片中心定位,如图 7-14 所示。

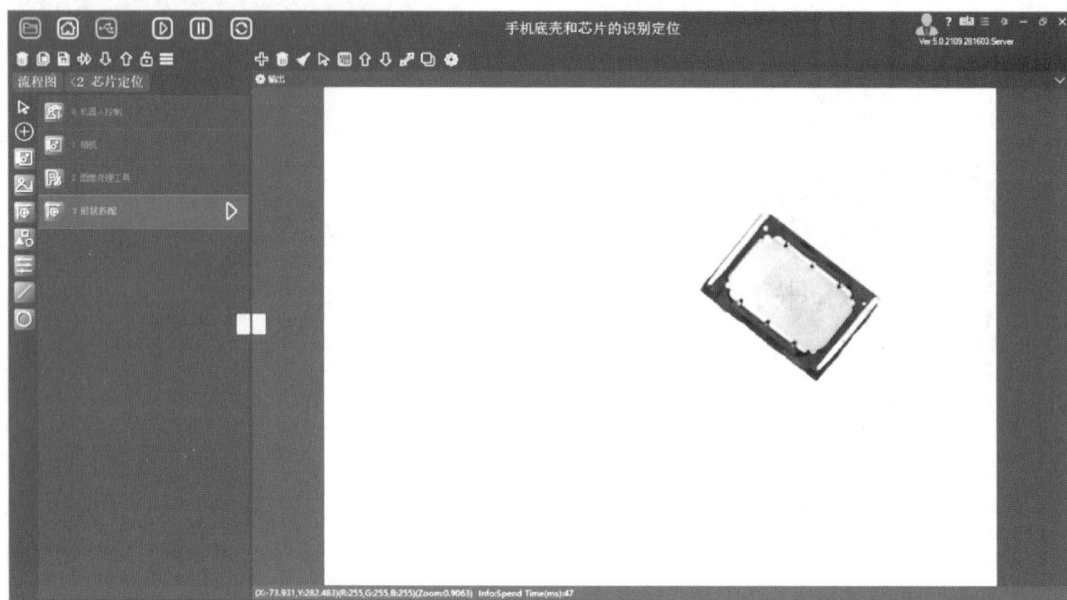

图 7-14　芯片中心定位

任务实施

如图 7-15 所示,请根据本任务所述步骤,完成待装配手机底壳及芯片的中心区域定位,并填写以下内容。

芯片槽检测点:（X=286.502，Y=210.503）

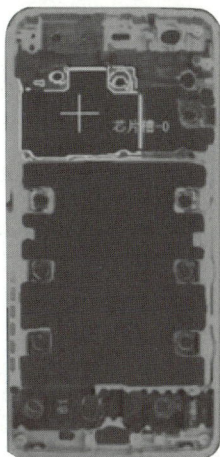

芯片检测点:（X=−121.101，Y=−160.23）

图 7-15　手机底壳及芯片

1.新建工程:

_____

2.图像采集:

_____

3.图像预处理:

_____

4.图像分割:

_____

5.边缘轮廓提取:

_____

6.中心区域定位:

_____

任务评价

请根据任务各个环节的完成情况,进行学生自评、学生互评和教师评价,完成表 7-5。

表 7-5　任务评价表

类别	考核内容	分值	评价分数		
			自评	互评	教师
理论	了解视觉引导技术的基本概念、应用场景及常见的定位算法	5			
	理解手机定位引导装配系统的工作原理	5			
	了解手机定位引导装配系统的工作流程	5			
技能	会连接相机	5			
	能正确设置相机参数	5			
	用 KImage 软件实现手机及芯片的读取	10			
	能分割出手机及芯片图像中的感兴趣区域	10			
	能提取手机及芯片图像中的边缘轮廓	10			
	会通过视觉系统获取手机芯片槽及芯片的中心坐标	15			
	能编写机器人程序，进行手机芯片的装配	20			
素养	遵守操作规程，养成科学严谨的工作态度	2			
	根据工作岗位职责，完成小组成员的合理分工	2			
	团队合作中，各成员学会合理表达自己的观点	2			
	严格执行"6S"现场管理	2			
	养成总结训练过程和结果的习惯，为下次训练总结经验	2			

任务三　手机定位引导装配系统联调

手机定位引导装配系统联调

任务描述

　　现今社会工业设备的智能化和数字化转型升级是现代社会发展的重要动力引擎，随着传感器技术和工业互联技术的发展，工业制造业为了满足新时代市场需求，引入数字化技术助力制造产业转型。作为数字化新技术之一的机器视觉技术具有引导工业机器人柔性制造的作用。在手机生产行业,为了满足日益增长的消费者群体,提升手机生产环节中的芯片装配效率,手机芯片装配结合智能化和数字化技术成为重中之重。

本任务结合实际情境中的手机芯片装配流程,引导读者熟悉手机定位引导装配系统的手眼标定方法,使用 KImage 软件进行系统的手眼标定和机器人与视觉系统的通信,并最终实现手机定位引导装配系统联调,培养读者手机定位引导装配系统通信和联调的技能。

学习目标

◇ 知识目标

1.理解手机定位引导装配系统的手眼标定流程。

2.掌握机器人信号的触发方法及机器人各关节移动坐标的转化方法。

3.了解 KImage 与机器人 TCP/IP 通信的数据传输方法。

项目七
任务三微课

◇ 能力目标

1.能够使用 KImage 软件进行系统的手眼标定。

2.能够使用 KImage 软件进行机器人信号的触发。

3.能够使用 KImage 软件实现机器人各关节移动坐标的转化。

4.能够使用 KImage 软件实现机器人与视觉系统的通信。

5.能够对手机定位引导装配系统进行联调。

◇ 素养目标

1.具备举一反三的思维习惯,养成勤于思考、勇于表达的素养。

2.具备系统联动的调试能力,养成注重细节、顽强拼搏的素养。

3.具备实际现场管理经验,养成"8S"综合素养。

信息获取

1.手机定位引导装配系统的手眼标定

在前文中已经讨论了手机定位引导装配系统的视觉定位算法。定位算法的实现仅能获取到手机底壳芯片槽装配区域和芯片中心位置的图像像素坐标。为了实现机器人的自动装配,需要进一步获取手机底壳芯片槽装配区域及芯片的中心位置在机器人坐标系下的坐标偏移量,因此,本任务将继续讨论装配系统的相机标定和手眼标定。

（1）相机标定。相机在出厂前都已校正好，故无需标定。

（2）手眼标定。由于有两次拍照位置，故需要做两次手眼标定，两次标定流程是一致的。具体的软件操作流程如下：

①采图。添加【相机】工具，选择所连接的相机名称，根据成像效果选择合适的曝光与增益，点击【执行】获取标定板图像，如图 7-16 所示。

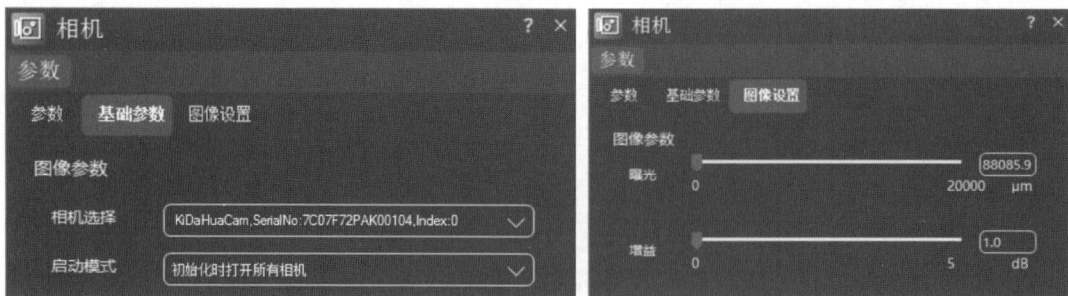

图 7-16　相机参数窗口

②获得图像像素坐标点。添加【查找特征点】工具，双击进入参数设置界面，点击【参数】【输入参数】【输入图像】【添加引用】，勾选相机的【输出参数.输出图片】，如图 7-17 所示。

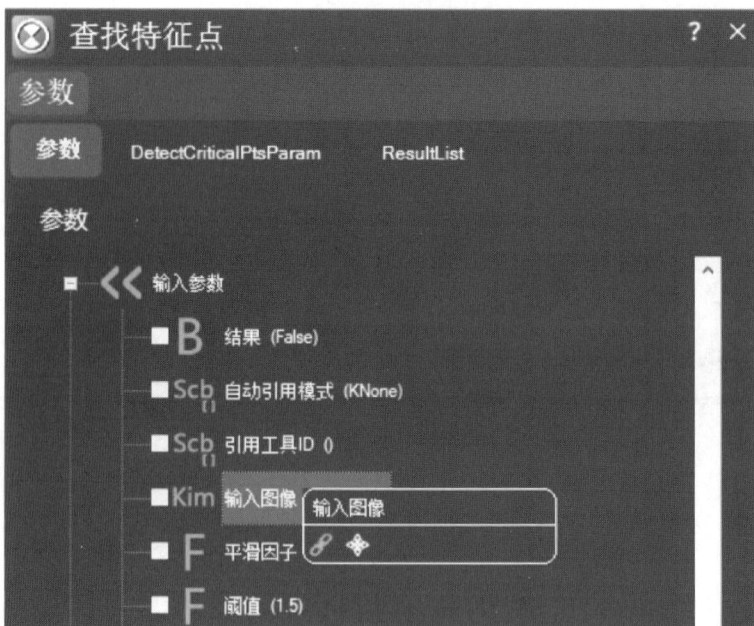

图 7-17　查找特征点参数窗口

如图 7-18 所示，设置查找特征点 ROI（蓝色方框默认在图像左上角），点击【执行】按钮，特征点识别结果会在显示窗口显示，记下特征点顺序，【N 点标定】工具输入的世界坐标需与特征点识别到的图像坐标一一对应。

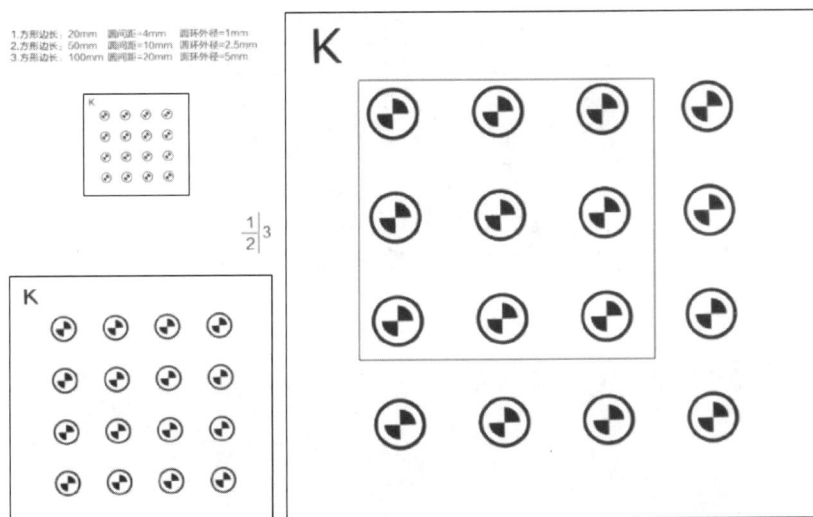

图 7-18　查找特征点 ROI 设置

③添加【N 点标定】工具，双击进入参数界面，打开【像素坐标】参数设置，点击添加引用，如图 7-19 所示。勾选查找特征点中的【输出参数.关键点】，如图 7-20 所示。返回参数界面点击【多点更新】，即可获取 9 个特征点的像素坐标，如图 7-21 所示。

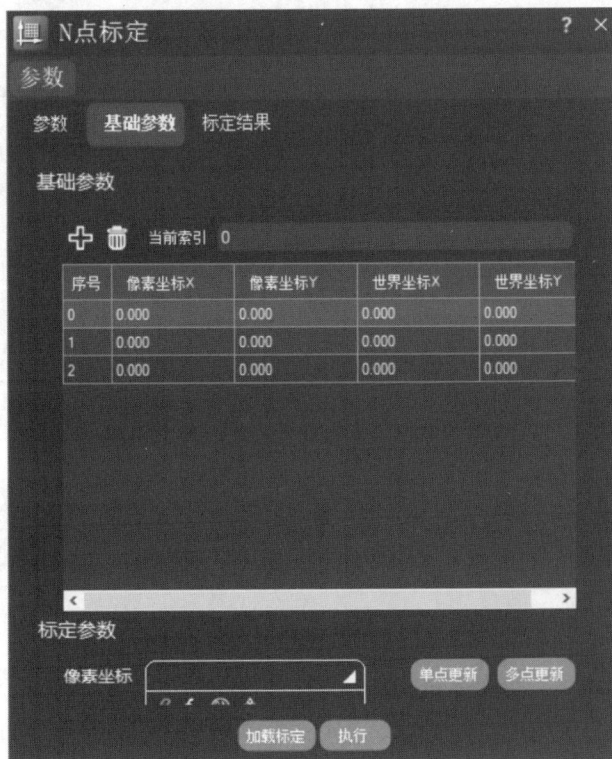

图 7-19　N 点标定基础参数窗口

图 7-20　参数引用窗口

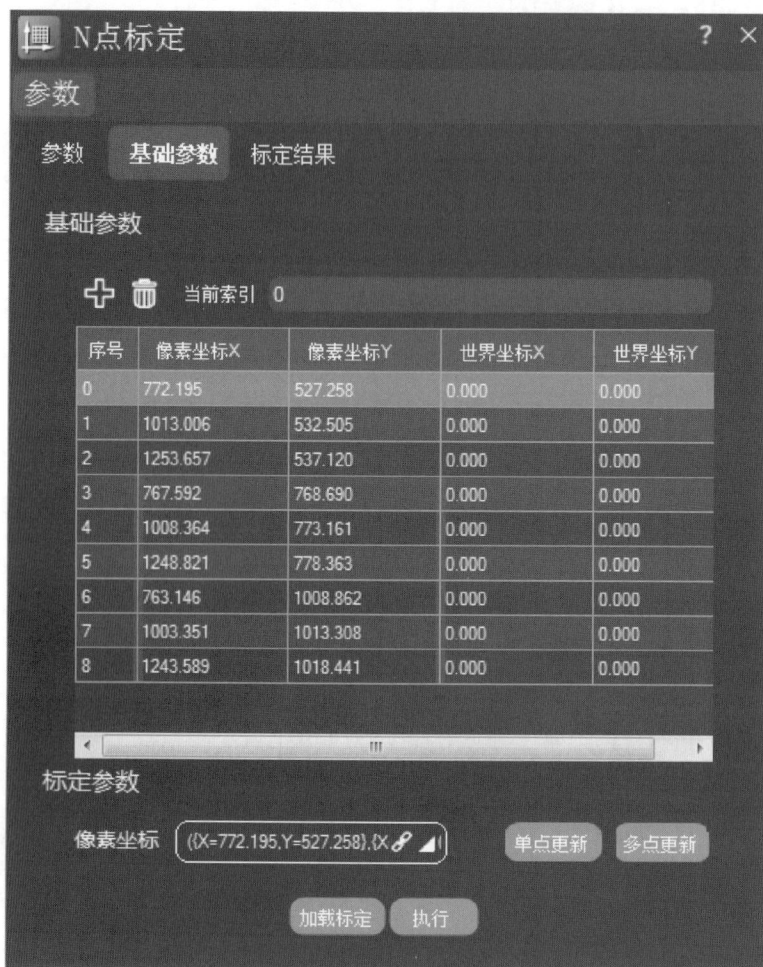

图 7-21　更新像素点位结果图

　　获取点位世界坐标。手动控制机器人末端到标定板 Mark 点（标定板上黑白相间的圆）正上方，获取机器人当前位置，并对应填入图 7-21 中的"世界坐标 X""世界坐标 Y"内，全部填写后点击【执行】按钮。

2. 机器人信号的触发

在 KImage 中获取到手机底壳芯片槽及芯片中心位置的图像坐标信息,通过标定数据将其转化为机器人坐标,并通过 TCP/IP 通信将数据发送给机器人,使机器人完成指定运动,如图 7-22 所示。

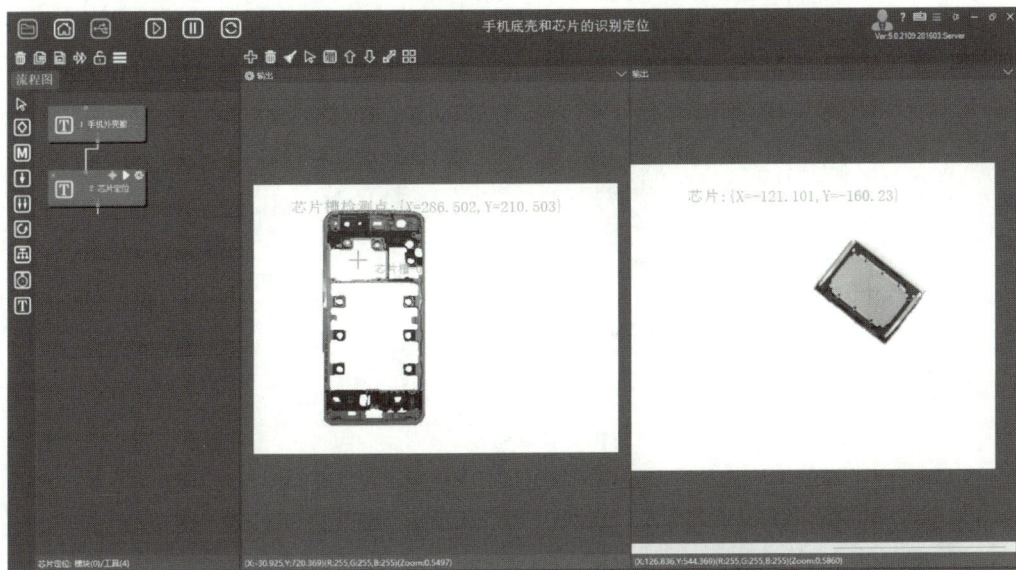

图 7-22   芯片槽与芯片位置信息

3. 机器人的各关节移动坐标的转化

在做完标定后,相机重新拍照时在相机【基础参数】→【标定数据】中选择【N 点标定】,再次拍照时图像中的手机底壳与芯片的坐标就自动转换成了机器人的坐标(即末端坐标系)。

4. KImage 与机器人 TCP/IP 通信的数据传输

1) IP 设置

将机器人(TCP client)与使用 KImage 软件的电脑(TCP server)使用网线进行连接并进行 IP 设置。电脑端具体操作为:点击网络,在显示连接的【以太网】右键点击属性,双击 TCP/IPv4 更改 IP 地址与机器人 IP 地址在同一网段下即可,如图 7-23 所示。

例如:机器人 IP 为 192.168.100.200;   电脑 IP 为 192.168.100.100。

2) KImage 与机器人通信

①打开数据发送端的服务器,更改 IP 为机器人 IP,端口号可自定义但不得冲突,可选择发送与接收的数据格式,如图 7-24 所示。

②设置数据接收端机器人 IP 与电脑端(服务器)IP 一致即可。

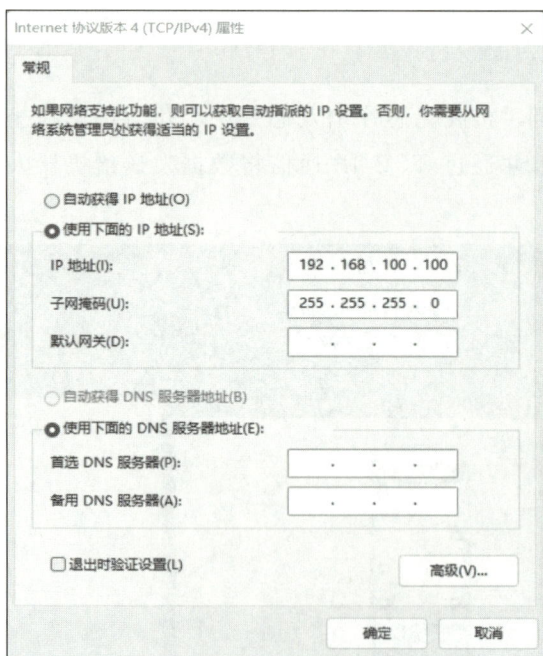

图 7-23　IP 设置

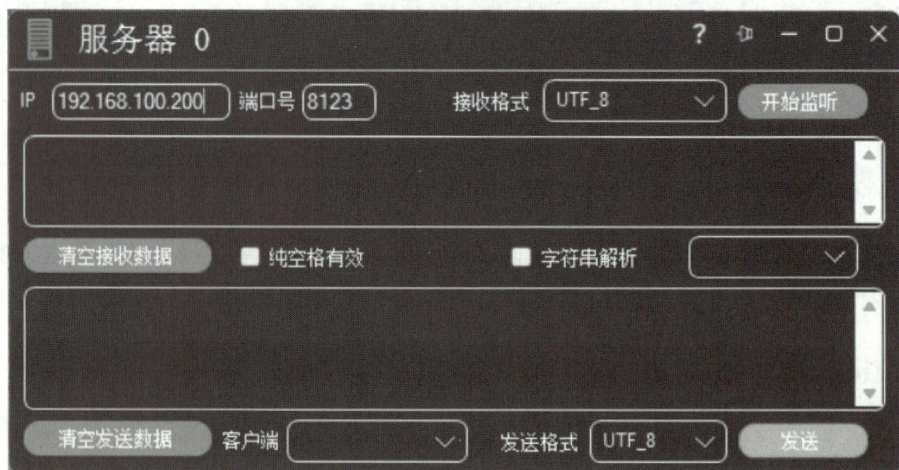

图 7-24　监听机器人

3）KImage 部分通信编程

①添加用户变量工具。双击【输出参数】，添加四个 Double 类型的空数据并以图 7-25 所示的名称改名。添加完成后，依次点击【（）】【添加引用】，分别引用芯片的 X、Y 坐标和卡槽的 X、Y 坐标将点坐标分离出来。

②添加格式转换工具。点击【+】，添加 DoubleList 类型的空数组，个数改为"4"，创建好后依次点击【输入字符】【添加引用】【变量赋值】，下拉【长浮点列表】，将其中 4 位空值分别引用【用户变量】中的【芯片 X、芯片 Y、卡槽 X、卡槽 Y】，最后根据需求进行格式转换，如图 7-26 所示。

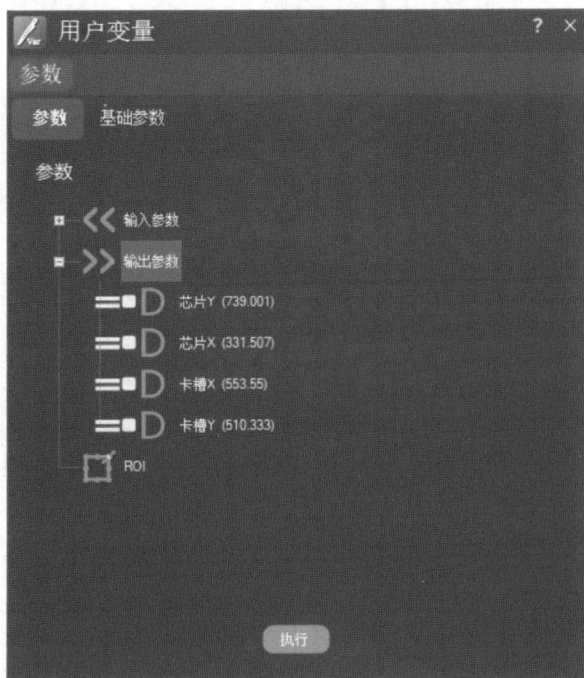

图 7-25　用户变量

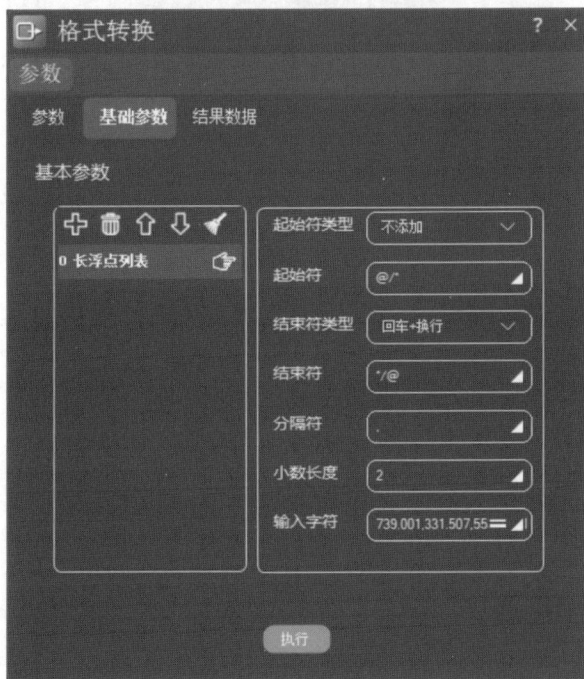

图 7-26　格式转换

③添加服务器工具。点击【显示服务器】，如图 7-27 所示填入 IP 与端口号，根据需要选

择发送与接收格式。在【输入参数】中,【发送数据】引用【格式转换】中的【长浮点列表】,执行即可。

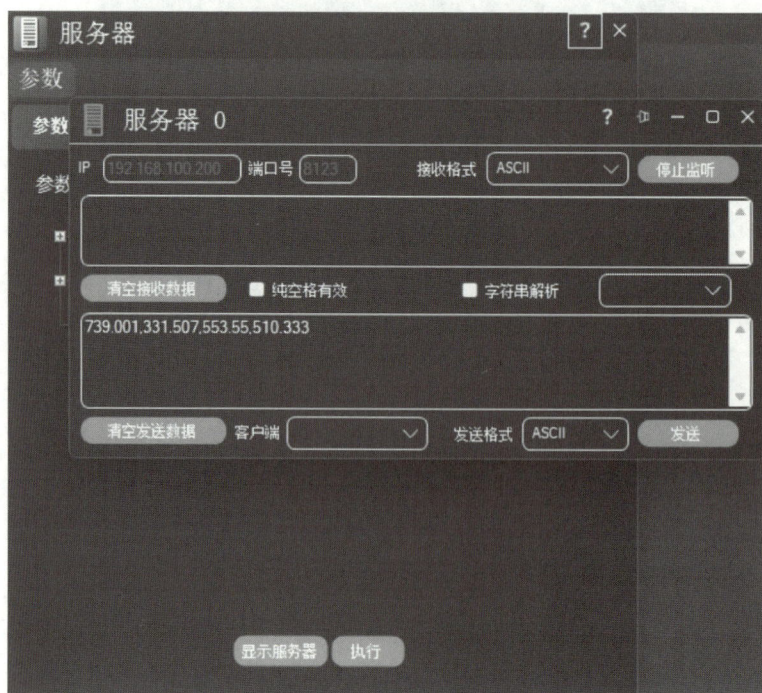

图 7-27 数据传输

④机器人部分通信编程。

根据实际机器人编程方式设置 IP 后进行数据通信。

任务实施

请根据本任务信息获取中的手机定位引导装配系统联调的步骤,尝试完成华为 Mate40 Pro 手机底壳及芯片的装配(见图 7-28),并填写以下内容。

1.新建工程:

_____

_____

2.图像采集:

_____

_____

3.图像预处理:

_____

_____

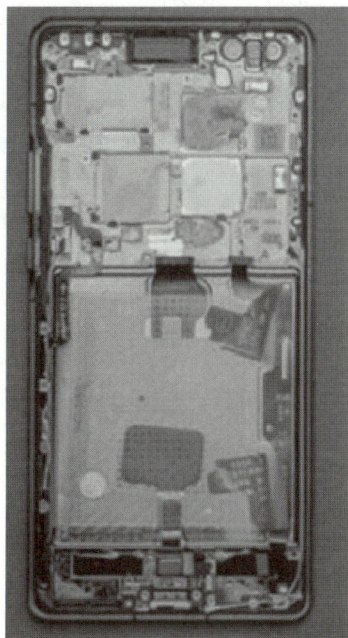

图 7-28 华为 Mate40 Pro 手机底壳及芯片

4.图像分割:

_____

_____

5.中心区域定位:

_____

_____

6.手眼标定:

_____

_____

7.机器人信号触发:

_____

_____

任务评价

请根据任务各个环节的完成情况,进行学生自评、学生互评和教师评价,完成表 7-6。

表 7-6　任务评价表

类别	考核内容	分值	评价分数		
			学生自评	学生互评	教师评价
理论	了解手机定位引导装配系统的手眼标定流程	5			
	了解机器人信号触发方法	5			
	了解 KImage 与机器人 TCP/IP 通信的数据传输方法	5			
技能	会连接相机	5			
	会正确设置相机参数	5			
	能够使用 KImage 软件进行系统的手眼标定	10			
	能够使用 KImage 软件进行机器人信号的触发	10			
	能够使用 KImage 软件进行机器人各关节移动坐标的转化	10			
	能够使用 KImage 软件进行机器与视觉系统的通信	15			
	掌握手机定位引导装配系统的联调方法	20			
素养	遵守操作规程,养成科学严谨的工作态度	2			
	根据工作岗位职责,完成小组成员的合理分工	2			
	团队合作中,各成员会合理表达自己的观点	2			
	具备现场管理能力、注重细节	2			
	严格执行 8S 现场管理	2			

知识拓展

匠人匠心——致敬实干兴邦的中国建设者

精益求精,李建华的故事

李建华说:"从'竣工倒计时牌'前经过了不知多少次,每看一眼倒计时牌,就是对自己的一次鞭策。"他和他的团队建设的主航站楼前,一座蓝白相间的竣工倒计时牌见证了北京大兴国际机场的诞生。

作为北京城建集团新机场航站楼工程项目经理,李建华在航站楼竣工验收的前一天仍然在航站楼内各处检查,尤其是不同材料间的每一处接缝都要仔细查看。

"这道缝,要想办法处理一下,不能让行李箱的轮子卡住,也不能进灰。"李建华走到航站楼内的值机岛前,指着地板和行李传送带之间的一条细缝说。

"李建华检查的这个区域属于航站楼核心区的 11 标段。"该标段精装修项目负责人李勇说，"最后这几天反而更忙，每一个接缝都要查看。"

精装修团队在缝隙间临时加上毛刷后，这个问题暂时解决了，但李建华仍然不满意，他还要和设计方沟通，商量如何把缝隙彻底封闭来杜绝隐患。"越到最后，越要关注细节，细节决定成败。"李建华说，"我们要以精益求精的精神，向祖国交出满意的答卷。"

课程思政	知识链接	练习与实践

参 考 文 献

[1] 梅岭.5G来临手机厂发力布局新风口[J].行业分析,2018(11):80-81.

[2] 李锋.面向精益生产的手机装配生产线平衡优化[D].天津:天津工业大学,2016.

[3] 李福东,季涛,徐德,等.基于双目视觉与工业机器人的大型工件自动上下料系统[J].机械设计与制造工程,2019,48(1):43-46.

[4] 伍锡如,黄国明,孙立宁.基于深度学习的工业分拣机器人快速视觉识别与定位算法[J].机器人,2016,38(6):711-719.

[5] 张华强,张晶.手机自动化生产线专利技术综述[J].机电信息,2019(2):52-53.

[6] 袁文礼.机器人装配中的视觉引导定位技术分析[J].科技与创新,2017(10):55.

[7] 郭斌.图像去噪处理技术[D].西安:西安电子科技大学,2012.

[8] 李艳梅.图像增强的相关技术及应用研究[D].成都:电子科技大学,2013.

[9] 张超男.基于视觉引导的手机零部件装配系统研究[D].长沙:湖南大学,2020.